승자와 패자의 갈림길 (9)

제 9대 총선이야기

(1973. 2. 26)

장 맹 수 편저

선 암 각

| 승자와 패자의 갈림길(9) |

제 9대 총선이야기

(1973. 3. 26)

초판인쇄 : 2020년 4월 10일

편저자 : 장맹수

발행처 : 선암각

등록번호 : 제 25100-2010-000037호

주소 : 서울특별시 노원구 마들로 31

전화번호 : (02) 949 -8153

값 20000원

승자와 패자의 갈림길 (9)

제 9대 총선이야기

(1973. 2. 26)

장 맹 수 편저

선 암 각

목   차

책을 펴내며　　　　　　　　　　　　　　　　　　　7

{제1부} 제 7대 대통령 선거와 제 8대 국회의원 선거　　11

제1장 3선개헌을 강행한 박정희 대통령　　　　　　12

1. 국민복지회 파동으로 김종필 공화당의장 탈당　　13
2. 개헌을 줄곧 부인하면서 반대세력들을 숙당　　　21
3. 제3별관에서 공화당 단독으로 개헌안 변칙의결　28
4. 영남권의 압도적인 찬성으로 국민투표에서 승리　33

제2장 김대중을 꺾고 제7대 대통령에 당선된 박정희　40

1. 신민당 김대중, 40대 기수론으로 깜짝 등장　　　41
2. "다시는 표를 달라고 하지 않겠다" 는 박정희　　45
3. 영남권의 단결된 지역감정으로 박정희 3선 성공　51

제3장 분열로 휘청거린 신민당이 선전한 제8대 총선   59

1. 제2의 진산 파동으로 적전분열 속에서 치러진 총선   60
2. 이효상 국회의장이 낙선하는 등 공화당이 고전   64
3. 유신(維新)으로 단명(短命)에 그친 제 8대 국회의원   70

{제2부} 영남정권의 영구집권을 위한 유신체제 출범   77

제1장 국민에게 신기루를 띄운 위장평화전술   78

1. 남북 적십자회담으로 평화적인 분위기 조성   79
2. 남북 7·4 공동성명으로 극적(劇的)효과 극대화   82
3. 남북조절위원회 출범으로 국민들을 통일의 환상속으로   88

제2장 영구총통체제의 주춧돌인 유신헌법   91

1. 총통체제 구축을 위한 국가비상사태 선언   92
2. 초헌법적인 대통령 특별선언, 전국에 비상계엄   99
3. 유신헌법으로 네 번째 대통령에 오른 박정희   106

4. 종신대통령 체제에서 다섯 번째 대통령에 취임　　109

{제3부} 총통체제의 장식물로 전락한 제9대 국회　　113

제1장 진산계와 반진산계의 갈등으로 지리멸렬한 신민당　114

1. 김홍일 신민당수 탈당, 민주통일당에 합류　　115
2. 당선을 뒷전에 돌리고 복수공천을 남발　　122

제2장 체제안정으로 대폭적인 물갈이를 단행한 공화당　129

1. 박정희 대통령 친위부대 전면에 부상　　130
2. 현역 8대의원 61명이나 공천탈락　　134

제3장 쟁점없이 조용하게 치뤄진 제9대 총선　　138

1. 유신체제에 대한 공방이 금지된 벙어리 선거　　139
2. 무관심 속에서도 관심을 불러온 보온병 선거　　146
3. 공화당은 대승, 신민당은 선전, 통일당은 참패　　154

4. 동반당선의 행운을 누린 제9대 국회의원들　　166

제4장 대통령이 73명을 지명하여 국회를 시녀화　　175

1. 국민이 146명을, 대통령이 73명을 선출　　176

2. 유신정우회를 조직하여 정권의 전위부대로　　180

{제4부} 지역구별 불꽃 튀는 격전의 현장들　　185

제1장 공화당과 신민당이 각축전을 전개한 수도권　　186

1. 11개 선거구에서 공화·신민 후보들이 동반당선　　187

2. 수도권 16개 선거구 불꽃 튀는 격전의 현장으로　　190

제2장 공화당에게 대승을 안겨준 영남권　　238

1. 지난 총선의 악몽을 딛고 고토를 회복한 공화당　　239

2. 영남권 24개 선거구 불꽃 튀는 격전의 현장으로　　242

제3장 양대 정당의 동반당선이 쉽지 않은 비영남권   305

1. 통일당이나 무소속 후보들이 14명이나 당선   306

2. 비영남권 33개 선거구 불꽃 튀는 격전의 현장으로   310

_책을 펴내며

지난해 12월에 제13대 (1988. 4. 26) 와 제14대 (1992. 2. 24) 총선이야기 4권이 속간됨에 따라 이제 가까스로 5부 능선(稜線)을 넘어섰다.

우리나라의 고질적인 지역감정과 지역갈등을 영원히 종식(終熄)시키기 위해서는 지방행정구역을 과감하게 재편(再編)해야 한다는 지론(持論)을 펼치기 위해 승자와 패자의 갈림길, 제18대 총선 이야기를 구상(構想)한 것이 지난 2008년이었다.

그 동안 제13대 (1988년), 제14대 (1992년)는 물론 제15대 (1996년), 제16대 (2000년), 제17대 (2004년), 제18대 (2008년), 제19대 (2012년), 제20대 (2016년) 총선이야기와 제헌의원에서 제20대 국회의원 선거이야기를 요약한 역대 총선이야기까지 18권을 엮어냈다.

1만여 쪽에 달하는 방대한 자료를 정리하다 보니 일부는 전재(轉載)하거나 오자(誤字)가 듬성듬성하는 부끄러움도 있으나 잊혀 지기 쉬운 역사적 사건과 선거에 관한 진면목(眞面目)을 나름대로 집대성했다고 자부한다.

이번에는 여야 동반(同伴)당선의 기록을 가진 제9대 (1973

년), 제10대 (1978년), 제11대 (1981년), 제12대 (1985년) 총선이야기 4권을 상·하권이 아닌 단권(單卷)으로 함께 출간했다.

제9대와 제10대 국회는 유신독재체제에서 국회의원 정수의 3분의 1을 대통령이 임명하여 국회의 안정을 확보할 수 있었고, 신군부세력이 정권을 탈취한 제5공화국 치하의 제11대와 제12대 국회는 제1당인 민주정의당(민정당)에게 전국구의 3분의 2를 특별 할애하여 야당의 숨통을 조일 수 있었다.

제 9대 총선이야기에서는 3선개헌을 무리하게 강행한 박정희 대통령이 영남지역 유권자들의 단결된 응집력으로 당선이라는 열매를 움켜 쥔 제7대 대통령선거와 제2의 진산파동으로 분열된 신민당이 공화당의 안일함을 틈타 이효상 국회의장을 낙선시키는 등 선전한 제8대 국회의원 선거를 기술했다.

영남정권의 영구집권을 기도한 유신체제의 확립을 위해 남북 적십자회담, 남북 7·4공동성명, 남북조절위원회를 출범시켜 국민들을 통일의 환상이라는 연막전술을 펼친 다음 총통체제 구축을 위한 국가비상사태를 선언하고 초헌법적인 비상계엄을 선포했다.

박정희 대통령은 비상계엄령 치하에서 유신헌법을 국민투

표로 확정시키고 통일주체국민회의 대의원 선거로 네 번째로 대통령에 당선됐다.

유신독재체제의 장식물로 전락한 국회의원은 지역구는 공화당과 신민당이 동반 당선되도록 하고, 대통령이 3분의 1인 73명을 추천·지명토록 하여 정권교체를 원천적으로 봉쇄하고 북한의 김일성과 함께 종신집권체제를 확립했다.

시간 없는 선거, 돈 없는 선거, 개인운동 없는 선거, 말 없는 선거, 안면 없는 선거인 5무(五無) 선거로 규정된 제 9대 총선에서 공화당이 73명, 대통령이 지명한 유신정우회 73명이 국회를 완벽하게 장악했으며, 신민당 52명은 들러리 수준을 결코 벗어날 수 없었다.

제9대 국회는 6년의 임기를 향유한 최장수 국회였지만 이슈도 없고 한 일도 없는 최악의 국회로 평가받고 있다.

많은 의원들이 납북한 2대 국회, 이승만 대통령의 3선을 앞장 선 3대 국회, 5·16 쿠데타 이후 민정이양으로 삐걱거린 6대 국회, 박정희 대통령의 3선을 위해 부정선거가 성행했던 7대 국회를 제외하면 4년 임기를 향유한 국회가 없었다.

박정희 대통령은 유신정우회(유정회)를 조직하여 국회의 견인차 역할을 맡기고 기성정당들이 객차역할을 맡도록 했으며, 1976년도에는 제2기 유정회 의원을 물갈이하여 50명을 재추천하고 23명을 새로 임명하기도 했다.

1978년도에는 제2기 통일주체국민회의 대의원 선거로 제9대 대통령에 당선되어 1984년까지 대통령 임기가 보장됐으나 1979년 궁정동 시해사건으로 임기를 못내 채우지 못했다.

만약 시해사건이 발생하지 않았다면 북한의 김일성 세습체제처럼 우리나라도 정권이 박 대통령의 자손들에게 세습되지 아니할 것이라는 역사적 가정도 성립되지 않는 것도 사실이다.

제4부에서는 수도권, 영남권, 비영남권을 대별하여 73개 지역구에 뛰어든 후보들의 면모, 지역구별 판세점검, 승패의 갈림길과 득표상황을 정리했다.

아무쪼록 영·호남의 지역갈등이라는 업보가 우리의 후손들에게 유산으로 남겨지지 않도록 과감하고 전면적인 지방행정구역 개편의 계기가 마련되기를 간절하게 기원하면서 정치인은 어떠한 어려운 상황에서도 가벼운 언행을 경계해야 한다는 교훈을 새겨주고 싶을 뿐이다.

2020년 4월

장 맹 수

{제1부}

제 7대 대통령 선거와
제 8대 국회의원 선거

제1장 3선개헌을 강행한 박정희 대통령

1. 국민복지회 파동으로 김종필 공화당의장 탈당

2. 개헌을 줄곧 부인하면서 반대세력들을 숙당

3. 제3별관에서 공화당 단독으로 개헌안 변칙의결

4. 영남권의 압도적인 찬성으로 국민투표에서 승리

1. 국민복지회 파동으로 김종필 공화당의장 탈당

(1) 박정희 대통령의 역린을 건드린 국민복지회 파동

공화당은 주류계의 중심이며 당무위원인 김용태 의원과 제6대 국회에서 문화공보위원장을 지낸 최영두, 중앙위원으로 활약했던 송상남 등 3명을 제명 조치했다.

이들은 국민복지회를 조직하여 그 목적과는 달리 포섭대상을 복지회에서 교육을 받은 당원과 청년봉사회장으로 한정하여 당 조직상의 혼선을 가져왔고 당 발전에 극히 위태로운 행위를 범했기 때문이라고 밝혔을 뿐이다.

그러나 이들의 제명사유는 국민복지회라는 조직이 단순한 분파행위를 할 뿐 아니라 당내의 비밀결사로서 모종의 정치적 목적달성을 위한 행동강령까지 내걸고 김종필 당의장을 1971년 대통령선거에서 후보로 추대하기 위한 당내 분파행동을 했기 때문인 것으로 알려졌다.

국민복지회는 호헌문제 등을 골자로 한 행동강령을 내걸고 송상남 사무국장 주도로 경기(신윤창), 강원(이승춘), 충북(오원선), 전북(유광현), 전남(박종태), 경북(이원만), 경남 및 부산(예춘호) 지부를 둔 전국적인 조직으로 그 동안 청년들을 대상으로 포섭공작을 벌여온 것으로 알려졌다.

공화당 김재순 대변인은 "공화당은 정치목적을 위한 당내 서클을 전연 인정하지 않는다는 방침에 따라 제명결의 하게 됐다"고 발표했고, 당기위원회에서는 "총재의 뜻이 그렇고 자칫하다간 몇 사람이 더 다칠지 모른다"는 얘기를 듣고 서둘러 제명에 동의한 것으로 알려졌다.

김종필 공화당의장은 "이 사건을 계기로 당의 기강을 더욱 바로잡아 당 총재인 대통령을 괴롭히지 않고 대통령이 뜻하는 바대로 일치단결하여 일사분란한 당으로 나아가야 한다"고 내심을 감추고 박 대통령에 대한 충성만을 읊조렸다.

제명된 최영두 부회장은 "문제가 된 시국판단서는 지난 선거때 송상남 사무국장이 개인적으로 만든 것이었다" "복지회에서는 71년 선거에서 김 의장을 대통령으로 밀 것을 논의한 적이 한 번도 없다" "복지회가 지방 조직이 없으므로 이원조직일수 없고 비밀조직도 아니다" 라고 해명했다.

수사기관에 연행됐다 풀려난 김용태 의원은 시종 어두운 표정으로 "비가 오면 비를 맞을 것이고, 바람이 불면 바람을 맞을 것" 이라고 중얼거리며, 어떻게 하든 잡으려고 드니 구실이 얼마든지 있지 않겠느냐고 독백한 것은 정치무상을 되뇌고 있었다.

그러나 독재자 시절에 독재자 이후 문제는 가장 터부시되는 사항이다. 이승만 자유당 시절에도 그랬지만 박정희 정권 시절에는 더욱 심했다. 헌법에 임기조항이 엄연하게 명문화되어 있는데도 불구하고 막무가내였다.

국민복지회가 문제가 된 것은 포섭 대상자들에게 전달된 정세보고서에 박대통령을 모독하는 내용이 담겨져 있었고, 대통령의 시정 방향과 3선개헌 저지에 관한 내용이 박대통령을 격분 시켰기 때문이라고 알려졌지만, 3선개헌으로 영구집권을 구상하고 있는 박 대통령의 의중을 모른 채 3선개헌 저지라는 명분을 걸고 조직화를 시도한 것은 역린을 건드린 무모한 행위였을 뿐이었다.

(2) 친김종필 세력의 된서리로 깨어진 세력균형

1971년 대선을 향한 의욕과 갈등은 앞으로 어떤 풍파를 불러 일으킬 것인지 자못 궁금한 상황에서 김종필 당의장의 차기 집권을 바로 자신의 일인 양 꾸준히 포섭하고 활동해 온 김용태 의원의 제명은 친김종필인 당 주류의 비극으로 회자됐다.

이번 국민복지회 파동은 71년의 집권경쟁을 앞둔 당내 주류·비주류 간의 세력 균형을 크게 깨트려놓은 획기적 사건이 됐다.

이후락 대통령 비서실장, 정일권 국무총리, 길재호 사무총장, 김성곤 재정위원장, 김진만 원내총무 등 공화당내 비주류는 행정부, 원내에서 꾸준히 세력기반을 굳혀온 데 반해 주류는 부단히 후퇴만을 강요당해 왔다.

국민복지회 사건은 "바로 주류와 비주류가 뒤바뀐 이런 당내 세력판도에서 실지를 회복하고 무언가 활로를 타개해 보려는 몸부림으로 볼 수도 있다"고 분석되고 있기도 했다.

비주류에 대한 선전포고 혹은 주류 자폭론을 내세우는 등 당 주류계는 모멸과 수난의 이 시점에서 갈피를 못 잡고 있지만, 적극적이든 소극적이든 일체의 저항이 용납되지 않을 만큼 지금 비주류는 조직과 자금과 정보로 무장된 공고한 진지를 구축하고 있다.

김종필 당의장은 "모든 공직에서 은퇴하고 싶다. 나 한 사람 때문에 이처럼 시끄럽다면 나만 조용히 물러가면 될 것 아니냐. 71년과 관련지어 공연히 나를 들먹이지 말고 가만히 내버려 두면 좋겠다. 김용태 의원이 왜 그런 짓을 했는지 모르겠다. 정치에서 손을 떼고 농장에 나가서 농사나 지었으면 마음 편하겠다" 고 현실 도피적인 상념을 토로했다.

1971년에 정권이 야당으로 넘어가리라고 믿는 사람은 공화당에서 별로 없다. 그것은 정권 수임 가능자로서의 야당에 대한 불신에서 보다도 한국 정치의 구조가 아직 그 단계까지 발전하지 못했다는 감각 때문인 듯했다. 더구나 집권층 내부에서나마 조용한 정권이양이 이루어 질 수 있느냐에 대한 막연한 회의가 나돌고 있는 현실을 부인하기도 어려운 실정이다.

박 대통령은 이승만 대통령의 전철을 밟지 않겠다는 뜻을 명백히 밝힌 일이 있고 1967년 목포 유세에서 "연임개헌은 하지 않겠다"는 뜻을 만천하에 공언했었다.

김종필 당의장은 "박 대통령은 그의 재임 중에 현행헌법을 단 한 자라도 고치지 않을 것" 이라고 부창부수하기도 했다.

애당초부터 그가 풍겼던 1971년에의 구상과 전략 및 투쟁의 모습은 오늘의 그에게서 찾기 힘들지만, 1971년은 물론 한번 야당생활을 감수하는 한이 있더라도 언젠가는 대권을 잡아 그의 꿈을 펴보겠다는 5·16 혁명 초의 결의와 정열은 사라진 것 같지 않다.

사실 그의 1971년은 박 대통령으로부터 후계자 지명 없이 생각할 수 없으며, 그렇다면 박 대통령에 대한 충성 이외에 오늘의 당내 여건 속에서 달리 1971년으로 통하는 길이 있을 것 같지 않기도 했다.

'우는 아이도 멈추게 한' 군정 때의 최강자였던 중앙정보부장 JP가 지닌 이미지를 은인자중속의 정치인 김종필 이미지로 바꾸려는 그의 이러한 노력과 함께 여전히 '자의 반 타의 반'인 듯 싶은 그의 정중정(靜中靜)이 과연 언제까지 계속될지는 아직도 미지수이다.

김종필의 차기 집권을 견제하겠다는 것이 비주류의 1971년의 기본입장임은 분명하나, 그것에 대한 대안은 지금도 선명치 않다.

다만 정계 개편론이라든가 제2당 추진설 또는 내각책임제도와 권력구조개편설 등이 정치 정보시장에서 쉴새 없이 나돌고 있을 뿐이다.

1971년을 향한 집권경쟁을 놓고 새로운 폭풍을 몰고 올지도 모를 불연속성은 계속 풀리지 않고 있어 공화당 내 오늘의 기류는 한마디로 착잡하기만 했다.

(3) 김종필, 공화당의장 등 일체의 공직에서 사퇴

김종필 공화당의장은 당무회의에서 "앞으로 여러분들은 당과 총재를 위해 더욱 단결하기 바란다" 면서 자신이 만들었던 공화당을 탈당하고 모든 공직의 사퇴서를 제출했다.

당내 주류와 비주류세력 간의 갈등이 그 중요한 동기가 된 것이 분명하며 이에 따라 앞으로 당분간 공화당은 격동을 거듭하며 당내 권력투쟁은 새 국면에 접어들게 됐다.

박정희 대통령은 이후락 비서실장을 보내 공직사퇴 결심을 번의토록 종용했다. 그러나 그것은 내심 사퇴를 기정사실화하고 모양과 구색을 갖추기 위한 위장전술에 불과했다.

김 당의장은 "나는 욕심이 없는데 주위에서 이러쿵 저러쿵 하는 것은 유감이며 모략중상에서 벗어나고 싶다" 고 침울한 표정으로 심경을 밝혔다.

공화당은 군정 치하에서 사전 조직의 의혹까지 받아가며 만든 당인데 갑자기 탈당한 이유에 대해 "목수가 집을 짓는다 해서 자기가 살려고 짓는 것은 아니다. 이 나라 조국근대화의 싹을 북돋기 위해 집을 짓는데 도왔을 뿐이다" 라고 공화당 창당을 씁쓸하게 해명했다.

비주류가 득세한 당내 여건 하에서 공직사퇴를 생각하게 된 것은 그의 말마따나 오래 전부터 구상한 일이며 발작적인 것이 아닌 한 박 대통령의 번의 종용에 그의 결심이 쉽게 누그러질 가능성은 극히 희박한 듯이 보였다.

김 당의장의 탈당계가 정식 접수되어 탈당증명서가 교부됨으로써 당적은 물론 국회의원직까지 상실됐다.

김 당의장은 "어떤 자리든 자기 자신을 유지하기 위해 노력하는 것은 옳지 않으며 자기가 그 자리에 마땅한 그릇이 아니라고 생각될 때는 정치인은 언제나 진퇴를 분명히 해야 한다" "당내에서 무슨 일이나 나에게 결부시켰으며 그것 때문에 박 대통령을 괴롭히고 싶지 않았다" "앞으로 정계에 다시 복귀하지도 않을 것" 이라고 정계를 은퇴하지 않을 수 없었던 그의 심정의 일부를 비쳤다.

공화당 부여 지구당원 2천여명은 "김종필 없는 공화당은 없다" 라는 플래카드를 들고 김 의장 사퇴결사 반대 궐기대회를 열었다. 경북 영천, 안동, 대구 북구 지구당에서도 김의장 탈당 번의와 영도권 부여 등을 요구하는 결의문을 채택하여 중앙당에 건의했다. 광주의 은행나무 동우회에서는 "박·김 체제의 확립을 촉구한다" 는 성명서를 발표하기도 했다.

박 대통령은 당무위원들의 사표를 반려하고 현 체제를 안정시키면서 당의 혼란을 가라앉히려는 조치로 윤치영을 당 의장서리로 임명했다.

박정희 대통령은 부여지구당을 비롯하여 공화당 일부 당원들의 동요에 아랑곳하지 아니하고 "김종필 당의장이 개인 사정으로 당을 떠나게 된 것은 유감" 이지만 "이번 사태가 하나의 시련이기는 하나 개인운명의 사정에 좌우되는 사당이 아니라 이념으로 뭉쳐진 공당임을 과시하라"고 지시하여 그의 퇴직을 기정사실화 시켰다.

이는 3선개헌을 반대하는 행여나 걸림돌이 될 수 있는 김 의장을 사전에 제거하여 3선개헌의 발걸음을 가볍게 하도록 한 촉매제 역할이었을 가능성이 높았다.

김종필 거세라는 비장한 결단은 1971년을 노리는 공화당 내 집권경쟁이 언젠가는 그 분화구를 쫓아 폭발하리라는 것은 누구나 다 예측하고 있었던 일이지만 그것이 이처럼 빨리 그리고 이처럼 전격적으로 오리라고는 아무도 예측하지 못했다.

김용태 의원 등 제명사건이 표면적으로는 분파행동 및 해당행위 때문이라지만, 본질적으로는 김종필 거세의 한 빌미로 보는 관전평도 없지 않았다.

1968년 5월에 발생한 국민복지회 사건은 권력내부에서 금기로 된 후계문제를 거론한데서 생겼다. 김용태, 최영두 등 친김종필계 요인들은 1971년 후계자 문제와 관련하여 사조직을 만들었다.

그들은 농촌부흥과 사회개량을 표방한 국민복지회란 조직을 만들어서 공화당의 일선조직을 통해 회원을 확보해 나갔다.

반김종필 세력은 국민복지회가 1971년도를 내다보는 JP계열의 정치적 포석이라는 결론을 내렸고 공화당내 주류와 비주류의 세력다툼은 1971년의 선거를 내다보는 내연으로 치닫게 되었다.

JP의 공직사퇴를 계기로 수면위로 부상한 개헌논의는 공화당 비주류의 윤치영, 길재호, 백남억, 김성곤, 김진만 등 당 5역의 지원을 받아 당내에도 상당히 깊숙히 파고들었다

2. 개헌을 줄곧 부인하면서 반대세력들을 숙당

(1) 계속적인 부인에도 정가의 쟁점으로 떠오른 3선개헌

신민당 박병배 의원이 "3선개헌 여부에 대한 정부의 분명한 소신을 밝히라" 고 질의하자, 정일권 국무총리는 "3선 개헌을 전혀 생각해 본 바가 없으며 대통령의 임기는 헌법에 4년으로 규정되어 있기 때문에 더 논의할 여지가 없다고 생각한다" 고 답변했다.

이효상 국회의장은 기자간담회에서 "공화당은 전면전쟁이 일어나거나 그 밖의 어떤 비상사태가 벌어지더라도 박 대통령의 3선을 위한 개헌을 해서는 안되며 평화적 정권교체를 위해 노력해야 할 것" 이라며 "현재 아무도 헌법을 개정하겠다는 사람이 없는데 자꾸만 개헌설이 나도는 이유를 알 수 없으나, 만일 공화당이 개헌을 하겠다고 생각한다면 당을 위해 큰 손해며 개헌을 해 가지고 71년에 공화당 후보가 대통령에 당선될 것 같지도 않다"고 3선개헌을 분명하게 부인했다.

유진오 신민당 총재는 "박정희 대통령은 현행 헌법을 만든 사람이기 때문에 누구보다 잘 지켜야 할 의무가 있다" 면서 "현 정권이 중임제를 폐지하고 3선개헌을 하려 한다면 야당은 어떠한 극한투쟁도 불사할 것이며 그래도 강행한다면 불길(不吉)한 사태가 일어나게 될 것" 이라고 경고했다.

윤치영 공화당의장 서리는 "공화당은 지금 대통령의 3선개헌을 생각할 겨를이 없다" 면서 "국민의 여론이 어느 정도인지는 모르지만 앞으로 조국 근대화를 위해서 국민이 개헌을 원한다면 그때 이야기해도 될 것" 이라고 개헌 논의의 필요여부보다는 개헌 논의를 할 시기가 되지 않았음을 시사했다.

신민당 김현기, 김수한 의원들이 "최근 여러 경로를 통해 얘기되는 3선개헌에 대한 정부의 속셈을 밝히라" 고 요구하자, 정일권 국무총리는 "71년까지는 3년이라는 긴 시간이 남아있어 개헌문제는 생각해 본 일이 없다"고 거듭 부인했다.

윤치영 공화당의장 서리는 "우리나라 실정에는 무엇보다 강력한 리더십이 있어야 하고 조국근대화와 민족중흥 이라는 국가적 과업을 수행해야 한다" "이를 위해서는 대통령 연임금지조항을 포함해서 강력한 리더십을 계속 유지해야 한다는 지상명령에 차질이 없도록 해야 하며 이러한 기본 입장에서 현행 헌법상에 문제점이 있다면 앞으로 검토연구 할 수 있다" 고 개헌의 연내발의를 목표로 하여 양성화 애드벌룬을 띄웠다.

신민당 김영삼 원내총무는 "신민당은 어떤 형태의 개헌도 반대한다" "현행헌법은 군정 때 박정희 대통령의 손으로 제정된 것인데 정권연장을 위해 이를 개헌하려는 것은 반민주적 처사이다" "장기집권을 위한 개헌 후 붕괴된 자유당 정권의 쓰라린 경험을 되새겨 공화당도 자유당 정권의 전철을 밟지 않도록 해야 할 것" 이라고 경고했다.

김주인 공화당 정책위원회 부의장은 "미국에서도 2차대전과 같은 비상시에 루즈벨트 대통령을 네 번이나 연임하도록 한 예"를 들면서 "북괴도발이 늘어나는 이런 비상시국 하에서 확고한 리더십을 가진 지도자가 계속 국가를 영도하기 위해서는 헌법의 대통령 연임금지 규정을 고칠 필요가 있다"고 드디어 개헌의 마각을 드러냈다.

(2) 권오병 장관 해임건의안 가결을 빌미로 숙당조치

신민당이 제출한 권오병 문교부장관 해임 건의안이 일반적인 예상을 뒤엎고 가(可) 89표, 부(否) 57표로 가결됐다.

해임건의안이 가결된 것은 적어도 40여 명의 공화당 의원들이 당의 방침에 불복하여 신민당에 동조하여 가(可) 표를 던졌기 때문이다.

공화당 정권에서 장관 해임건의안이 통과된 것은 처음으로 임명권자인 박 대통령은 특별한 사유가 없는 한 헌법 제 51조 3항에 따라 권오병 문교부장관을 해임해야 한다.

표결에서 드러난 표의 이탈은 권오병 장관에 대한 불신이나 행정부 각료에 대한 불만 이상의 3선개헌 당론 논의 과정에서의 어떤 의미풀이를 해 보는 견해도 있어 주목을 받기도 했다.

박 대통령은 항명파동은 당의 지도 체제에 대한 정면 도전이며 계획적, 조직적인 반당행위로 규정하고 그 주동자를 색출하여 단호하게 조치할 것을 당기위원회에 지시했다.

박 대통령의 강경지시에 따라 당기위원회에서는 이번 표결에 있어서의 항명에 국한하지 않고 평소의 반당행위 선동자까지 포함시킨 것은 숙당의 성격이 짙으며, 현재의 당 지도층에 대한 조직적 반대 세력도 봉쇄한다는 배려까지 하고 있다.

세칭 4·8 항명파동은 박정희 총재를 비롯한 집권층들과 개헌추진 세력에 큰 충격을 안겨 주는 결과를 빚어 일대 숙당작업이 진행됐다.

공화당은 3선개헌을 반대했던 양순직(논산), 예춘호(영도), 정태성(청원), 박종태(광산), 김달수(공주) 의원 등 5명과 중앙위원 11명 등 93명의 친김종필 당원들에 대한 제명 처분을 단행했다.

최두고 당기위원장은 "숙당조치는 이것으로 끝나며 나머지 35명의 항명의원들은 불문에 붙이고 더 이상 징계조치는 없을 것" 이라고 밝히고 3선개헌 추진을 위한 당내 단합을 모색했다.

최소 37표에서 최고 48표로 추산되는 반란표는 권오병 장관 개인 문제에 앞서 개헌문제를 둘러싸고 구주류의 실력을 과시한 행동으로 당 지도부에 대한 공공연한 도전으로 받아들여졌다.

4·8 항명 파동은 역설적으로는 지도부와 개헌추진세력에 큰 충격을 안겨주는 결과를 빚어 93명의 구주류 당원들에 대해 제명 처분하고 3선개헌이 본격적으로 추진됐다.

(3) 내 임기중에는 개헌을 하지 않았으면 하는 것이 솔직한 나의 심정이라는 박정희 대통령

공화당은 개헌에 필요한 의결정족수인 117석을 확보하기 위해 의원 포섭작전에 돌입하고서 김진만 원내총무를 친김종필계로 알려진 김택수(경남 김해)로 교체하여 친김종필계 의원들의 무마 공작을 벌였다.

그러나 박 대통령은 1969년 연두기자 회견에서 "특별한 사유가 없는 한 내 임기중에는 헌법을 고치지 않았으면 하는 것이 나의 솔직한 심경이다" "헌법을 개정할 필요가 있다 해도 금년말이나 내년초에 얘기해도 늦지 않다고 생각한다"면서 최근 양성화되고 있는 개헌논의에 대해 "더 이상 당내에서 거론하지 말 것"을 공화당 간부들에게 지시했다.

그러나 윤치영 공화당의장 서리는 "민족중흥을 위해서는 강력한 리더십의 계속 유지가 필요하다"고 강조하면서, 이를 위해 개헌 추진에 노력하도록 시·도 지부장과 국회 상임위원장들에게 당부했다.

신민당은 시기에 완급은 있더라도 개헌안을 정식으로 거론케 될 것이라는 결론을 얻고 개헌안의 공식발의 전(前)부터라도 원내외를 통한 개헌저지 투쟁을 벌일 방침을 세웠다.

신민당 유진오 총재는 "신민당은 당의 운명을 걸고 대통령 3선 개헌 저지 투쟁을 벌이겠다" "3선개헌을 추진하는 세력은 '한 줌도 안 되는 사람들' 뿐이며 국민 대다수는 원치 않는다" "사태의 진전에 따라 신민당 소속 국회의원들이 총사퇴하는 것도 고려하겠다"

고 강경자세를 보였다.

윤치영 공화당의장 서리는 "박 대통령의 영도력은 계속 유지돼야 한다"는 논의를 펼쳐 잠잠하던 개헌 논의가 다시 정국의 표면에 부상하여 개헌 추진과 저지가 맞선 대국이 예각화(銳角化) 하게 했다.

유진오 신민당 총재는 박 대통령에게 공개서한을 보내고 3선개헌에 대한 결단을 촉구했다.

유진오 총재는 "3선개헌 문제가 음성적으로 추진되어 왔음은 상궤(常軌)를 벗어난 것" 이라고 지적하고 "국회에서 3선개헌 문제가 거론되는 동안 행정부는 나는 모른다는 태도로 일관한 것은 국민을 우롱하는 처사" 라고 주장했다.

박 대통령은 "개헌이 발의되면 합법적인 절차와 공정한 관리로써 국민의 자유로운 의사가 충분히 반영되는 최종적인 결정이 이루어질 수 있게 적법조치를 취하는 것이 정부의 의무" 라고 답신함으로써 개헌의 마각을 숨기지 않았다.

박 대통령은 "최근 야당의 개헌반대투쟁은 한계를 넘어 반정부선동의 양상을 띄었고 나에 대한 인신공격과 정부에 대한 욕설은 국가가 망할 지경" 이라며, 야당의 주장대로 국가가 망할 지경이라면 정부는 지체 없이 물러날 것이라며 개헌과 신임을 전제로 국민의 기탄 없는 의사표시를 묻겠다는 특별담화를 발표했다.

드디어 박 대통령은 "개헌문제를 통해 나와 정부에 대한 신임을 묻겠다" 면서 공화당이 빠른 시일 안에 개헌안을 발의해 줄 것을 요청했다.

공화당 의원총회는 대통령의 3선 중임을 허용하는 개헌 추진을 공식화했고, 신민당 송원영 대변인은 "박 대통령은 3선개헌을 포기하고 잔여임기를 채운 뒤 조용히 물러가는 것이 좋을 것이다"라고 논평했다.

정치학자인 새뮤얼 버틀러는 '권력은 마주(魔酒)'라고 했다. 그렇다고 해도 이승만 대통령이 국민의 권좌에서 쫓겨난 지 10년도 채 되지 않은 시점에서 다시 장기집권을 기도하는 개헌을 하겠다고 나선 것은 전혀 역사에서 교훈을 배우지 못한 무리한 행동이라 할 수 있다.

1967년 제 7대 총선에서 불법·부정 선거를 통해 개헌선인 국회의원 3분의 2를 확보한 박 대통령은 권력 지향의 충성분자들을 동원하여 개헌에 대한 애드벌룬을 지속적으로 띄워 왔다.

윤치영 공화당의장의 애드벌룬에 이어 개헌 공방을 벌인 정국은 1969년 7월 25일 박 대통령은 "여당은 빠른 시일 안에 개헌안을 발의하고 야당은 합법적으로 반대운동을 펴 달라"는 등의 7개항의 특별담화를 통해 개헌추진에 대한 공식적인 입장을 발표했다.

마침내 박 대통령은 장기집권을 구상하고 '돌아올 수 없는 다리'를 건너는 무리수를 던진 것이다.

3. 제3별관에서 공화당 단독으로 개헌안 변칙의결

(1) 국회 본회의에 보고 없이 이효상 국회의장 직권으로 개헌안을 정부에 이송

공화당은 박 대통령 3선의 길을 트기 위한 것을 주축으로 한 4개 항목의 개헌안을 국회에 제출했다.

이 개헌안은 윤치영 의원 외 121명의 이름으로 제안했다. 공화당에서는 정구영 의원을 제외한 108명, 공화당에서 제명된 무소속 의원의 친목회인 정우회에서는 양찬우 의원을 제외한 11명, 신민당에서 변절한 성낙현(창녕), 조흥만(전국구), 연주흠(전국구)의원들이 서명했다.

이날 제안된 개헌안은 한 달간의 공고 기간을 거쳐 9월 정기국회에서 표결에 붙여지게 되어있다.

개헌안에 서명한 의원들은 공화당의 박준규, 이병희, 신윤창, 김재순, 김진만, 이종근, 육인수, 김종익, 장영순, 이민우, 김종철, 길재호, 전휴상, 장경순, 김우경, 고재필, 길전식, 이호범, 이만섭, 이효상, 백남억, 김성곤, 오준석, 이동녕, 김창근, 구태회, 김주인, 조창대, 김용순, 김택수, 최치환, 민병권, 양정규, 현오봉, 윤치영, 백두진, 김정열, 윤천주, 김용호, 이성수, 현정주, 김용채 의원들과 정우회의 이윤용(평택), 차형근(군산), 이원우(영천), 최석림(고성 - 충무

– 통영), 박병선(예산) 의원등 지역구 의원과 이동원, 이원영, 이병주, 김익준, 김성용 전국구 의원들과 대중당 신용남(고창) 의원 등이다.

신민당 송원영 대변인은 공화당의 박 대통령만의 3선규정으로 일부 수정하려는 움직임에 대해 "지금까지 개헌이유로 내세운 역사적, 현실적 필요성이라는 주장이 한낱 정권연장을 위한 것이었음을 여실히 드러낸 것" 이라고 비난했다.

신민당은 유진오 총재를 비롯한 35명의 의원들이 본회의장 사회석과 국무위원석등을 점거해 개헌발의부터 실행저지 태세를 갖췄다.

신민당은 "국민투표는 현재 절차법이 없기 때문에 불가능하며 개헌안의 발의도 불법무효" 라고 주장했다.

정부는 국회 본회의에서의 보고 없이 이효상 국회의장 직권으로 직송된 개헌안을 접수하여 국무회의 의결을 거쳐 공고했다.

신민당은 관련법 명문의 규정과 제헌이래의 관례를 깨고 정부에 직송한 것은 위법적 처사라며 절차상 하자로서 무효화 투쟁에 들어갔다.

1968년 12월 17일 윤치영 당의장 서리는 "무엇보다 강력한 정치적 리더십이 필요하다" 고 역설하면서 "현행 헌법을 개정하는 것이 연구되어야 한다" 고 3선개헌의 물꼬를 텄다.

청와대와 중앙정보부 등 권력기관이 총동원되어 JP계 의원들을 협박과 회유로 끌어들이고 국회 주변에 1천2백여명의 기동경찰이 엄중 하게 통행을 차단하고 있는 가운데 개헌지지자만으로 이효상 국회의장의 사회로 단 6분만에 개헌안을 변칙 처리했다.

공화당이 본회의장을 옮겨가면서까지 변칙적으로 개헌안을 처리한 것은 형식상은 야당의 단상점거 때문이라고 내세웠지만 실제적으로는 내부의 이탈이 두려웠기 때문이었다.

전국경제인연합회는 "안정된 정국과 정연한 사회질서 확립의 필요성에 따라 박 대통령의 영도력을 재신임하고 3선개헌을 지지한다"는 성명을 발표하여 어용단체임을 과시했다.

예비역 장성 227명의 개헌지지성명에 이어 한국반공연맹, 재향 군인회, 한국노총, 경제인연합회, 대한상공회의소, 대한건설협회, 대한불교조계종 종무원, 한국예술문회단체 총연합회 등이 개헌지지를 천명하는 성명을 앞다투어 발표하여 어용만이 살 길이라고 울부짖었다

(2) 변절한 의원들의 의원직 박탈을 위해 신민당 해체

개헌을 저지하려는 신민당의 계획은 비장한 배수진으로 개헌저지 제1차적 목표를 국회 표결에서의 승리에 두고 개헌저지선인 의원 정수 175명의 3분의 1인 59표의 확보를 위해 총력을 경주했다.

신민당은 47명의 의원 중 변절한 성낙현, 조흥만, 연주흠 의원을 제외한 44명 외에 공화당에서 제명된 김용태, 양순직, 예춘호, 박

종태, 정태성, 김달수 의원과 개헌안에 서명을 거부한 공화당 정구영, 정우회 양찬우, 대중당 서민호 의원 등 53명을 일단 반대표로 계산하고 남은 6명의 포섭에 안간힘을 쏟았다.

신민당은 개헌안의 국회통과 저지를 위한 극단적인 원내대책의 하나로 당을 해산하기로 결정했다.

신민당은 개헌지지서명을 한 성낙현, 연주흠, 조흥만 의원들이 개헌안 의결에 참석하지 못하도록 이들을 제외한 44명의 의원들을 먼저 제명하여 무소속 의원으로 두고 당을 해산하여 변절한 세 의원의 의원자격을 박탈하는 꼼수를 개발했다.

신민당 당기위원회는 44명 의원들을 제명하고 전당대회를 개최하여 신민당을 9월 8일 해산했다. 그리고 신당 발기인대회를 개최하여 9월 22일 신민당을 재창당했다.

이로써 세 의원들은 의원직을 상실했고 개헌저지선이 59표에서 58표로 줄어들었다.

소속의원 44명이 신민회를 결성하여 개헌안 의결 저지투쟁을 전개했으며, 개헌안이 의결된 이후에 신민당을 재창당하고 유진오 총재를 재추대했다.

(3) 공화당이 개헌안 의결을 낙관하자 신민당이 표결 직전에 본회의장 단상을 점거

개헌안이 상정되자 공화당 백남억 의원은 "북괴의 무력남침 도발에 대처하기 위한 국방력을 강화하고 가장 강력한 통수권을 행사할 박정희 대통령의 3선이 필요한 것" 이라고 강조했다.

그러나 신민당 조한백 의원은 "대통령 3선개헌은 헌법의 기본원리와 성격을 변질시키는 헌법개정의 한계를 벗어난 헌법파괴행위" 라고 주장했다.

윤보선 전 대통령은 "3선개헌안은 이 나라 헌법의 원칙과 입법정신으로 볼 때 찬반의 상대적 가치판단이 허락될 수 없는 민주헌정의 파괴 획책" 이라며 "국회에서 이를 부결시키지 못하면 국회를 해산하는 것이 의회의 권위와 국민의 의사에 부합하는 길 일 것" 이라고 주장했다.

개헌안 표결을 앞두고 공화당은 계속 재임규정에 대한 법 해석 말썽에도 불구하고 무수정 통과를 강행키로 했으며, 신민당은 1인의 영구집권을 위한 것이라는 결론을 내리고 개헌안의 철회를 요구키로 했다.

공화당은 박 대통령은 개헌안 통과 후 1기만 더 재임할 수 있다며 어느 대통령이든 평생 3선밖에 할 수 없는 것으로 해석하기로 의원총회에서 결의했다.

유진오 신민당 총재는 "개헌안 중 대통령의 계속 재임은 3기에 한 한다는 조항은 명문상 계속해서 재임하는 기간만을 제한하는 것이며 따라서 잠시라도 재임 기간을 단절하면 재집권이 가능한 것" 이라며 3선개헌이 영구집권을 위한 것이었음이 드러났다고 주장했다.

공화당은 서명의원 118명과 무소속 의원 중 최소 3~4명은 찬성투표에 가담하여 개헌안은 무난히 통과할 것을 자신하자, 신민당이 개헌저지에 무한투쟁을 벌이기로 전략을 바꿔 표결 직전 단상을 점거함으로써 개헌안 의결을 원천봉쇄했다.

공화당은 14일 새벽 야당이 농성중인 국회 본회의장을 파해 국회 제3별관 회의실에서 3선개헌안을 변칙 처리했다.

이날 개헌안 표결에는 개헌안 발의 서명자 118명 의원과 공화당에서 제명된 김용태, 박종태, 정태성 의원 및 정우회의 양찬우 의원 등 122명이 찬성했다. 이효상 국회의장은 찬성 122표로 개헌안이 가결되었음을 선포했다.

3선개헌에 반대하다 제명된 김용태, 박종태, 정태성 의원들의 찬성은 변절과 변절의 연속이었다.

개헌안의 변칙통과를 통보받은 신민당은 "공화당의 파렴치 분자들은 일당의 종신집권을 위해 국민주권을 유린하고 헌정을 파괴했으며 야밤중에 폭력배와 작당하여 헌법을 기습했다"고 주장하고 "모든 국민은 총궐기하여 공화당의 강도적 헌법 파괴행위를 응징하자"고 호소하면서 박정희 정권 타도 투쟁을 선언했다.

4. 영남권의 압도적인 찬성으로 국민투표에서 승리

(1) 국민투표법 통과와 개헌안 의결에 대한 공방

헌법 개헌안에 대한 국민투표법이 공화당의 일방적인 강행에 의해 법사위를 통과하고 제3별관에서 공화당 단독으로 개헌안과 함께 의결됐다.

국민투표법은 현행 대통령선거법보다 찬반운동을 대폭 완화하고 있으나 옥외집회, 시위행위 등은 계속 금지되고 있다.

그러나 찬반운동은 선거법에 규정된 이외의 방법으로 이를 할 수 없다는 규정이 삭제되어 별정직 공무원들에게는 찬반운동이 허용됐다.

따라서 당 조직뿐 아니라 행정조직의 지원을 배경으로 한 개헌찬성 운동의 공화당과 개헌반대 명분을 내세우고 있는 신민당의 찬반운동의 형평성을 기대하기는 어렵게 됐다.

그리하여 개헌안의 국민투표는 이미 기울어진 운동장에서의 축구경기에 비유됐다.

공화당 단독으로 3선연임이 가능한 개헌안이 의결되었다는 소식이 알려지자 윤제술 국회부의장은 "개헌안의 내용은 그만두더라도 그 처리절차가 불법무효" 라고 주장했다.

윤제술 부의장은 특히 야당의원들에게 본회의 개회를 알리지 않은 것은 분명한 사기라고 주장했다.

이에 박정희 대통령은 "개헌안의 국회 표결은 법에 위배된 것이

하나도 없으며 개헌안에 대한 명확한 의사표시를 하도록 한 공화당의 처사는 당연한 것" 이라고 야당을 비난했다.

박 대통령은 "한일협정, 월남파병, 향토예비군 조직, 차관 등에서 그랬듯이 식자(識者)를 자처하는 일부 인사와 야당은 반대를 위한 반대만 해 왔다" "개헌문제에 대해서도 소위 민주주의니 호헌이니 하는 허울좋은 명분을 내세우고 장기집권, 영구집권 등의 비난을 일삼고 있다" 고 야당의 태도를 비난했다.

신민당 총재에 재추대된 유진오 총재는 "지금 우리 앞에 놓인 투쟁은 우리만의 투쟁이 아니라 전 국민의 힘과 집권자의 힘의 대결" 이라고 강조하고 "정권타도를 기치로 하여 국민과 더불어 강력투쟁을 벌여나갈 것"을 선언했다.

(2) 개헌안 찬반에 대해 국민들에게 여야의 호소

국민복지회 파동으로 공화당을 탈당하고 모든 공직에서 사퇴한 김종필 전 공화당의장이 박 대통령에게 충성을 서약하면서 개헌 찬성운동에 적극 참여하고 이효상, 백남억, 곽상훈, 이만섭 등이 연사로 나선 개헌안 찬성을 위한 대규모 유세전에서 공화당은 "북괴의 도발을 막고 경제건설을 하기 위해서는 박 대통령에게 한번 더 일할 수 있는 기회를 주어야 한다" "박 대통령에게 3선의 길을 터주어 계속 전진하자" 고 호소했고, 유진오 총재의 와병으로 중진들이 나선 신민당은 "온 국민의 개헌반대 대열에의 참여" 를 호소했다.

유진오 신민당 총재는 "박 정권은 그들의 장기집권 연장을 위해서는 법도 행정도 아랑곳없고 국방, 교육도 무시해 버리는 실로 이성을 상실한 폭거로 나오고 있다" 면서 "이번 국민투표에 있어서 부정, 불법을 끝까지 감시하고 방지투쟁을 전개하여 분쇄하는 위대한 역량을 증명해 주기 바란다"고 당부했다.

공화당은 "안정이냐 혼란이냐, 양자택일을 하자"고 내세우고, 신민당은 "개헌안 부결로써 공화당 정권 몰아내자" 면서 국민의 지지를 호소했지만, 활기차고 역동적인 공화당에 비해 신민당은 위축되고 소극적인 반대 운동을 벌였을 뿐이다.

(3) 영남지역의 압도적인 찬성으로 개헌안 확정

1969년 10월 17일 실시한 국민투표의 개표결과 총 유권자 15,048,925명 중 11,604,038명이 투표하여 투표율은 77.1%를 기록했고, 투표자의 65.1%인 7,553,655명이 찬성하여 반대한 3,636,369(31.3%)명을 훨씬 능가하여 3선개헌안이 확정됐다.

전국적으로 유일하게 반대표가 많은 서울에서는 찬성률은 46.9%였으나 반대표는 50.4%로 서울 유권자의 28.5%만 3선 개헌안에 찬성했을 뿐이다.

시·도별 투표율은 경북이 84.8%로 전국 최고를 자랑했고 제주(84.0%), 충북(83.6%), 강원(83.5%), 경남(83.2%), 전남(82.7%) 등이 높은 투표율을 보였고 서울(60.7%)과 부산(69.9%)이 60%대의 저조한 투표율을 보였다.

시·도별 찬성율에 있어서는 경북이 78.2%로 단연 수위를 달렸고 경남(73.7%), 강원(72.0%)도가 앞서거니 뒷서거니 차순위 다툼을 벌였다.

서울이 유일하게 46.9%로 찬성이 반대보다 적었고 부산(56.7%), 충남(61.4%), 경기(62.5%), 전북(66.3%), 충북(67.2%), 제주(67.5%)순으로 나타나 찬성율은 여촌야도 현상과 동고서저(東高西低) 현상을 보여줬다.

국민투표 성격상 기권을 소극적인 반대로 간주한다면 23%의 기권율을 보인 국민투표에서 3선개헌은 유권자 총수의 50.2%의 지지를 받은 결과로 나타났다.

국민투표 총유권자에 찬성율을 곱한 지지율은 경북이 66.3% 지지로 압도적이었고 경남이 61.3%의 지지로 영남권의 압도적인 찬성으로 국민투표가 확정됐다고 볼 수 있다.

전남(60.7%)과 강원(60.1%)의 지지율이 높은 반면, 서울(28.4%), 부산(39.6%), 충남(47.8%), 경기(48.5%)에서는 총유권자의 절반에도 미치지 못했다.

(4) 신민당의 반발과 압도적 찬성의 배경

신민당은 "이번 국민투표가 공무원의 책임 아래 이루어진 관권선거"라고 규정하고 무효화 투쟁을 전개하기로 했다.

신민당은 "이번 국민투표는 행정력에 의해 국민의 표가 강탈당한 하나의 절차에 불과하다"며 "선거제도는 말살된 것으로 볼 수밖에 없었다"고 주장했다.

유진오 신민당 총재는 "포악한 독재가 일시적으로 국민을 억압할 수도 있으나 결국은 국민의 엄정한 심판을 받고 말 것이며 반드시 파멸을 자초하고 말 것이라 엄숙히 지적한다" "관권이 혹심한 상황 아래서도 우리 국민의 과반수가 간악한 간섭과 교활한 매수에 굴하지 않은 것을 입증하는 것으로서 조국의 장래에 희망을 갖게 된다"고 투표결과에 쓴소리를 쏟아냈다.

지역에 관계없이 막대한 자금의 지원을 받았던 공화당의 경우 조직력이 강하고 찬성운동에 총력을 기울였던 곳이 결과적으로도 찬성표가 많아 국민투표 운동의 공명시비와 불가분의 관계에 있게 됐다.

공화당의 방대한 조직과 자금의 힘, 그리고 행정선거 라고도 일컬어 질만큼 대규모로 동원된 행정력의 위력이라고 할 수 있을 것이다.

그 밖에도 국민투표에서 승패를 정권에 대한 신임여부에 결부시켜 안정과 혼란 중의 택일을 요구하고 특히 일부에선 개헌 부결로 혼란이 올 경우 군의 개입가능성 등을 강조하여 유권자들을 찬성쪽으로 이끌었다.

또한 야당 투표참관인의 확보란 등으로 이른바 '표 지키기' 조차도 제대로 못했다.

투표운동 과정에서부터 일부에서 대두된 투표 포기론으로 힘의 결속에 어느 정도 차질을 초래했고, 유진오 신민당 총재의 와병으로 유세가 이뤄지지 못한 사실도 취약점의 하나였다.

이밖에 높은 기권율은 정치적 무관심의 한 징표라는 점 외에 야당 성향이 강할수록 기권율이 높았다는 점에서 찬반의 격차를 더욱 크게 넓혔다.

신민당은 "이번 국민투표가 공무원들의 책임아래 이루어진 관권선거"라고 규정하고 사전투표, 대리투표, 무더기투표, 선거권박탈, 수 백대 1의 자금공세 등을 규명하기로 했다.

개헌안 국민투표 과정에서 정부·여당에 의한 각종 부정과 관권동원이 자행되고 투·개표 과정에서 무더기표 등이 발견되는 부정이 나타났기 때문이다.

유진오 신민당 총재는 뇌동맥 경련증으로 몸 져 누우면서 10월 17일 국민투표 결과에 대한 책임과 신병을 이유로 총재직에서 물러날 뜻을 밝히고 신병 치료 차 일본으로 떠났다.

제2장 김대중을 꺾고 제7대 대통령에 당선된 박정희

1. 신민당 김대중, 40대 기수론으로 깜짝 등장

2. "다시는 표를 달라고 하지 않겠다"는 박정희

3. 영남권의 단결된 지역감정으로 박정희 3선 성공

1. 신민당 김대중, 40대 기수론으로 깜짝 등장

(1) 유진산의 대표 선출과 윤보선의 신민당 탈당

신민당은 3선 개헌 저지에 실패하여 침체된 상황에서 장기 와병중인 유진오 총재가 3선 개헌 저지 실패에 대한 책임을 지고 사퇴했다.

국민투표 무효화 투쟁을 선언하고 국회 출석을 거부하던 신민당은 심기일전하여 1970년 1월에 전당대회를 개최하여 새 지도부를 선출하고 9월에는 1971년 대통령선거에 나설 후보 지명대회를 개최하기로 결정했다.

전당대회를 앞두고 신민당은 당세를 확장하기 위해 이철승, 신도환, 김준섭, 홍영기, 최영근, 이희승, 황호동, 이재환 등 구정치인과 4·19, 6·3세대는 물론 윤길중, 권대복 등 혁신계 인사들을 폭넓게 받아들였다.

전당대회의 초점인 당대표 선출엔 주류인 유진산, 비주류인 정일형, 주류에서 비주류로 옮긴 이재형이 3파전을 전개하여 1차투표에선 유진산 286표, 이재형 192표, 정일형 125표로 과반 득표에 실패하여 2차 투표에 들어갔다.

국민의 이미지가 나쁜 유진산을 대표가 될 수 없다는 이유로 반진산연합을 구축했으나 2차투표에서 유진산이 327표를 얻어 276표에 머문 이재형 후보를 꺾고 새로운 대표가 되어 진산시대를 개막했다.

유진산 대표는 윤보선, 박순천, 이상철, 유진오를 당 고문으로 추대하고 9월의 대통령후보 지명대회안을 채택했다.

그러나 윤보선 전 대통령후보는 "신민당이 이번 전당대회에서 도저히 용납할 수 없는 타락한 작풍 가운데 야당의 당위(黨威)를 부정함으로써 공화당 통치질서의 일부분으로 전락하고 말았다" 면서 신민당을 탈당하고 국민당 창당을 서둘렀다.

(2) 비주류 김대중 후보가 주류인 김영삼 후보를 꺾고

대통령 후보 지명대회를 앞두고 신민당 김영삼 원내총무는 돌연 '40대 기수론' 을 제창했다. 김영삼 원내총무는 "우리 야당은 빈사상태를 헤매는 민주주의를 회생시키는데 새로운 결의와 각오를 다져 앞장서야 할 사명 앞에 서있다. 이 중대하고 심각한 사명의 대열에서 깊은 의무감과 굳은 결단 그리고 벅찬 희생을 각오하면서 71년 선거에 신민당의 대통령 후보로 나설 것을 당원과 국민 앞에 밝힌다" 고 선언했다.

김영삼 총무에 이어 김대중 의원도 대선 후보 출마를 선언하고 정쟁법의 희생자였던 이철승 씨도 뒤따라 출마를 선언함으로써 대통

령 후보가 40대의 3파전으로 압축됐다. 이로써 신민당의 대선후보군은 김영삼, 김대중, 이철승 등 40대와 유진산 대표, 유진오 고문 등으로 후보경쟁자가 압축됐다.

40대 기수론에 대해 당내에서는 거센 반발이 제기됐다. 특히 유진산 대표는 대통령 후보가 40대라야 한다는 것은 구상유취(口尙乳臭)한 것이라면서 맹타를 가했다.

유진산 대표는 "대통령 후보를 세대문제와 결부시키려 한다면 그것은 정치적 미성년자의 사고로 묵과할 수 없다. 대통령이 되고 야당의 지도자가 되겠다는 야망에 앞서 국가와 민족을 이끌고 가겠다는 지혜와 용기와 경륜이 아쉽다" 고 비난했다.

그러나 40대 기수론은 거역할 수 없는 당내외의 대세로 굳어졌다. 유진오 전 총재는 신병을 이유로 출마를 장고(長考)하게 되고 유진산 당수는 국민의 이미지의 비우호적 등을 고려하여 40대의 3인에게 후보 추천권을 위임해 줄 것을 요구하면서 불출마를 선언했다. 유진산 대표는 김영삼, 김대중, 이철승 40대 후보자 세 사람을 자택에 불러 그 자신이 출마하지 않는다는 전제아래 택일 지명권을 일임해 달라고 요구했다.

유 대표의 제의에 김영삼, 이철승은 즉석에서 이를 수락했으나 김대중은 유진산, 유진오, 박순천, 정일형, 이상철, 이재형 등 6인 원로에게 일임할 것을 제의하면서 유 대표의 제의를 거절했다.

유 대표는 김영삼, 이철승 후보 중 택일하되 떨어진 후보는 택일된 후보를 적극적으로 지지할 것을 당부했고 두 후보는 흔쾌히 확약했다.

유 대표는 전당대회 하루 전에 열린 중앙상임위에서 김영삼을 대통령 후보로 지명하고 지지해 줄 것을 호소했다.

이로써 진산계 등 주류의 지지를 등에 업은 김영삼의 대선 후보 지명은 명약관화 한 것으로 보여졌다.

1970년 9월 29일 서울시민회관에서 개최된 신민당 대통령 후보 지명대회 1차 투표에서 대의원 885명이 투표에 참여하여 김영삼 421표, 김대중 382표, 무효 82표로 과반을 득표한 후보가 없어 2차 투표에 들어갔다.

2차 투표에서 예상을 뒤엎고 김대중 후보가 458표를 득표하여 410표를 득표한 김영삼 후보를 누리고 대선후보로 지명됐다.

이철승 후보가 김영삼 후보 지지를 약속했음에도 1차 투표에서 김영삼 후보의 과반획득이 실패하자 이철승계인 송원영, 조연하 등의 막후 조종으로 2차에서 이철승을 다음 전당대회에서 당 대표로 밀어주는 조건으로 김대중을 지지하여 의외의 결과를 빚어냈다.

입장이 난처해진 유진산 대표는 "40대 기수 중의 한 사람을 여러분들이 더 밝은 눈을 가지고 적절한 판정을 내준데 감사한다" 면서 "여러분이 뽑아준 지명 후보를 내세워 최선을 다하여 일치단결해서 싸워 나가자" 고 다짐했다.

대통령 후보로 지명된 김대중은 군정종식과 민주화 시대의 개척을 위해 모든 노력을 다하겠다고 밝혔으며, 패배한 김영삼은 "나와 같은 40대 동지의 승리는 신민당의 승리요, 바로 나의 승리" 라고 하면서 대통령 선거에서의 적극적인 협력을 다짐했다.

2. "다시는 표를 달라고 하지 않겠다"는 박정희

(1) 공화당은 전당대회에서 박 대통령을 대선후보로 추대

공화당은 이미 3선개헌을 통해 박정희 대통령이 제7대 대통령 후보에 내정된 것이나 마찬가지이기 때문에 후보 지명절차는 요식행위에 불과하지만, 225명이 참석한 1971년 3월 17일 지명대회에서 만장일치로 박 대통령을 차기 대선후보로 지명했다.

박 대통령은 "개발과 성장의 혜택이 모든 국민에게 골고루 돌아가고 국력이 상위 중진국 수준을 넘어서는 날, 우리의 민족적 비원인 조국통일의 전진기지는 굳건한 반석위에 올라설 것이며 이것은 우리 민족이 당면한 70년대의 도전이며 사명"이라고 역설했다.

공화당은 북괴의 도발가능성 및 안보문제와 관련하여 혼란 없는 안정을 위해 박 대통령의 재집권의 필요성을 강조하는 한편, 3선 개헌의 불가피성을 설득하는데 주안점을 두는 유세를 펼쳤다.

박정희 대통령은 야당의 대통령 후보가 40대인 점을 감안하여 야당의 젊음에 젊은 얼굴을 내놔야 한다는 참모들의 진언에 따라 40대인 김종필을 공화당 부총재에 임명함으로써 장기 집권으로 인한 국민의 염증을 씻어주고 야당의 '영구집권' '총통제 추진' 등의 주장을 중화하는 효과를 기대했다.

김종필 부총재는 "예비군을 전폐하겠다는 것은 시대착오적인 발언" "대통령은 어떤 지연이나 혈연에 의해 선출해서는 안된다" 고 김대중 후보와 각을 세우고 "신민당이 주장하는 총통제 운운은 국민이 국민투표를 통해 열어놓은 길에 따라 75년까지만 연임할 수 있다는 것이 분명함에도 이를 정치적으로 이용하고 있는 것" 이라고 신민당의 영구집권과 총통제 주장을 맹비난했다.

그러나 김종필은 1975년 대권이 어른거린 나머지 박 대통령에게 적극 협력하여 3선개헌과 대선에서 선봉장으로 활약했다.

백남억 공화당의장 서리도 "대통령의 재임은 3선에 한한다는 헌법의 제69조 3항의 규정에 따라 박 대통령은 이번 대통령 선거에 한해서 출마할 수 있다" 면서 1975년에는 출마가 불가능하다고 못을 박았다.

박정희 대통령은 "일부 야당인사들이 혈연, 지연 등 전근대적 요인을 악용하여 지역감정을 선동함으로써 국민의 단결을 파괴하려 들고 있다" "그러나 역사의 진운과 국민의 예지는 이를 용납하지 하지 않을 것이다" 면서 "야당은 입으로는 공명선거를 운위하면서 이번 선거가 마지막 선거라는 등 선동을 일삼고 있다" 고 비난했다.

그러나 실제적으로는 공화당의 이효상 국회의장이 "신라 천년 만에 다시 나타난 박정희 후보를 뽑아서 경상도 정권을 계속 유지하자" 고 영·호남의 지역감정을 촉발시켰다.

(2) 신민당도 전열을 정돈하고 총력전을 전개

신민당 김대중 후보는 기자회견을 열고 향토예비군 폐지, 대통령 3선조항 환원의 개헌, 대중경제 구현을 위한 노사공동위원회 설치, 미·중·일·소 등 4대국에 의한 전쟁억제 요구 등의 당면정책을 제시하며 기선을 제압했다.

공화당은 안정과 번영을 위한 중단 없는 전진을 내세우고 박정희 후보의 계속 집권을 호소한 반면, 신민당은 장기집권의 폐단과 부정부패를 중점적으로 파헤치면서 평화적 정권교체를 위해 김대중 후보를 지지해 줄 것을 역설했다.

김대중 후보는 "공화당과 현 정부는 갖은 방법으로 지역감정을 선동하는 망국적인 선거 작전을 벌이고 심지어 일국의 국회의장까지 이에 가세하고 있다"고 비난했다.

김대중 후보는 "박 후보는 67년 목포유세에서 3선개헌은 절대로 하지 않을 것이라고 다짐하고 3선개헌을 할 것이라고 말하는 것은 야당의 모략이라고 강력히 부인했지마는 2년이 못 가 3선개헌이 안되면 당장에 대통령자리를 그만두겠다고 말하지 않았느냐"며 대선 공약을 저버린 3선개헌 강행을 비난했다.

김대중 후보는 "지금 유럽 어느 나라에 연구위원이 나가서 총통제를 연구 중이며 나는 이런 일련의 사실에 대한 충분한 증거를 갖고 있다"면서 이번 선거가 대통령 직접선거의 마지막이며 총통제가 추진될 것이라고 주장했다.

김대중 후보는 "과거부터 그들이 계획했던 데로 남북통일이 될 때까지 선거 없이 박정희 대통령이 영구집권을 위한 개헌을 하거나 국민투표에 의해 수권법을 만들 저의를 이번 선거유세에서 노골적으로 드러냈다" 고 비난했으나 국민들은 설마 그럴리가 없다 하면서 정치공세로만 여겼다.

신민당은 선대본부장은 유진산 대표가 겸임하고 양일동, 홍익표, 윤제술, 정성태, 김영삼, 이철승, 고흥문, 김홍일, 김응주, 정해영, 박병배, 윤길중, 김원만, 김형일, 박기출, 이충환, 최용근, 이태구, 정일형, 조영규, 김재광, 이중재, 정헌주, 우홍구, 정상구, 김원만, 신도환, 김준섭, 김선태, 김상돈 등 28명의 운영위원을 선대위원으로 위임하여 총력 지원 체제를 정비했다.

(3) 선거전은 박정희, 김대중 후보 대결로 압축

이번 대선 후보들의 기호는 1번 공화당 박정희, 2번 신민당 김대중, 3번 국민당 박기출, 4번 민중당 성보경, 5번 자민당 이종윤, 6번 정의당 진복기, 7번 통일사회당 김철 후보로 확정됐다.

통일사회당 김철 후보는 "이번 선거를 통해 박정희 정권을 교체시킬 수 있는 가능성이 보인 만큼 나는 민주주의 기본질서를 수립할 수 있는 정권교체를 이룩하기 위해 스스로 후보직을 사퇴하고 재야세력을 한 곳으로 집결시켜야겠다는 결론에 도달했다" 면서 후보직을 사퇴하고 김대중 후보 지지를 선언했다.

민중당 성보경 후보도 야당 후보 단일화를 위한다는 이유로 후보를 사퇴하여 이번 대선은 다섯 후보의 쟁패전이 됐다.

윤보선 국민당 총재는 그 동안의 전국 유세결과와 국민반응 및 득표전망 등을 분석해 볼 때 현 시점에서 대통령 선거를 포기하는 것이 국민을 위하는 길이라고 박기출 후보에게 사퇴를 종용했고, 박 후보는 "내가 정권을 잡으면 혼란이 오기 때문에 이번 대통령 선거를 보이콧하겠다" 고 말했다. 그러나 박기출 후보는 후보직을 사퇴하지 않고 끝까지 완주했다.

(4) 이번이 마지막 출마임을 강조한 박정희

공화당 박정희 후보는 "다시는 국민에게 표를 찍어 달라고 나서지 않겠다" 며 마지막 출마임을 강조했고, 신민당 김대중 후보는 "이번에 정권교체를 이루지 못하면 총통제가 실시될 것" 이라고 호소했으나 국민들은 냉담했고, 총통제는 2년이 지나지 아니하여 유신독재체제로 현실화됐다.

박정희 후보는 16만명이 운집한 부산유세에서 "지난번 3선 개헌 국민투표 때 내가 여러분에게 그 동안 벌여 놓은 방대한 사업을 내 손으로 매듭짓기 위해 한 번만 더 할 수 있는 기회를 달라고 말 한데 대해 여러분이 찬성하는 뜻으로 허가하여 찬성한 것이지

몇 번이라도 더 해도 좋다고 허가한 것은 아니지 않느냐" 면서 이번만 출마하고 다음에는 다시 출마하지 않을 뜻을 분명히 밝혔다.

박정희 후보는 32만 명이 모인 서울 유세에서 "이번이 대통령으로 출마하는 마지막 기회" 임을 밝혀, 1975년 선거에 다시 출마하지 않을 뜻을 분명히 하고 "다음 임기중에 부정부패를 기어이 뿌리뽑고 물러나가겠다" 고 약속했다.

박 후보는 "야당은 총통제 운운해서 내가 두 번이고 세 번이고 언제까지나 집권할 것 같이 허위선전을 일삼고 있으나 3선개헌 국민투표 때 한 번만 더 할 수 있도록 여러분이 허락한 것이지 몇 번이고 해도 좋다고 지지한 것이 아닐 것이며 여러분이 나를 다시 뽑아주면 이 기회가 나의 마지막 정치연설이 될 것" 이라고 다짐했다.

박정희 후보는 "작금(昨今)의 정세는 마치 6·25 새벽의 전야를 방불케 하고 있다" 라고 전제하고 "앞으로 4년 간이 가장 위험한 시기로 본다" 면서 북괴의 침략가능성을 들먹이며 안보를 선거에 최대한 활용했다.

박 후보는 "일부 야당인사들이 혈연, 지연 등 전근대적인 요인을 악용하여 지역감정을 선동함으로써 국민의 단결을 파괴하려 들고 있다" 고 야당의 지역감정 조장을 비난하면서 지역감정이 촉발되기를 은근히 기대했다. 왜냐하면 자신의 고향인 영남권 유권자가 김대중 후보의 고향인 호남권 유권자보다 훨씬 많기 때문이었다.

공화당은 방대한 조직과 행정력을 동원하여 실제적으로 경남·북과 같은 우세지역은 투표율 제고운동을 대대적으로 벌였고 야당세가 강한 서울과 전남·북은 투표율 낮추는 전략도 병행했다.

3. 영남권의 단결된 지역감정으로 박정희 3선 성공

(1) 제 7대 대통령선거의 특징과 승패의 갈림길

이번 선거의 특징은 영·호남 지방색의 노출, 표의 동서현상, 여촌야도의 부활, 군소정당의 철저한 몰락이었다.

선거운동 과정에서 두드러진 현상의 하나는 공화당 측에서 지역감정을 조장한 사실이다. 특히 이효상 국회의장은 "신라 천년 만에 다시 나타난 박정희 후보를 뽑아서 경상도 정권을 계속 유지하자"고 지역감정을 촉발시키는 등 백남억, 김성곤을 중심으로 한 TK사단의 지역감정 조장은 타 지역의 추종을 불허했다.

박정희 후보는 부산, 경남·북과 강원, 충남·북, 제주에서 승리했으며 김대중 후보는 서울, 경기 및 전남·북에서 이겼으며 후보자의 지역과 관련 짙은 지방색의 표 분포의 편재를 가져온 것이 가장 큰 특징으로 표의 동서현상과 여촌야도 현상이 두드러졌다.

영남의 경우 박정희 후보가 김대중 후보의 3~4배씩 나왔고, 호남의 경우 김 후보가 박 후보를 압도했다. 정상적인 이성으로 투표를 했다기 보다는 맹목적으로 독기를 갖고 표를 던졌다고 밖에 볼 수 없다.

이번 선거는 공화당, 신민당 두 후보의 대결로 더욱 압축돼 군소 정당 후보들의 득표율은 6%를 넘지 못해 양당제도를 바라는 유권자들의 투표성향이 단적으로 나타났다.

공화당은 행정PR, 자금살포, 위기의식 조장 등 유권자의 심리파악 등을 위해 정부의 행정력을 총동원하여 조직, 자금, 선전 등 세가지 요소를 무제한적으로 발휘한 데 비해 신민당은 유세 때 조성된 붐을 표에 직결시키는 조직력이나 자금력이 거의 원시상태에 있었던 게 승패를 갈랐다.

공화당의 막강한 조직, 자금, 행정부의 힘을 총동원할 수 있었는데 반해 신민당은 모든 게 원시적인데다 자금동원도 10대 1도 안됐다. 공화당은 조용한 선거를 내세워 사실상 야당 붐을 억제해 놓고 슬슬 야당 붐이 난 것처럼 만들어 야당을 들뜨게 하고, 속으로 표를 낚아챈 두더지 작전을 구사하여 신민당은 공화당 전략에 철저히 놀아났다.

야당은 결국 뜬 붐에 말려 그 힘의 반을 쏟았어야 할 기본인 선거인 명부라든지 유권자 수, 이중 등재명부 등 원천적인 부정의 소지가 있는 것들은 전혀 외면한 결과가 되어버렸다.

결국 우리나라엔 아직 야당이 존재할 만한 여건이 되어있지 않다는 말도 나올 법했다. 어느 의미에선 공화당이 정권을 인계할 태세가 되어 있지 않다는 점에서 사실상 정권교체가 불가능한 여건에 있다고 볼 수 있다.

야당은 시간이 없고 후보지명 과정에서의 문제점 등으로 자체 전열 정비가 제대로 되어 있지 않은 것도 패인이 될 수 있다.

순진한 다수로 불리는 계층의 유권자들이 박 후보의 현직 대통령이라는 권위에 압도당한 것도 상당히 유리하게 작용했다.

박 후보는 "지금 정세는 6·25 새벽 전야를 방불케 한다" 고 말한 것은 전체 국민에게 일종의 긴장감 내지 불안감을 고조시켜 공화당의 집권 계속 의지를 고취시키는 결과를 가져온 일면도 있었다.

김대중 후보는 국민들이 흔히 큰 변화를 바라지 않는 것이 일반심리인데도 너무 공약을 많이 내세워 국민들에게 뭐든지 바꿔 혼란이 올 지도 모른다는 우려를 낳게 한 측면도 간과할 수 없었다.

(2) 영남지역의 몰표가 박정희 3선을 일궜다.

이번 총선에는 대중당 서민호 후보가 출전을 포기한 가운데 7명의 주자들이 출사표를 던졌으나 4번 민중당 성보경, 7번 통일사회당 김철 후보가 중도에 사퇴하여 5명의 주자들이 완주했다.

박정희, 김대중 두 후보가 유효투표의 98.5%를 차지한 가운데 6번 정의당 진복기 후보가 2만2천여 표를, 자민당 이종윤 후보가 1만7천여 표를 득표했다.

서울과 경기에서는 김대중 후보가 55.3%의 득표율로, 전남·북에서는 62.3%의 득표율로 승리했으나 나머지 권역에서는 모두 박정희 후보에게 뒤져 승리를 안겨줬다.

강원·제주에서는 59% 대 39%로, 충남·북에서도 55%대 43%로 박정희 후보가 승리했다. 더구나 부산을 비롯한 영남권에서는 71%대 28%로 압승을 거두었다.

영남지역에서 박정희 후보가 158만 6천여표를 앞서 김대중 후보와의 94만여표를 넘어 64만여표를 남겼다.

따라서 영남권을 제외하면 김 후보가 64만 표차로 박 후보에게 승리할 수 있었다는 가정이 성립된다.

영남과 호남의 투표자 수에서도 1백4십만 여 표가 많아 월등할 뿐만 아니라 표의 응집력에서도 71%대 28%, 35%대 62%로 뒤져 패배할 수밖에 없었다.

부산, 대구 등 주요도시를 비롯한 영남권역 모든 시·군에서 박정희 후보가 승리했으나 호남권에서는 전북의 진안, 무주, 전남의 고흥, 곡성 이외의 지역에서만 김대중 후보가 승리했다.

지난 1963년과 1967년 선거때 다른 지방에서 열세를 만회하고 거의 독력으로 박 후보를 두 번이나 당선시켰던 영남표는 이번에 또 다시 3배 이상의 압도적인 몰표로 호남과 서울에서의 김 후보의 강세를 억누르고 박 후보의 낙승을 보장했다.

선거운동 과정에서 지역감정을 없애자고 호소하면서도 득표를 위한 소단위 조직활동에서는 흑색선전을 통해 유권자들의 지역감정을 자극한 것은 국가적인 해결 과제로 떠올랐다.

극단적인 표현을 빌린다면 지역표의 힘으로 대통령에 당선됐다는 평을 듣게 됐다.

박 후보는 총투표자수 1,200만 29표중 유효투표 1,192만 2,818표의 과반수 선을 넘는 634만 2,838표를 득표하여 3선이 확정됐다. 539만 5,950표를 득표한 김대중 후보와의 표차는 94만 6,928표 였으며 권역별 후보자별 득표현황은 다음과 같다.

■ 권역별 · 후보자별 득표 현황

	계	공화당 박정희	신민당 김대중	정의당 진복기	국민당 박기출	자민당 이종윤
계 (%)	11,922,818	6,342,828 (53.2)	5,395,900 (45.3)	122,514 (1.0)	43,753 (0.4)	17,823 (0.1)
서울·경기 (%)	3,424,787	1,493,757 (43.6)	1,894,600 (55.3)	20,651 (0.6)	11,358 (0.3)	4,421 (0.1)
강원·제주 (%)	977,559	580,939 (59.4)	382,560 (39.1)	9,110 (0.9)	3,383 (0.4)	1,567 (0.2)
충북·충남 (%)	1,586,283	869,376 (54.8)	684,084 (43.1)	21,400 (1.4)	7,947 (0.5)	3,476 (0.2)
부산·경북· 경남 (%)	3,671,064	2,610,169 (71.1)	1,024,163 (27.9)	18,605 (0.5)	13,536 (0.4)	4,591 (0.1)
전북·전남 (%)	2,263,125	788,587 (34.9)	1,410,493 (62.3)	52,748 (2.3)	7,529 (0.3)	3,768 (0.2)

(3) 지방행정구역 개편은 투표성향과 직결되다

울진군은 삼국시대에는 고구려의 고토로서 통일신라시대에는 울진군으로 명명되어 명주(溟洲)의 속현이었고, 고려 초기에는 척주군으로 개칭되어 삭방도의, 고려 중기에는 삼척군의 속현이 되어 동북면의, 고려 말기에는 교주강릉도의 관할이었다.

조선시대에는 평해현, 울진현이 되어 강원도 속현이었으며 1915년 구역개편에 의하여 평해현, 울진현이 울진군으로 통합되어 강원도 관할이었다가 군사정부시절인 1963년 1월 1일 자로 경북도로 이관되었다.

금산군은 삼국시대에는 백제의 영토였으며 통일신라 시대에는 진례군으로 명명되어 현재 전북도를 관할하는 완산주(完山州)의 속현이었다. 고려시대에는 금주군으로 개칭되어 전라도의 속현이었으며 조선시대에는 진산군과 금산군으로 분군되어 전라도 관할이었다가 13도제에서 전북도의 관할이 되었다.

1915년 행정구역 개편에서 진산군이 금산군에 병합되어 전북도의 관할이었다가 군사정부시절인 1963년 1월 1일자로 충남도의 관할이 되었다.

유진산 신민당수의 본명은 유영필이었으나 금산군 진산면 출신으로 유진산으로 개명했다.

1천년 이상을 강원도 관할이었던 울진군은 이번 대통령 선거에서 박정희 후보를 71.8% 지지하여 인접군인 강원도 삼척군의 박정희 후보 지지율 66.6%와 경북도 영덕군의 박정희 후보 지지율 79.6%의 중간지대에 머물렀고, 김대중 후보의 지지율도 26.9%로 삼척군의 32.1%, 영덕군의 19.6%의 중간지지율을 보인 것은 개편 후 8년만에 경북도 동조현상을 뚜렷하게 나타냈다.

1천년 이상을 전라도 관할이었던 금산군은 이번 대통령 선거에서 박정희 후보를 59.9% 지지하여 인접군인 전북도 완주군의 36.4%는 물론 충남도 논산군의 48.0%를 뛰어넘는 지지현상을 보였다.

김대중 후보에 대해 완주군은 60.2%, 논산군은 50.0% 지지율을 보인데 반해 금산군은 37.9% 지지율에 그쳐 지방행정구역 개편 8년만에 전라도를 이탈하여 충청도에 동화되었음을 보여줬다.

따라서 전통을 존중하고 역사성을 고려하여 지방행정구역을 개편한 것은 신중을 기해야 한다는 접근방식은 무용지물임이 증명됐다.

전라도와 충청도, TK와 PK가 지역대결을 펼친 1987년 대선에서 울진군이 노태우 후보에 대한 지지율, 금산군이 김종필 후보의 지지율인 투표성향을 분석하면 행정구역 개편 후 20~30년이 경과하면 완전하게 편입된 지역의 정치의식, 투표성향에 동화되었음을 알 수 있다.

이번 대선에서 충남 금산군과 경북 울진군의 투표성향 분석은 다음과 같다.

■ 행정구역 개편 이후 표의 동조현상 분석

	계	공화당 박정희	신민당 김대중	정의당 진복기	국민당 박기출	자민당 이종윤
충남 금산군	44,518 (%)	26,656 (59.9)	16,856 (37.9)	683 (1.5)	221 (0.5)	102 (0.2)
충남 논산군	94,691 (%)	45,499 (48.0)	47,370 (50.0)	1,235 (1.3)	420 (0.5)	167 (0.2)
전북 완주군	62,387 (%)	22,729 (36.4)	37,538 (60.2)	1,705 (2.7)	279 (0.5)	136 (0.2)
경북 울진군	43,948 (%)	31,557 (71.8)	11,836 (26.9)	337 (0.8)	161 (0.4)	57 (0.1)
경북 영덕군	47,223 (%)	37,591 (79.6)	9,263 (19.6)	189 (0.4)	124 (0.3)	56 (0.1)
강원 삼척군	103,537 (%)	68,962 (66.6)	33,197 (32.1)	783 (0.7)	384 (0.4)	211 (0.2)

따라서 1천년 동안 지속되어 온 지연의식이 지방행정구역 개편 8년만에 충남 금산군은 충청권에, 경북 울진군은 영남권에 동화되었음을 보여주고 있다.

제3장 분열로 휘청거린 신민당이 선전한 제8대 총선

1. 제 2의 진산파동으로 적전분열 속에서 치러진 총선
2. 이효상 국회의장이 낙선하는 등 공화당이 고전
3. 유신(維新)으로 단명(短命)에 그친 제8대 국회의원

1. 제 2의 진산파동으로 적전분열 속에서 치러진 총선

(1) 지역구를 팔아먹었다는 의혹에 휩싸인 유진산

제 7대 대통령 선거에서 박정희 정권의 조직적인 불법·부정 선거와 지역감정 조장으로 정권교체의 꿈이 좌절된 신민당은 비록 패배는 했지만 대통령 후보 김대중이 540만 표의 지지를 받았다는데 자부심을 가졌다.

따라서 당면한 제 8대 국회의원 총선에 승리하여 강력한 견제세력으로서 4년 후에 대비해야 한다는 것이 당원들과 많은 국민들의 일치된 생각이었다.

그러한 상황에서 총선 후보 등록 마감일에 누차 지역구(영등포갑) 출마를 다짐해 온 유진산 대표가 지역구를 포기하고 전국구 1번으로 등록한 것은 매우 충격적으로 받아들여지고 있다. 그리하여 제 2의 진산파동으로 번져가게 됐다.

유 대표의 행위에 분노한 영등포 갑구 청년당원 1백여명이 상도동 유진산 집으로 몰려가 대표의 퇴진을 요구했다. 파동은 다음날 관훈동 신민당 중앙당사에서 재연되었다.

각 지구당에서 몰려온 당원들은 유 대표가 지역구를 공화당에 팔아먹었다면서 유진산을 규탄하며 난동을 부려 중앙당이 마비상태에 빠졌다.

영등포 갑구 공화당 공천자는 청와대 외자담당 수석비서관 장덕진으로 유 대표가 영등포 갑구 출마를 누차 밝혔음에도 그가 지역구를 포기하는 대가와 관련된 잡음이 끈질기게 나돌았다.

유 대표의 지역구 포기는 당내에 큰 반발을 일으켜 당무가 중지되고 당내 일부에선 유 대표의 정계은퇴를 요구하고 있으며 결과적으로 총선 체제가 큰 혼선을 면치 못하게 됐다.

유 대표는 지역구를 포기하면서 후보등록 마감 직전에 29세의 무명청년인 박정훈 후보를 공천했다.

유 대표는 평소 알고 지냈던 박세경 전 의원이 아들의 공천을 부탁하여 정치신예를 키워줘야 한다는 일념에서 공천을 했다고 변명했으나, 박정훈 후보는 이번 총선에서 서울의 19개 지역구에서 유일한 신민당 낙선후보가 됐다.

그리하여 유 대표가 지역구를 팔아먹었다는 것이 사실화됐으며 유 대표는 변명에 급급할 수밖에 없었다.

당초 유 대표는 "매관매직을 하지 않겠다"고 다짐했으나 전국구 후보들에게 3천만원의 헌금을 거둬들여 철저한 헌금 위주의 공천을 주도했다.

또한 유 대표는 당선권인 17번 이내에 비주류에 4명만을 배려하고 13명을 진산계로 충원함으로써 비주류의 비난을 받았다.

이번 인선에는 지역구를 포기한 유진산, 유청, 채문식, 이대우의 포함은 물론 당에 대한 기여도가 없는 이종남, 강필선, 그리고 현 전국구 의원으로 재공천된 편용호, 당과 무관한 유성범, 오세응, 이상조 등이 포함되어 논란을 불러일으켰다.

그동안 공천을 둘러싸고 간단없이 일고 있었던 잡음과 관련하여 검은 이미지에 휩싸인 유 대표의 행위는 야당을 이 꼴로 만들어놓고 소박한 국민에게 부정선거 때문이 아니라 야당이 저 꼴이니까 선거에 질 수밖에 없다는 인상을 주게 됐다.

바야흐로 이 나라를 휩쓸고 있는 불신풍조는 일국의 야당 대표가 체면과 위신까지도 일체 무시해 버리고 한 묶음 서류보따리를 지닌 채 행정관서를 찾아 다니지 않으면 안되게 돼 있다. 이 얼마나 창피스럽고 기가 막힐 일이냐, 과연 이 나라 이 사회는 이 정도까지 인물의 빈곤과 허기증에 허덕거리고 있단 말인가.

만약에 이러한 풍조와 식견이 없다면 이는 거인다운 풍채는 고사하고 일시나마 정객을 가장한 일종의 정상배에 불과하다는 것을 지적하지 않을 수 없다.

신민당의 이른바 진산파동은 유진산 대표와 양일동, 고흥문, 홍익표 운영위 세 부의장이 사퇴하고 김홍일 전당대회의장이 당수권한 대행을 맡는 선에서 일단 수습됐다.

김대중 전 대선 후보는 "대표자리만 물러난 것이 불만이며 퇴진만 갖고 신민당에 갖는 검은 의혹을 씻을 수 없지만 당내 혼선이 계속될 수 없고 지역구에서 싸우는 동지들을 외면할 수 없어 김홍일 권한대행을 전폭 지지하며 당무집행도 적극 도와주겠다" 고 물러섰다.

유진산 대표의 사퇴와 김홍일 대표 권한대행 선에서 사태가 극적으로 타결을 본 것은 총선이 임박하여 적전 내분을 계속 하다가는 모두 공멸한다는 절박한 운명공동의식과 지역구 출마자 및 거센 국민여론의 압력이 크게 작용했다.

노정현 연세대 교수는 유진산 같은 이미지의 정치인은 국민 앞에서나 정치무대에서 사라져야 한다고 주장했다.

(2) 김홍일 전당대회의장을 당수권한 대행으로 수습

김대중, 고흥문, 홍익표, 정일형 등이 참석하여 유진산 대표의 제명과 김대중 전 대선 후보의 당수권한 대행을 결정했으나 유 대표는 6인위 결정은 불법이라고 맞섰다.

유 대표는 "정계 은퇴, 대표 사퇴 등 자신의 거취에 대한 결심은 서 있으나 사태를 왜곡시키고 대표에게 누명을 씌워 선거를 치르는 혼란 속에 당권을 뺏으려는 일부 기도는 먼저 잡아 놓고야 말겠다" 고 주장했다.

반면 김대중 전 후보는 "유 대표가 의혹에 찬 지역구 포기로 당을 사지(死地)로 몰아넣고 그것이 당내 파쟁의 소산인 양 돌리려 함은 국민을 우롱하는 처사" 라고 주장했다.

신민당은 이번 진산파동으로 모처럼 쌓아 올린 당 이미지에 치명상을 입었고 중대한 시기에 씻을 수 없는 잘못을 저지른 유진산의 탈세(脫勢)로 당 체제상으로 보아 일단 '진산시대'는 조종(弔鐘)을 울렸다고 볼 수밖에 없다.

신민당은 김홍일, 김대중, 윤제술, 윤길중, 김재광, 김형일, 이충환으로 7인 선거대책위원회를 출범시켰다.

김홍일 대표 권한대행은 "공화당이 이번 총선에 주권적 독재를 위해 개헌선 확보에 온갖 흉계를 다하고 있으므로 국민은 주권행사로 개발독재를 분쇄해 주기 바라며 신민당이 개헌저지선을 확보 못하면 헌정은 종말이 올 것" 이라고 경고했다.

2. 이효상 국회의장이 낙선하는 등 공화당이 고전

(1) 중단 없는 조국근대화 대 총통제 음모 분쇄

여·야 협상에 의해 국회의원 선거법을 개정하여 지역구 의원 22명과 전국구 의원 7명을 증원하기로 합의하여 의원 정수가 204명이 됐다.

증구된 선거구는 서울 성동 병, 성북 병, 서대문 병, 영등포 병, 영등포 정, 부산 동래 을, 인천 병, 대전 을 등 8개구가 신설됐다.

또한 고양 - 파주, 시흥 – 부천 - 옹진, 서천 - 보령, 진안 -장수 – 무주, 여수 - 여천, 영광 - 함평, 대구 서 - 북, 포항 – 울릉 - 영일, 경산 - 청도, 영주 - 봉화, 충무 – 통영 - 고성, 진주 – 진양 - 삼천포 - 사천, 산청 - 합천 선거구가 분구됐다.

공화당은 중단 없는 조국 근대화를 구호로 내걸고 원내 안정 의석을 주장하면서 행정조직을 선거운동에 동원했고, 신민당은 '총통제 음모 분쇄'를 위해 많은 야당의원들이 원내에 진출해야 한다고 호소했다.

공화·신민 양당에서 지역구에 153명씩의 공천 후보를 내세웠고, 전국구에 공화당 40명, 신민당 33명을 공천했다.

윤보선 총재의 국민당이 35명, 서민호 총재의 대중당이 70명, 김재춘 총재의 민중당이 50명, 김철 총재의 통일사회당이 74명의 후보를 공천하여 모두 577명의 지역구 후보와 201명의 전국구 후보가 등록하여 평균 3.8대 1의 경쟁률을 나타냈다.

(2) 박정희 친정체제 구축을 위한 공화당 공천

어렵게만 생각되었던 3선 개헌을 우여곡절 끝에 성공시키고 제7대 대통령 선거에서 박정희 대통령을 당선시킨 공화당은 지역구 현역 의원 40명과 지역구 공천을 희망한 전국구 의원 21명을 낙천시키는 물갈이를 단행했다.

지난 총선 때 선거부정에 관련됐거나 호화주택 등 부정부패와 이권에 관련된 의원들을 배제한다는 원칙을 세운 공화당은 원내총무로 3선 개헌을 주도한 김택수(김해) 의원을 비롯하여 이진용(의정부 - 양주), 이윤용(평택), 신윤창(고양 - 파주), 김재소(김포 - 강화), 김우현(춘천 - 춘성), 김종호(속초 – 고성 - 양양), 안동준(괴산), 정직래(영동), 오원선(진천 - 음성), 이상희(서산), 이민우(아산), 차형근(군산 - 옥구), 김성철(이리 - 익산), 유범수(완주), 한상준(임실 - 순창), 정래정(광주 을), 이우헌(여수 - 여천), 이현재(구례 - 광양), 김병순(해남), 배길도(무안), 이호범(나주), 박종태(광산), 이남준(진도), 김장섭(포항 – 영일 - 울릉), 이원우(영천), 김천수(상주), 최석림(충무 – 고성 - 통영), 한태일(마산), 김주인(거제), 김용순(삼천포 – 사천 - 하동), 김창욱(함안 - 의령), 김삼상(산청 -합천), 설두하(울산 - 울주), 최치환(남해), 양정규(제주 - 북제주), 이승춘(홍천 - 인제), 이동녕(문경), 길재호(금산) 등을 낙천시켰다.

윤천주, 김성희, 이성수, 정구영, 윤치영, 최희승, 김정열, 김동환, 이영근, 이원엽, 박노선, 김영복, 신동욱, 이매리, 신동준, 김익준, 이원영, 김용채 등 전국구 의원들도 탈락했다.

공화당은 국가발전에 현저한 공로가 있는 사람, 주요 직능단체를 대표할 수 있는 사람이거나 장래성이 인정되거나 덕망 있는 인사를 발탁하여 전국구 후보 40명을 등록했다.

김종필 부총재, 정일권 총재상임고문, 백두진 국무총리, 길재호 사무총장, 김형욱 전 중앙정보부장, 권오병 전 문교부 장관, 이동원 전 의원 등이 상위순번을 배정받았다.

유봉영 전 조선일보 부사장, 모윤숙 여류시인, 최용수 노총위원장,

이해랑 예총회장, 권일 전 재일거류민단장, 이도선 훈련원 교수, 채영석 전 전북토지개량조합장, 정동성 전 서울제철부사장 등이 포함됐다.

이번 공화당의 전국구 인선은 박 대통령이 거의 단독으로 결정했으며 친정체제를 굳힌 인물포진이었다.

당초 물망에 올랐던 윤치영, 최희송, 김정렬 등 원로급이 탈락되고 미국에서 3선개헌을 지지했던 노진환이 포함됐다.

구주류의 김택수, 신윤창, 최치환 그리고 혁명주체인 김동하, 김재춘, 한웅진, 이석제 등도 모두 탈락했다.

낙천한 박종태 의원은 탈당을 선언했고 김재춘 의원은 탈당하고서 민중당 공천으로 출전했다.

(3) 신민당은 지역구 28석에서 65석으로 대약진

제 8대 총선의 개표결과는 참으로 놀라운 현상을 가져왔다. 여·야는 물론 국민도 함께 놀랐다.

204명의 의석 중 공화당이 지역구 86석에 전국구 27석, 신민당이 지역구 65석에 전국구 24석, 국민당 1석, 민중당 1석으로 신민당이 무려 89석을 차지한 것이다.

공화당의 113석과 신민당의 89석이라는 의석 수는 의회사상 가장 근소한 차이를 보인 것이다.

신민당은 개헌저지선 69석에서 20석을 더 확보한 셈이었다. 산술적으로는 공화당의 승리였지만 정치적으로는 신민당의 대단한 약진이었다.

진산파동이라는 미증유의 적전 내분을 겪으면서, 더욱이 총선을 총지휘할 대표조차 부재한 상황에서 신민당의 약진은 두드러졌다.

총 유권자 1,561만 258명 가운데 73.2%의 투표율을 보인 가운데 공화당의 득표율은 52.3%이고 신민당의 득표율은 47.6%였다.

이번 선거는 여·야 균등국회를 등장시키는 계기가 됐으며 행정부에 대한 견제세력을 부각시키는 결과를 가져왔다. 유권자들이 장기 집권에 들어선 여당에 대한 견제심리가 작동됐다.

서울에서는 진산파동의 계기가 된 영등포 갑구를 제외한 18개 지역구를 신민당이 석권했으며 부산, 대구에서도 공화당은 2석밖에 당선시키지 못한 부진을 보였다.

이번 총선에서 서울, 부산, 대구, 광주 등 대도시의 야도(野都) 현상이 더욱 두드러지게 나타나고 영남과 호남 지방의 농촌에서도 신민당 후보들이 대거 진출하여 농촌의 여권 후보에 대한 맹목적인 투표성향은 크게 엷어졌다.

이효상 국회의장을 비롯한 공화당 현역의원 26명이 추풍낙엽처럼 고배를 마셨다.

36명의 현역의원이 낙선됐으며 야당에게 최소한 개헌저지선을 확보하게 함으로써 여당 독주에 대한 견제세력을 육성하려는 도시유권자의 투표 성향이 그대로 반영됐다.

선거운동 과정에서 "공화당의 총통제 개헌을 막기 위한 견제세력 구축을 위해 신민당을 지지해 달라" 는 호소가 표의 향배에 적잖은 영향을 미쳤다.

진산파동으로 신민당이 궁지로 몰려 약세가 두드러졌는데 이러한 상황에 놓인 야당에 대한 유권자들의 동정심이 작동되어 오히려 야당에게 전화위복이 되고 공화당으로서는 자만에 흐르게 됐다.

유권자들이 전통적인 권위를 존중하기 보다는 진취적으로 활동적인 후보자를 지지했던 것으로 평가됐다.

길재호 사무총장은 "대통령은 박 대통령을 뽑았지만 국회의원은 맘대로 뽑겠다는 생각이 유권자들의 마음을 지배하고 이것이 표면화 된 것" "영남 지방에서의 고전은 투표일을 얼마 앞두고 신문들이 개헌선 돌파 의석수 재조정 등을 거듭 밝혔기 때문" 이라고 고전한 원인을 언론 탓으로 돌렸다.

이번 선거의 특징은 공화당은 현역 지역구 의원 102명 가운데 40명을 공천에서 탈락시켜 심각한 당내 갈등이 야기됐고, 신민당은 유진산 대표가 지역구를 포기하고 전국구로 등록하는 바람에 당내에 혼선과 분열이 초래된 가운데 총선이 치러졌다.

공화당은 7대 총선에서 102석을 얻었으나 이번 총선에서 86석을 얻어 많은 의석을 상실한 반면, 신민당은 7대 총선 때 28석에 불과했으나 37석이 증가하는 65석으로 대약진이 이뤄졌다.

3. 유신(維新)으로 단명(短命)에 그친 제 8대 국회의원

(1) 역대 최소의석인 24석 차로 균형을 이룬 여·야

지역구 153석을 공화당 86석, 신민당 65석, 국민당 1석, 민중당 1석으로 나눠 가졌고 전국구 51석은 공화당 27석, 신민당 24석으로 균분하여 공화당이 113석을, 신민당이 89석을 차지했다.

박정희 대통령의 10월 유신으로 단명으로 끝난 8대 국회에서는 공화당 황종률 의원의 사망으로 김옥자 후보가 승계했고, 길재호 의원의 당적이탈로 노진환 후보가 승계했을 뿐이다.

김성곤 (달성 - 고령) 의원의 탈당으로 인한 의원직 상실로 실시된 보궐선거에서 공화당 박준규 후보가 당선되어 의원직을 이어갔다.

(2) 지역구 의원 153명

공화당 86명

○ 서울(1명) : 장덕진(영등포갑)

○ 부산(2명) : 김임식(부산진갑), 임갑수(동래갑)

○ 경기(11명) : 유승원(인천갑), 김숙현(인천병), 이병희(수원), 이윤학(의정부 - 양주), 차지철(광주 - 이천), 오치성(포천 – 가평- 연천), 서상린(안성 - 용인), 최영희(평택), 박명근(파주), 김유탁(고양), 오학진(부천 - 옹진)

○ 강원(8명) : 김용호(원주 - 원성), 최돈웅(강릉 - 명주), 이교선(홍천 - 인제), 장승태(영월 - 정선), 김재순(철원 – 화천 - 양구), 한병기(속초 – 양양 - 고성), 이우현(횡성 - 평창), 김진만(삼척)

○ 충북(6명) : 민기식(청원), 육인수(옥천 - 보은), 김원태(괴산), 정구중(영동), 이정석(진천 - 음성), 이해원(제천 - 단양)

○ 충남(11명) : 김용태(대전을), 김제원(대덕 - 연기), 이병주(공주), 김종익(부여), 이상익(서천), 최종성(보령), 장영순(청양 - 홍성), 박승규(서산), 김세배(아산), 김종철(천안 - 천원), 박성호(금산)

○ 전북(6명) : 유기정(완주), 전휴상(진안), 길병전(장수 - 무주), 이정우(임실-순창), 이병옥(부안), 장경순(김제)

○ 전남(15명) : 김상영(여수), 김중태(여천), 고재필(장성 - 담양), 문형태(화순 - 곡성), 박준호(광양 - 구례), 신형식(고흥), 길전식(장흥),

윤재명(영암 - 강진), 정간용(완도), 임충식(해남), 정판국(신안), 오중열(광산), 박종진(영광), 윤인식(함평), 손재형(진도)

○ 경북(15명) : 강재구(대구북), 김병윤(포항 - 울릉), 정무식(영일), 백남억(김천 - 금릉), 김성곤(달성 - 고령), 김봉환(선산 - 군위), 김상년(의성), 오준석(울진 - 영양), 문태준(영덕 - 청송), 정진화(영천), 박숙현(청도), 김인(상주), 고우진(문경), 김창근(영주), 권성기(봉화)

○ 경남(9명) : 구태회(진주 - 진양), 최재구(고성), 이학만(거제), 최세경(사천 - 삼천포), 엄기표(하동), 정우식(산청), 김영병(김해), 신동관(남해), 민병권(거창 - 함양)

○ 제주(2명) : 홍병철(제주 - 북제주), 현오봉(남제주)

신민당 65명

○ 서울(18명) : 권중돈(종로), 정일형(중구), 송원영(동대문갑), 유옥우(동대문을), 양일동(성동갑), 홍영기(성동을), 정운갑(성동병), 조윤형(성북갑), 서범석(성북을), 고흥문(성북병), 김재광(서대문갑), 김상현(서대문을), 윤제술(서대문병), 노승환(마포), 김원만(용산), 김수한(영등포을), 박한상(영등포병), 윤길중(영등포정)

○ 부산(6명) : 김응주(중구), 정해영(부산진을), 김승목(동구), 김상진(영도), 김영삼(서구), 이기택(동래을)

○ 경기(4명) : 김은하(인천을), 천명기(여주 - 양평), 김형일(화성), 이택돈(시흥)

○ 강원(1명) : 홍창섭(춘천 - 춘성)

○ 충북(2명) : 최병길(청주), 이택희(충주 - 중원)

○ 충남(4명) : 박병배(대전갑), 김한수(논산), 한건수(예산), 유제연(당진)

○ 전북(6명) : 이철승(전주), 강근호(군산 - 옥구), 김현기(이리 - 익산), 진의종(고창), 양해준(남원), 유갑종(정읍)

○ 전남(7명) : 정성태(광주갑), 김녹영(광주을), 김경인(목포), 조연하(순천 - 승주), 이중재(보성), 임종기(무안), 나석호(나주)

○ 경북(8명) : 한병채(대구중), 김정두(대구동), 신진욱(대구남), 조일환(대구서), 심봉섭(경주 - 월성), 박해충(안동), 이형우(경산), 김창환(성주 - 칠곡)

○ 경남(9명) : 황은환(마산), 김기섭(충무 - 통영), 황낙주(진해 - 창

원), 조홍래(함안 - 의령), 김이권(창녕), 이상신(합천), 박일(밀양), 신상우(양산 - 동래), 최형우(울산 - 울주)

국민당 1명

○ 경북(1명) : 조재봉(예천)

민중당 1명

○ 경기(1명) : 김재춘(김포 - 강화)

(3) 전국구 의원: 51명

공화당 27명

① 김종필(당 부총재) ② 정일권(국무총리) ③ 백두진(국무총리)

④길재호(당 사무총장) ⑤김형욱(중앙정보부장) ⑥권오병(문교부 장관) ⑦황종률(재무부 장관) ⑧이동원(7대 의원) ⑨이종우(문교부 장관) ⑩유봉영(조선일보 부사장), ⑪홍승만(변호사) ⑫모윤숙(시인) ⑬최용수(노총위원장) ⑭이해랑(예총회장) ⑮강병규(아스팍사무국장) ⑯강성원(서울시 기획실장) ⑰문창탁(당 사무차장) ⑱권일(재일거류민단장) ⑲김성두(당 기획조정부장) ⑳신광순(당 조직부장) ㉑박태원(당 경기도 사무국장) ㉒박철(당 전남도 사무국장) ㉓전정구(당 청년분과위원장) ㉔장덕진(당 청주 지구당위원장) ㉕이도선(당 훈련원교수) ㉖김현숙(당 부녀분과위원장) ㉗편정희(당 부녀분과위원)

신민당 24명

① 유진산(당 대표) ② 김대중(대통령 후보) ③ 홍익표(5선의원) ④ 김홍일(당 전당대회의장) ⑤ 김의택(3선의원) ⑥ 유청(3선의원) ⑦ 정헌주(3선의원) ⑧ 이종남(2선의원) ⑨ 이세규(예비역 육군준

장) ⑩편용호(7대의원) ⑪김준섭(5대의원) ⑫채문식(당 기획위원) ⑬이상조(동화통신 부사장) ⑭신도환(전 국회의원) ⑮김재화(재일거류민단장) ⑯김용성(당 출판국장) ⑰강필선(당 충남도지부장) ⑱오세응(정치학 박사) ⑲유성범(서울시 의원) ⑳정규헌(당 조직국장) ㉑이대우(당 대구중구위원장) ㉒오홍석(당 총무국장) ㉓박종률(당 청년국장) ㉔ 김윤덕(당 부녀국장)

{제2부}

영남정권의 영구집권을 위한 유신체제 출범

제1장 국민에게 신기루를 띄운 위장평화 전술

1. 남북적십자회담으로 평화적인 분위기 조성

2. 남북 7·4 공동성명으로 극적(劇的)효과 극대화

3. 남북조절위원회 출범으로 국민들을 통일의 환상속으로

1. 남북 적십자회담으로 평화적인 분위기 조성

(1) 최두선 적십자사 총재의 제의에 북한적십자사 화답

최두선 대한적십자사 총재는 1971년 8월 남북으로 흩어진 1천만 이산가족들의 실태를 확인하고, 소식을 알려주며, 재회를 알선하는 '이산가족 찾기 운동'을 전개하기 위해 북한적십자사에 남북한 적십자사 대표회담을 제안했다.

정부의 종용에 의한 최두선 총재의 제의에 대해 공화당, 신민당, 한국노총 등에서 인도적으로나 민족적 화합의 차원에서 적극 지지하고 나섰다.

박정희 대통령도 "인도적 남북회담은 1천만 흩어진 가족을 위해서뿐만 아니라 5천만 동포들의 오랜 갈증을 풀어주는 복음의 제의로서 이를 환영하며 그 성공을 빈다" 면서 온갖 협조와 지원을 약속했다.

손성필 북한적십자사 위원장은 남북한 이산가족 찾기 운동을 적극 환영하며 예비회담을 판문점 내에서 개최할 것을 제안하는 성명을 발표했다.

대한적십자사는 남북한적십자사 예비회담의 수석 대표에 김연수 적십자사 섭외부장, 교체수석에 박선규 적십자사 충남지사장, 대표

에 정홍진, 정희경, 정주년을 임명했다.

국토분단 26년 만에 남과 북에 인도주의의 가교를 놓기 위한 역사적 남북한 적십자간의 공식 대면이 판문점에서 이루어져 그 두터운 벽에 한 가닥 구멍이 뚫렸다. 남북대표단은 자기소개, 신임장 제시에 이어 문서교환을 했다.

정주년 남한 적십자사 대변인은 "13차례에 걸친 실무회의를 통해 쌍방의 이견을 좁히기 위한 성실한 노력을 기울인 결과 본 회담 의제문안의 형태와 표현을 합리적이고도 확실하게 정리하는 작업을 원만히 끝맺게 됐다" 면서 본회담 개최에 합의했음을 발표했다.

23차에 걸친 남북한 적십자사 예비회담에서 남북 연락사무소와 직통전화 설치를 합의하고 이산가족을 찾기 위한 남북한 적십자사의 본회담 장소는 평양과 서울로 결정했다.

(2) 4차에 걸친 본회담에도 결실을 맺지 못하고

최두선 총재에서 김용우 총재로 교체된 대한적십자사는 25차에 걸친 예비회담을 거쳐 성사된 남북적십자 본회담 대표로 수석대표엔 이범석, 대표엔 김연주, 김달술, 박선규, 정희경, 정주년, 서영훈을 임명했다.

1971년 8월 30일 북한 땅 평양에서 역사적인 남북적십자사 본회담이 개최됐다.

회담에 앞서 남북적십자사는 남북적 회담에서 모든 문제들을 성공적으로 토의 해결함으로써 남북으로 흩어진 겨레들의 고통을 하루속히 풀어주며 나아가서 조국통일의 디딤돌이 되도록 모든 노력을 하겠다고 선언했다.

남북 분단 27년 만에 공식적으로는 처음으로 남쪽 사람 54명이 평양 땅을 밟았다.

"미제를 몰아내고 자주통일 이룩하자" "우리나라 사회주의 제도 만세" "김일성 동지 만세" 등의 전투적인 구호가 늘어서 있는 연도에선 어린이들의 군대식 행진 모습도 보였다.

손성필 북한적십자사 위원장은 1천만 명에 달하는 이산가족의 명단을 작성하고 있다고 외신기자들에게 밝혔다.

본회담을 마치고 귀국한 대한적십자사 이범석 수석대표는 "이산가족의 고통을 덜어주기 위한 이번 여행에 소기의 성과를 거두고 돌아왔다" 고 밝히는 순간에, 박 대통령은 남북경쟁시대에 대비하여 국력을 계속 배양해 나가고 국민총화를 굳게 다져 나갈 수 있는 내부 체제의 과감한 정비를 역설했다.

1971년 10월에는 김태희 단장, 윤기복 자문위원 등 북한적십자사 대표단 54명이 제2차 본회담에 참석하고자 서울에 도착하여 타워호텔에 여장을 풀었다.

윤기복 자문위원은 회담 벽두부터 '영광스러운 민족의 수도 평양' '우리 민족의 경애하는 김일성 수령' 등 정치적인 어휘로 공산주의 역사와 그들의 우위성을 역설하여 합의문서를 작성하지 못했다.

다만 제3차 회담은 10.24일 평양에서, 제4차회담은 11.22일 서울에서 개최하기로 전격 합의했다.

10월 유신체제 출범을 위한 10.17 대통령 특별선언 이후에도 제3차 남북적십자사 회담은 예정대로 평양에서 개최됐다.

제3차 회담에서 남북 이산가족의 주소·생사확인, 자유방문·상봉, 서신왕래, 가족의 재결합 등을 협의코자 했으나 남북간의 이견으로 합의사항은 없었다.

유신헌법에 대한 찬·반 국민투표가 실시될 무렵에 제4차 적십자회담이 서울에서 개최됐다.

그러나 유신체제 출범에 초점을 맞춘 박정희 정권의 성의 없는 준비와 형식적인 회담으로 아무런 성과를 거둘 수 없었다.

그러나 성동격서처럼 박정희 정권은 국민들을 통일에 대한 환상에 빠져들게 하고서 유신체제 출범이란 과실을 거둬들일 수 있었다.

2. 7·4 남북 공동성명으로 극적(劇的)효과 극대화

(1) 남북한은 통일·자주·평화원칙 전격 합의

5월 2일 이후락 중앙정보부장이 평양을 방문하고, 박성철 북한 부수상이 서울을 방문하여 비밀리에 남북 고위정치협상을 갖고 조국통일의 원칙과 긴장완화 등 7개항에 달하는 합의에 도달하여 7·4 공동성명을 남북한 동시에 발표했다.

남북공동성명은 자주적이고 평화적인 통일을 기약하고 이를 위해 민족적 대동단결을 도모한다는 조국통일원칙과 남북조절위원회 구성 및 남북간 직통 전화의 설치운용 등에 합의했다고 밝혔다.

고위정치회담은 이후락 중앙정보부장과 북한의 김영주 조직지도부장 사이에 이루어졌으며, 이후락 부장은 비밀리에 평양을 두 차례 방문했고 북한은 박성철 제2부수상이 서울에 다녀갔다.

남북한은 서로 상대방을 중상비방 하지 않고 무력도발을 하지 않으며 불의의 군사적 충돌 사건을 방지하기 위한 조치를 취하고, 통일문제를 해결할 목적으로 남북조절위원회를 설치하기로 합의했다.

남북한은 외세 의존 없이 평화적으로 통일, 상호 중상 않고 군사충돌 적극 방지, 다방면적인 제반 교류 실시, 남북적십자회담이 성사되도록 적극 협조, 서울~평양 간 상설 직통전화 설치, 통일을 위한 남북조절위원회 구성, 합의사항의 성실이행을 민족 앞에 약속하는 등 7개 항이다.

이후락 부장은 5월 2일 판문점을 넘어 평양에 들어가면서 "27년간

적대관계에 있는 공산당을 어떻게 믿겠느냐" "생사가 어떻게 될 지 모르겠으나 국가의 대의를 위해 적진에 뛰어드는 심정으로 평양행을 결심했다"고 유언 아닌 유언을 남겼다.

4일 간 평양에 체류하면서 김영주 조직지도부장과 김일성 주석과 면담했고, 박성철 부수상이 답방으로 서울에 들어와 박정희 대통령과도 면담했다.

이후락 부장은 작년 12월 비상조치가 없었던 들 과연 그들이 오래 전부터 말해오던 "수령의 회갑은 서울에서" 하려던 그 무모한 시도가 없었으리라고 아무도 단정적으로 부정할 수 없을 것이라고 비상조치와 유신체제를 정당화하는데 남북회담을 적극 활용했다.

이후락 부장은 휴전선상에서 어떠한 사태가 돌발하더라도 막강하고 용맹한 충성스러운 우리 60만 대군은 능히 그 사태를 맞아 되받아 싸워 이길 것이라는 신념에는 변함이 없다는 이중성을 드러냈다.

남북한은 6·25의 참상을 회상하고 전쟁이 발발하면 그보다 더한 참상일 것임에 상도(相到) 했을 때 기어코 전쟁이라는 비극을 무슨 방법으로서라도 막을 수 있다면 막아야 하겠다는 기본 방침을 재확인했다.

이제 오늘부터 남북은 대화 없는 남북대결에서 대화 있는 남북대결의 시대로 옮겨 갔다. 그러나 대화는 곧 평화가 아니다. 대화는 평화를 모색하는 한 방법에 불과하기 때문이다.

(2) 이후락 중정부장의 진면목과 시민들의 반응

육군소장으로 예편하여 장면 민주당 정권시절에는 중앙정보연구실장, 대한공론사 이사장을 지낸 이후락 부장은 1961년 12월 국가재건최고회의 공보실장에 취임하여 박 대통령의 참모가 되어 집권층의 핵심 중의 핵심으로 활약해 왔다.

1963년 12월부터 1969년 10월까지 대통령비서실장을 지내면서 한일회담 타결, 3선개헌 등 국가정책 결정과정에서 박 대통령을 최측근에서 보좌했다.

주일대사로 11개월 동안 활동하다가 1970년 12월 중앙정보부장으로 복귀했다.

본적은 부산이며 울산 농림고를 거쳐 국학대학 법과를 졸업했다. 미군 병참학교 고등군사반 출신으로 육군본부 군수처장, 육군 병참감, 국방부장관 특별보좌관도 지냈다.

아침 일찍부터 텔레비전이 있는 시내 각 다방과 라디오 및 텔레비전 상점 앞에 모여 중대발표를 들은 시민들은 너무도 벅찬 소식에 한결같이 놀란 표정이었다.

시민들 사이에선 "이제 정말 통일이 될 것인가" "멀지 않아 이북 고향 구경을 하게 될 지도 모른다" 는 등 들뜬 대화가 오고 갔다.

중대발표를 들은 한 시민은 "분단 27년 만에 남북의 숨통이 트이는가 보다" 고 감격을 감추지 못했다.

이것은 조국의 통일염원을 안고 북녘으로 치닫고 있는 오늘의 통일로(統一路)는 북의 사람들에 대한 어제의 통금을 이미 해제한 채 영원히 결실되길 갈망하는 겨레의 가슴을 더욱 부풀리고 있는 것이다.

부모와 자식, 형과 아우가 총부리를 겨눈 지 4반세기, 금단의 땅이기만 했던 남과 북이 어느 사이 서로의 대표들이 오가고 그들이 마련한 남북공동성명이 발표되자 엄청난 소식에 방방곡곡 온 겨레는 놀라움과 흥분 속에 한 때 말도 잊었다.

남과 북을 가르는 사슬이 한 가닥 풀려간다는 소식에 온 겨레는 반가움과 설렘을 감출 수 없었지만 흥분을 가라앉히고 우리의 자세를 보다 더 가다듬어야 한다는 신중론과 귀추를 더 두고 보자는 경계를 잊지 않았다.

월남(越南)한 상인들은 "하루빨리 통일이 되어 가족을 만나고 싶은 마음 간절하다. 우리도 독일과 같이 자유로운 서신 교환, 가족들의 자유로운 왕래가 이뤄졌으면 좋겠다" 며 주위 사람들과 두고 온 고향 이야기로 화제의 꽃을 피웠다.
함흥시에서 홀몸으로 월남하여 서울역 지하도에서 행상을 하고 있는 김철원 씨는 물건 파는 것도 잊어버리고 라디오에 귀를 기울이면서 남북교류가 시작된다는 소식을 듣고 눈물을 흘렸다.

이하영 평북도지사는 "역사적이고도 세기적인 이 발표를 들으니 꽉 막혔던 가슴이 확 터지는 듯 감격과 희망을 갖게 되었다" 면서 '외세에 의존치 않고 평화통일을 이룩하자' 는 것은 5천만 전 배달민족의 염원으로 이 기쁘고 감격스러운 순간을 계속 유지해 나가기 위해서는 전 민족적인 노력이 필요할 것임을 힘주어 말했다.

(3) 남북공동성명에 대한 김종필 국무총리, 김영삼의원의 의견 그리고 미국의 시각

김종필 국무총리는 "박 대통령의 비상사태 선포로 북한 공산집단의 침략을 억제하고 저지하기 위한 총력안보태세를 갖췄고 북한 공산집단이 세계정세 변화와 우리의 단호한 태세 때문에 대화의 필요성을 인정하여 남북공동성명이 이뤄진 것이다" 라고 비상사태 선포가 대화를 이끌어 냈다고 억지주장을 천연덕스럽게 펼쳤다.

김종필 총리는 "박 대통령이 모색하는 통일의 길에 온 겨레가 행동, 생각, 생활면에서 총력안보태세를 견지해야 대화의 성과가 있을 것이다, 지나친 비약적 생각이나 지나친 상황, 환상적인 생각은 금물이다" 면서 남북대화에 대해 총력안보태세만을 강조했다.

김종필 국무총리는 "남북조절위는 남북간에 무력충돌을 방지하고 충돌이 생겼을 때 이를 번지지 않도록 조절하는 것이 주 임무가 될 것" 이라며 "국무총리가 중앙정보부를 컨트롤 하지 못한다고 하나 중앙정보부는 대통령 직속기관으로 대통령을 잘 보필하고 있다고 생각한다" 고 2인자의 위치를 해명하는데 급급했다.

김종필 총리는 "남북 공동성명이 내정의 어려움에 대한 돌파구나 집권연장을 위한 것은 결코 아니다" 라고 거듭 확인했으나, 박 대통령의 장기집권 의도를 몰랐다면 무능한 정치인이었고, 알면서도 7·4 공동성명을 환영하며 비상사태 선언을 묵인했다면 국민들을 기만한 정치인 그 이상도 그 이하도 아니었을 뿐이다.

김영삼 의원은 "남북공동성명으로 합의한 통일 3원칙과 우리 정부의 통일원칙 사이에는 차이가 없는가, 박 대통령은 앞서 통일문제는 70년대 후반에 가서나 논의할 생각이라고 말했고, 김종필 총리는 우리 세대에는 남북통일 가능성이 없다는 등의 얘기를 했는데 중앙정보부장을 시켜 갑자기 남북접촉을 시작한 이유는 무엇인가, 직통전화 설치와 남북조절위 구성 등으로 이북이 당장 공격을 해올 것으로 생각지 않는데 정부는 비상사태를 즉각 철회하고 보안법을 철폐해서 자유와 민주주의의 모습을 보여줄 용의는 없는가" 라고 국회에서 질의함으로써 유신체제 확립을 위한 남북대화를 활용한 것 아니냐는 의구심을 불러왔다.

필립 하비브 주한 미국대사는 "가장 고무적인 뉴스" 라면서 한국 정부의 노력을 축하했고, 미국 조야(朝野)에서는 "가장 고무적인 일" 이라는 국무성 논평에서부터 "그러한 남북간의 진전은 미국은 무거운 한국에의 짐을 덜 수 있다" 는 방송 해설까지, 긴장 완화 측면에서 그저 흐뭇해 하는 분위기 일색이다.

문화공보부는 정부의 공보지침으로 종래 북괴(北傀)를 북한(北韓)으로 호칭할 것과 김일성에 대한 중상, 비방을 삼가도록 시달하는 등 남북 화해 무드조성의 선도역할을 했다.

3. 남북조절위원회를 개최하여 통일의 환상 속으로

남북조절위원회 공동위원장 제1차 회의가 1972년 9월 12일 이후락 중앙정보부장, 박성철 제2부수상이 참석한 가운데 판문점 자유의 집에서 개최되어 모든 국민들에게 통일이 곧 이룩될 것이라는 환상에 젖게 했다.

이날 회의에서는 7·4 공동성명의 정신을 재확인하고 합의사항을 성실히 이행키로 하며 제2차 남북조절위원회는 평양에서 개최하기로 합의했다고 남북이 공동 발표했다.

박정희 대통령의 10·17 특별선언 이후에도 제2차 남북조절위 평양회담에 참석하기 위해 이후락 중앙정보부장을 장기영 전 경제부총리, 최규하 전 외무부 장관, 강인덕과 정홍진 중앙정보부 국장들이 수행했다.

이후락 위원장 일행은 김일성을 방문하여 진지하고 격의 없이 의견을 교환했다.

남북조절위는 조절위 구성, 운영에 합의하고 평화통일의 실행, 광범위한 정치적·경제적·문화적·사회적 교류, 군사충돌 방지, 대외활동에서의 그 실행을 보장하는 데도 합의했다.

남북은 군사분계선상에서의 확성기에 의한 대남·대북방송과 상대방 지역에 대한 삐라 살포를 그만두기로 했다.

제3차 남북조절위원회가 11월 30일 서울에서 개최되어 박성철 부수상 일행 25명이 타워호텔에 여장을 풀었다.

이 회의에서 남북조절위원회를 발족시키고 이후락, 김영주를 공동위원장으로, 장기영, 유장식을 부위원장으로, 최규하, 강인덕, 이완기, 한웅식을 위원으로, 정홍진, 김덕전을 간사위원으로 선임했다. 이로써 남북간의 제반문제를 개선하고 해결하며 나라의 통일문제를 다루는 남북조절위원회가 정식 발족됐다.

그러나 남북조절위원회는 북한의 김일성 주석과 남한의 박정희 대통령의 1인독재체제 강화를 위한 위장전술로 밝혀졌다.

북한 김일성 주석이 반대파를 숙청하고 김일성 1인독재체제를 더욱 공고히 하는 계기를 7·4 공동성명에서 찾아냈고, 박정희 대통령도 7·4 공동성명으로 국민들을 온통 남북통일의 환상에 젖어 들게 하고서 10·17 비상사태선언, 유신헌법 발의, 국민투표로 전광석화처럼 유신체제를 출범시키고 남북한 관계는 예전의 냉전체제로 환원됐다.

제2장 영구총통체제의 주춧돌인 유신헌법

1. 총통체제 구축을 위한 국가비상사태 선언

2. 초헌법적인 대통령 특별선언, 전국에 비상계엄

3. 유신헌법으로 네 번째 대통령에 오른 박정희

4. 종신대통령 체제에서 다섯 번째 대통령에 취임

1. 총통체제 구축을 위한 국가비상사태 선언

(1) 정국경색을 조성하기 위해 위수령 발동

1971년 10월 초 무장군인들이 고려대에 난입하여 농성중인 대학생들을 폭행하고 연행하는 사태를 일으켰다.

야당의원들이 무장군인의 고려대 난입사건에 항의하자, 유재흥 국방부장관은 "현역군인들이 상관의 명령 없이 군 병력을 동원한 것은 군기 위반이므로 조사 결과에 따라 응분의 조치를 하겠다"고 사과했다.

그러나 박 대통령은 1971년 10월 15일 9개항의 '헌법 질서 확립을 위한 대통령의 특별 명령'을 발표했다.

박 대통령은 이 명령에서 "앞으로 학생들의 어떠한 불법적 데모, 성토, 등교거부 및 수강방해 등 난동행위를 일체 용납할 수 없으며 이러한 행동을 주도한 학생은 전원 학적에서 제적하라"고 지시했다.

육군은 10월 15일 양탁식 서울시장의 요청에 따라 서울시 일원에 위수령을 발표했다. 양탁식 시장은 대학가의 데모, 성토 등으로 문란해진 사회 질서를 경찰병력만으로는 수습할 수 없다고 판단하여 병력지원을 요청하게 됐다고 밝혔다.

윤필용 수도경비사령관은 서종철 육군 참모총장의 승인을 얻어 즉시 병력을 각 대학에 출동시켰다.

군인들은 학생들의 출입을 통제하고 농성학생 수백명을 연행했다.

민관식 문교부 장관은 서울대, 고려대, 연세대, 서강대, 성균관대, 경희대, 외국어대, 전남대 등에 대해 무기한 휴업령을 발동했다.

문교부는 23개 대학에서 제적학생은 125명이라며 40개의 서클을 해체하고 무인가 학생간행물 13종을 폐간 조치했다고 발표했다.

이봉성 검찰총장은 "40여명 연행학생들의 무영장 구속은 학원질서를 문란케 하는 데모 행위를 뿌리 뽑는다는 정부의 강경책에 따른 것으로 현 시국이 비상사태라는 점을 감안할 때 어쩔 수 없는 조치" 라고 강변했다.

언론, 종교, 법조, 문단 등 각계 인사 64인은 위수령과 휴업령을 철회하고 체포된 학생들을 석방하라는 성명서를 발표했다.

신민당 김홍일 대표는 "박 대통령이 내린 특별명령과 위수령, 휴업령의 발동 등 일련의 사태는 정부 스스로가 시국을 긴장과 불안으로 몰아가는 극히 불행한 처사" 라며 위수령 해제, 군의 학원에 주둔과 학생 연행 등은 지양하고 구속학생을 석방할 것을 박 대통령에게 요구했다.

김대중 의원은 "모법이 없는 위수령은 법체제상으로 무효이고 헌법 제32조에도 위반되는 위헌적 존재" 라고 주장했다.

문교부는 8개 대학에 대한 휴업령을 16일만에 해제했다.

유재흥 국방부 장관은 위수령 발동이 해제되었음을 밝히고 여의도에 주둔했던 위수군은 25일 만에 원대 복귀했다.

박 대통령의 학원질서 확립을 위한 대통령의 특별명령과 육군의 위수령 발동은 무장군인들의 고려대 난입에 대한 무마일 뿐 아니라 유신체제 출범에 앞서 정국경색을 조성하여 야당과 국민들의 반응을 시험하기 위한 조치였을 것이라는 추측을 자아냈다.

(2) 정국이 평온한데 초헌법적인 국가비상사태 선언

박정희 대통령은 특별한 상황이 발생하지 않은 평온한 1971년 12월 6일 정부의 시책은 국가안보를 최우선으로 하고 일체의 사회불안을 용납하지 않는다는 '국가 비상사태'를 선언했다.

박 대통령은 "우리나라가 안전보장상 중대한 시점에 처해 있다"고 단정하고 "정부와 국민이 혼연일체가 되어 비상사태를 극복할 결의를 새로이 할 필요성을 점검하기 위해 비상사태를 선언하게 되었다"고 밝혔다.

박 대통령은 언론의 무책임한 안보논의를 삼가도록 요구하는 한편, 모든 국민은 안보상 책무수행에 자발적으로 성실하게 안보위주의 새 가치만을 확립하여, 만약의 경우에는 자유의 일부도 유보할 결의를 갖도록 요구했다.

박 대통령은 북괴의 적화통일 야욕은 고조되고 있다고 밝히면서 "일부 지식인들은 언론자유를 빙자하여 무책임한 안보론을 분별없이 들고 나와 민심을 혼란케 하고 있다" 고 경고했다.

김종필 국무총리는 "박 대통령은 현 사태를 비상사태로 보고 국민에게 호소한 것으로 가급적 국민기본권을 침해하지 않는 범위 안에서 이뤄져야 할 것이며 국민 된 도리로 뒷받침해야 하며, 올바르게 다스려 나가겠다는 사심 없는 조치에 대해 통속적 이거나 정치적 측면에서 운위(云謂)해서는 안될 것이다" 라고 부화뇌동했다.

더욱이 김종필 총리는 "박 대통령의 비상사태 선언은 고도의 정치적 판단에 의한 통치권 행사로 헌법상 할 수 있는 정당한 행위이다. 비상사태 선언이나 남북 공동성명을 집권연장의 도구로 쓸 이유가 없으며 두 개의 한국을 시인한 것으로 생각지 않는다"고 호언장담하며 유신체제 출범의 나팔수 역할을 했다.

신민당 김승목 의원이 "지난 선거 때 공약한대로 이번만 대통령에 나오고 다시 출마하지 않겠다는 공약은 결코 변동이 없으며 후계자를 양성하겠다는 대국민 약속은 언제쯤 양성화되는가" 라는 질문에, 김종필 국무총리는 "박 대통령이 지난 선거 도중 대통령에 이번만 나오고 안 나오겠다고 한 얘기는 지금도 변동이 없는 걸로 안다" 고 천연덕스럽게 거짓말 답변으로 일관했다.

(3) 대통령에게 비상권한 부여를 위한 특별법 제정

공화당은 현재의 비상사태의 법적 근거를 마련하고 비상사태 아래서 대통령에게 광범위한 비상권한을 부여하는 '국가보위에 관한 특별조치법안'을 마련하여 국회에 제출했다.

공화당 구태회 의원이 제안한 이 법안은 국가안전보장에 효율적으로 대처하고 사회의 안녕질서를 유지하기 위해 대통령은 국가비상사태를 선포할 수 있고, 경제규제를 명령하고 국가동원령을 선포하며 옥외집회나 시위를 규제하고 언론출판에 대한 특별조치를 취할 수 있도록 했다.

신민당 소속의원들은 본회의장과 법사위원회 회의실을 점거하고 농성에 돌입했다.

박 대통령은 "만일 이번 회기중에 이 법안이 통과되지 않는다면 이 비상사태를 극복하기 위해 비장한 각오로 임하지 않을 수 없다"고 백두진 국회의장에 협박성 촉구 공한을 보냈다.

김종필 국무총리는 "북괴는 이미 전쟁준비를 끝내고 언제든지 남침할 수 있는 능력을 가지고 있기 때문에 사전에 이를 막고 제반대책을 보완하기 위해 대통령에게 대권을 부여하는 것이 필요한 것"이라고 적극 지지하고 의원들을 독려했다.

공화당은 신민당 의원들의 농성으로 장소변경이 불가피하자 국회의사당 건너편 제4별관에서 새벽 3시에 3분만에 토론 없이 특별조치법을 전격 통과시켰다.

이날 본회의에는 공화당 의원 111명과 김재춘, 조재봉 의원이 참석했다. 수많은 경찰관들이 국회 주위에 배치된 상황에서 구태회 의원의 제안 설명과 고재필 법사위원장의 서면 심사보고 후 백두진 국회의장이 토론 없이 통과시켰다.

영구집권 도모를 위한 유신체제를 출범시키기 위한 사전포석으로 변칙적으로 법이 통과되자, 신민당은 국가보위 특별조치법 무효화 및 호헌투쟁을 벌이기로 하고 국회 본회의장에서 농성했다.

(4) 72년 대통령 연두기자회견에서도 안보만을 강조

박 대통령은 1972년도 연두기자회견에서 "국가안보에 위험신호가 와 있다" "북괴의 남침을 막기 위해 스스로 자주적인 주체의식과 비상체제로서 정부와 국민이 혼연일체가 되어 총력안보체제를 갖추어야 할 것"이라고 새해 포부를 밝혔다.

"우리의 의사에 반해 남북한이 유엔에 동시 가입하는 건 있을 수 없다" "한국의 안보는 유엔군이 남아 있고 한미방위조약이 있음으로써 우리 안보가 잘 될 수 있는 것이지 4대국 보장 운운은 잠꼬대 같은 소리라 본다"고 야당을 공격했다.

박 대통령은 "우리 모두는 새해부터 민주제도의 자율과 능률을 더욱 드높여 모든 국력을 적재적소에 즉각 총동원할 수 있는 만전의 비상체제를 확립해야 한다"고 비상체제를 거듭 밝혔다.

한·미 군사동맹이 철저하게 이행되고 유엔군이 주둔하고 있는 상황에서는 북괴의 남침은 어떠한 경우에도 불가능할 것이라는 것을 철저하게 인식하고 있는 박 대통령은 북괴가 남북의 평화적인 통일을 진심으로 원한다면 남북적화통일 야욕을 즉각 포기하고 비무장지대에 구축해 놓은 모든 군사진지를 철거해야 하며 무장간첩의 남파를 즉각 중지할 것을 요구했다.

박 대통령은 북괴의 평화선전이 허위에 가득한 위장전술임을 폭로하면서 대한적십자사의 남북한 회담 재개 제의의 수락을 촉구하는 이중성을 보였다.

한·미 안보협의회는 한국이 무력공격을 받을 경우 미국은 상호방위조약에 의거 신속하고도 효과적인 원조를 제공한다는 결의를 재확인했지만, 박 대통령은 1972년 국군의 날 유시에서 "평화는 그것을 지킬 수 있는 힘이 있을 때 비로소 유지되는 것이며 힘의 뒷받침 없는 평화는 환상에 지나지 않는 역사의 교훈을 잘 알고 있다" 면서 "우리의 국력을 조직화하기 위해 우선 국민 각자가 국가와 민족을 위해서는 자기 스스로를 희생할 수 있다는 올바른 국민의식을 정립하고 사회기강을 확립하여 모든 분야에서 능률을 극대화하는데 더욱 힘차게 매진해야 한다" 고 역설하며 10월 유신 선포를 암시한 애드벌룬을 띄웠으나 어느 언론기관에서도 전혀 감지하지 못했다.

2. 초헌법적인 대통령 특별선언, 전국에 비상계엄

(1) 박 대통령도 비정상적·초헌법적인 조치임을 시인

박정희 대통령은 7·4 공동성명으로 남북한이 화해무드가 조성되고 있는 10월 17일 대통령 특별선언을 발표하여 국회 해산, 정당 및 정치 활동의 중지 등 현행 헌법의 일부 기능을 정지시키고 전국 일원에 비상계엄을 선포했다.

이 특별선언에서 일부 효력이 정지된 헌법조항의 기능은 비상국무회의에서 수행하고, 비상국무회의는 조국의 평화통일을 지향하는 헌법개정안을 공고한다고 발표했다.

박 대통령은 특별선언에서 우리에게 가장 중요한 것은 남북대화를 뒷받침하고 주변정세에 능동적으로 대응할 수 있는 모든 체제의 시급한 정비라고 하면서 "만일 국민 여러분이 헌법 개정안에 찬성치 않는다면 나는 이것을 남북대화를 원치 않는다는 국민의 의사표시로 받아들이고 조국통일에 대한 새로운 방안을 모색할 것임을 아울러 밝혀 둔다"고 국민을 상대로 조직폭력배 수준의 공갈과 협박을 곁들였다.

박 대통령은 대한민국이 직면하고 있는 역사적 시련을 극복하고 국토와 민족의 평화적 통일을 달성키 위한 체제의 개혁을 단행함에 있어 이에 수반되는 사회질서의 동요와 혼란을 미연에 방지하는 동시에 국민의 생명과 재산을 보호하기 위해 계엄을 선포하고 계엄사령관에 육군참모총장 육군대장 노재현을 임명했다.

계엄사령부는 포고령으로 정치활동 목적의 국내외 집회 및 시위를 일체 금하고 언론·출판·보도 및 방송은 사전 검열을 받아야 하며 각 대학은 당분간 휴교 조치한다고 발표했다.

"우리 헌법과 현 체제는 동서양극 체제 하의 냉전시대에 만들어졌고 하물며 남북의 대화 같은 것은 예상치도 못했던 시기에 제정된 것이기 때문에 오늘과 같은 국면에 처해서는 마땅히 이에 적응할 수 있는 새로운 체제로의 일대 유신적 개혁이 있어야 한다" 고 비상사태 선포 이유라고 할 수 없는 궤변을 늘어놓았다.

박 대통령은 정상적인 방법으로 개혁을 시도한다면 오히려 혼란만 더욱 심해질 뿐이므로 국민적 정당성을 대표하는 대통령으로서 비상조치로서 체제개혁을 단행키로 결심했다고 비정상적이며 초헌법적인 조치임을 스스로 시인했다.

대한재향군인회(회장 김일환)는 비상사태 선포 즉시 우리는 충격적이면서도 반가운 우리 정부의 용기 있는 결의를 전달받았으며 이에 따라 우리 280만 재향군인은 전폭적으로 지지한다는 성명을 주요 일간지에 게재하여 충성스러운 어용단체임을 과시했다.

동아일보에서도 대통령의 특별선언은 조국의 평화적 통일을 기약하기 위한 새로운 국가체제의 확립을 국민에게 호소하는 것으로 사설에서 언론의 본분을 망각하고 적극 지지했다.

유재흥 국방부장관 주재하의 전국 주요지휘관회의에서 55명의 지휘관들은 박 대통령의 '10·17 특별선언'을 전폭 지지하고 국군장병이 국정개혁과업의 성공적인 완수를 위해 적극 참여할 것을 결의하고서 박 대통령을 예방했다. 박정희 정부는 민정이 아닌 군정의 연장임을 스스로 명백히 밝혔다.

한국신문협회와 동아일보는 '10·17 특별선언'은 국가의 진운(進運)을 가속적으로 개혁하고 자유민주주의의 토양을 굳게 닦는 일대의 혁신조치임을 확신하고 이를 적극 지지한다는 성명을 발표함으로써 유신체제가 자유민주주의 토양을 굳건하게 뿌리내린 조치라는 이중성을 드러냈다.

대한상공회의소(회장 박두병)와 전국상공회의소 회장단 그리고 한국무역협회(회장 이활)는 헌정체제의 일대개혁은 불가피하다면서 50만 상공인은 '10·17 특별선언'을 환영하고 지지해 마지 않는다고 모든 일간지에 성명을 게재했다.

국무총리 감투에 연연한 김종필 총리는 "10월 유신은 평화적 통일에 대한 불굴의 염원을 하루바삐 당겨 이룩해서 국민 모두가 평화롭고 자유로우며 번영되게 살 수 있는 나라를 앞당겨 꼭 이루어 보자는 민족의 결의를 나타낸 것"이라고 지금 현재까지도 요원한 평화통일 운운하면서 적극 옹호했다.

(2) 영구 독재체제 구축을 위한 유신헌법안을 공고

비상국무회의는 김종필 부의장 주재로 대통령 특별선언에 따른 헌법 개정안의 공고 등에 관한 특례법안을 심의하여 통과시켰다.

국가의 안전과 번영 그리고 조국의 평화적 통일을 이룩하여 민족의 활로를 개척해 나가는 것은 오늘의 우리에게 부과된 신성한 책무이며 역사적인 사명이며 격동하는 정세에 기민(機敏)하게 대처하고 남북대화의 전개를 최대한으로 뒷받침할 수 있도록 국민의 지혜와 역량을 총집결하기 위해 헌법개정안을 공고한다고 미사여구를 총동원했다.

헌법개정안은 ① 조국의 평화적 통일이라는 역사적 사명완수를 지향(志向)하였으며 ② 민주주의의 한국적 토착화(土着化)를 기하였고 ③ 국력을 조직화하고 능률을 극대화할 수 있도록 통치기구와 관계제도를 개혁하였으며 ④ 정치, 경제, 사회, 문화 등 모든 면에서 안정을 유지하고 번영의 기저를 확고히 하였으며 ⑤ 국민의 기본권을 우리나라 실정에 알맞게 최대한으로 보장하였고 ⑥ 민족의 활로를 개척함으로써 국제사회에서 우리나라의 영광을 드높이고 항구적 세계평화에 이바지할 것을 다짐했다고 발표했으나 박정희 대통령의 영구 독재 체제 구축을 위한 헌법을 공고한다는 것이 보다 솔직한 공고문이었는지도 모른다.

헌법개정안은 대통령의 직선제를 폐지하고 영구집권이 가능한 간선제를 채택하여 통일주체국민회의를 신설하여 대통령을 선출토록 하고 대통령의 지위를 강화하고 긴급조치권을 발동할 수 있도록 하여 제왕적 대통령제로 전환했다. 이것을 평화통일과 국력의 조직화, 능률의 극대화로 포장하고 미화했을 뿐이다.

통일주체 국민회의는 대통령을 선출하고 대통령이 추천한 국회의원 정수의 3분의1에 해당하는 국회의원을 선거한다. 또한 대통령은 국가원수로 행정권의 수반을 겸하며 임기는 6년이다.

대통령은 국가적 지도(指導)의 최고 책임자로서 입법, 행정, 사법의 조정적 기능의 중립적 권한을 행사하면서 국가의 운용을 좌우하는 중요사항을 결정하는 국가적 권력을 행사한다.

대통령은 재정경제상 위기, 국가의 안전보장 또는 공공질서가 위협을 받을 우려가 있을 때는 긴급조치를 할 수 있으며 위기나 위험의 우려의 판단은 대통령의 고도의 통치행위로서 발동에 있어 제약을 받지 않는다.

또한 대통령은 필요하다고 인정될 때는 헌법에 규정된 국민의 자유와 권리를 잠정적으로 정지시키는 긴급조치를 발할 수 있도록 하여 세계 어느 나라의 독재정권보다 강력한 이 지구상에서 최상위의 독재체제를 구축했다.

더구나 긴급조치권 행사에 대한 사법적 통제는 헌법 규정으로 배제하여 무소불위의 권한 행사는 헌법적으로 보장한 것이 유신헌법의 본 모습이다.

대통령은 국회를 해산할 수 있고 국회는 국무총리와 국무위원을 해임의결 할 수 있으나 대통령이 3분의 1을 지명하는 국회에서의 해임의결은 논리적으로 성립될 수 없는 미사여구일 뿐이다.

박 대통령은 "정파와 지연 그리고 혈연을 초월하여 실현 가능성이 거의 없는 남북통일을 위해 대동단결할 것"을 호소하면서 평화통일에 대비한 단결을 촉구했으나, 유신체제가 확립되자 활발하게 추진돼 오던 남북대화를 중단시켰다.

(3) 비상계엄령하에서 91.5%의 찬성률로 유신헌법 확정

김종필 국무총리는 "10월 유신은 평화적 통일에 대한 불굴의 염원을 하루빨리 당겨 이룩해서 국민 모두가 평화롭고 자유로우며 번영되게 살 수 있는 나라를 앞당겨 꼭 이룩해보자는 민족의 결의를 나타낸 것" 이라며 "헌법개정은 우리에게 알맞은 한국적 민주주의 제도를 이 땅에 뿌리박게 하자는 10월 유신의 첫 작업인 만큼 국민 모두가 국민투표에 흔연히 참여해서 가결시키자" 면서 "이번 국민투표에는 한 사람도 빠짐없이 흔연히 투표해서 새로운 제4공화국을 힘차고 희망적인 거보로 출범시킬 수 있게 부탁드린다" 고 유신헌법 제정의 앞잡이를 자임했다.

비상국무회의는 이번 개헌안의 국민 투표에 있어서 찬반운동을 금지하고 정당참관인 제도를 폐지하고 계몽회의 가두방송을 허용하는 국민투표에 관한 특례법을 통과하여 반대 세력의 숨통을 끊고 반대 목소리를 원천 봉쇄했다.

이윤영, 윤치영, 곽상훈, 홍성하, 성낙서, 라용균, 강선영, 권병로, 김익기, 임영신, 김봉조, 김철, 박찬현, 최창섭, 최규옥, 장기영 등 제헌의원 53명은 "10월 유신을 적극 지지함과 아울러 유권자 여러분도 국민문화와 새 역사를 창조하는 이 거룩한 과업으로 민족의 저력을 중외에 과시키 위해 빠짐없이 참여가 있기를 호소한다"는 성명서를 발표했다.

김종필 국무총리는 "국민 여러분은 유신헌법안을 확정시켜 10월 유신을 개화시키자" "온 국민은 대동단결하여 10월 유신의 목표

를 달성, 영광된 조국을 후세에 남겨주자"고 대국민 호소문을 발표했다.

아울러 김종필 총리는 "거창한 민족의 영광을 달성하기 위해 모든 지식인들은 좀 더 긍정적이며 전향적인 자세를 가다듬어 흔연히 앞장서 줄 것"을 촉구했다.

유신헌법안은 10월 21일 국민투표에서 찬성 92.1%(반대 7.8%)의 압도적인 찬성을 얻어 확정됐다.

국민투표에는 15,676,355명의 유권자의 91.1%인 14,286,355명이 투표하여 우리나라 국민투표사상 최고의 기록을 세웠다.

그러나 최종집계는 투표율 91.9%, 찬성율은 91.5%로 확정했으며 시·도별 찬성율에서는 강원도가 95.8%로 최고를 차지했으며 전남도 95.1%, 제주 94.6%, 경기도 92.8%의 찬성율을 보였다.

서울은 82.5% 찬성율로 최하위를 차지했고, 부산도 85.0% 찬성율에 머물렀다.

이 같은 개표결과는 비생산적인 정치체제를 지양하고 평화통일의 염원과 번영을 이룩하려는 10월 유신에 대한 국민의 기대가 그만큼 크다고 언론사들은 극구 찬양 일색이었다.

박 대통령은 "이번 국민투표의 결과는 우리의 국민적 단결을 아낌없이 과시한 것으로서 이제 우리 국민 모두가 유신과업을 추진하는 주체세력임을 신성한 주권행사를 통해 입증한 것"이라며 극찬했다.

제대를 3개월 앞둔 시점에서 병영 내의 국민투표는 공개적인 장소에서 투표가 이뤄졌고 보안사 파견요원이 개개인의 투표결과를 들여다보고 있으니 아무런 말썽없이 제대하고 싶다면 제대로 투표하라는 압력을 받고 찬성할 수밖에 없었다.

어쩌면 나도 민주주의 신봉자 입장에서 보면 유신헌법의 찬동자의 일원이 되어 유신의 역군이 됐다.

박 대통령은 국민투표를 실시하여 유신 헌법이 확정된 11월 28일 각 대학의 휴교령을 42일만에 해제했다. 문교부는 부족된 수업은 2월 중 보충수업을 하도록 시달했다.

3. 유신헌법으로 네 번째 대통령에 오른 박정희

(1) 대통령 선출기관인 통일주체국민회의 대의원 선거

정부는 통일주체국민회의를 구성하게 될 대의원을 선출하기 위한 통일주체국민회의 대의원선거법을 공포했다.

선거구는 1,630구이며 대의원 총수는 2,359명으로 대의원들은 10월 유신의 이념을 적극 찬성 지지하고 그 고장의 덕망 있는 인사들이 선출돼야 한다고 박 대통령이 훈시했다.

대의원 후보자 등록결과 5,816명이 등록하여 2.5대 1의 경쟁률을 보였다. 그러나 280명이 자진사퇴하고 7명이 등록무효 됐다.

무투표 당선구는 84개구, 무투표 당선자는 89명이라고 선관위에서 발표했다.

박 대통령은 "대통령 선언에 따른 조치가 국민의 절대적인 지지 아래 수행되고 있고 유신체제가 확립됨에 따라 사회질서가 평상상태로 회복되었다" 는 이유로 비상계엄을 12월 14일자로 해제하되 정치활동은 당분간 중지한다고 밝혔다.

투표 당일 무투표 당선은 206구에서 225명으로 늘어났으며 5,876명이 입후보하여 열띤 경쟁을 펼쳤다.

투표율은 70.3%로 전체 대의원 중 농업이 48%인 1,133명에 달하여 당직은 물론 공직자들은 사퇴를 해야 출마하게 되어 주로 가업 위주인 중소 상공인과 농업인이 대부분을 차지했다.

박정희 대통령은 대의원의 자격심사, 징계 기타 필요한 사항을 심의하기 위한 운영위원 50명을 지명했다.

운영위원에는 곽상훈, 임영신, 박종화, 김종희, 박두병, 김일환, 서정귀, 정희택, 박동규, 김한수, 홍종욱, 박윤종, 김봉호, 백찬기 등 저명인사들이 포함됐다.

(2) 통일주체국민회의에서 99.7% 지지로 제8대 대통령에 네 번째 당선된 박정희

박경원 통일주체국민회의 사무총장은 대통령 후보는 12월 22까지 등록하고 대통령 선거는 12월 23일 실시한다고 발표했다.

곽상훈 통대의원은 박정희 대통령을 대통령 후보로 추천한 이유로서 "박 대통령이 5·16 혁명 이후 대통령 취임이래 국가민족을 위한 업적이 많았다"고 말하고 "그 중에서도 1,2,3차 경제 5개년 계획을 세워 국민생활의 진전을 가져왔고 국제적으로 한국의 위상을 상당히 끌어올렸다"고 밝혔다.

통일주체국민회의는 12월 23일 서울종합체육관에서 유신헌법이 규정한 임기 6년의 제 8대 대통령에 박정희 대통령을 선출했다.

재적 대의원 2,359명 전원이 참석한 가운데 대의원의 토론 없이 무기명으로 투표용지에 후보자의 성명을 기입한 투표 방식에 따라 2,357명이 박정희를 기입하여 99.7%의 찬성율을 기록했다.

박 대통령은 "나는 오늘 유신헌법의 절차에 따라 이 사람을 대통령으로 선출한 통일주체국민회의 결정을 역사와 민족의 엄숙한 명령으로 믿고 이를 겸허하게 받아들인다"는 성명을 발표했다.

정부는 12월 27일 제 8대 대통령 취임식과 유신헌법 공포식을 거행했다. 이에 따라 모든 정치활동이 재개됐다.

박 대통령은 취임사에서 "10월 유신은 민족의 자아를 바탕으로 새

역사를 창조해 나갈 민족의지의 창조적 발전" 이며 "이 유신이념을 구현하기 위해 전 국민의 절대적인 지지 속에 국정전반에 걸친 일대 개혁을 단행해 나갈 것" 이라고 새 국정의 방향과 소신을 밝혔다.

4. 종신대통령 체제에서 다섯 번째 대통령에 취임

(1) 제2기 통일주체국민회의 대의원 2,583명 선출

제2대 통일주체국민회의 대의원 후보등록이 1978년 5월 4일 마감되고 6일부터 합동연설회 등 선거운동에 들어갔다.

전국 1,665개 선거구에서 2,588명의 대의원을 뽑는 대의원 선거에는 모두 5,577명이 등록하여 지난번 1대 대의원 선거의 2.5대 1에 훨씬 못 미치는 2.2대 1의 경쟁률을 나타냈다.

현재의 대의원 2,240명 가운데 67%인 1천 5백여명이 재출마했으며 무투표 당선은 189개 선거구에서 232명이다.

시 · 도별로는 정원 151명에 714명이 등록한 강원도가 지난번에 이어 가장 높은 경쟁률을 보였다.

이번 선거의 유권자 수는 19,074,429명이지만 무투표자 당선지구를 제외하면 17,673,346명이다.

이번 대의원 후보등록 상황은 양과 질에 있어서 1대에 미치지 못했으며 이 같은 원인은 대의원들을 바라보는 시각의 차이에서 비롯됐다.

등록을 마친 저명인사로는 곽상훈 민의원 의장, 김일환, 김윤기, 신중목 등 전직 장관과 기세풍, 이춘기, 엄대섭 등 전직 의원 등을 들 수 있다.

전 산림청장 김영진, 전 강원지사 이창근, 전 충남지사 이기세, 전 광주시장 박윤종도 출전했으며 조중훈 한진그룹 대표, 김종희 한국화약 회장, 남궁련 대한조선공사 대표, 구자경 럭키그룹 회장, 김인득 한국스레트 회장, 허창성 삼림식품 대표, 정시봉 동대문시장 대표 등도 등록했다.

한일합섬 대표 김한수, 성창기업 대표 정태성, 태화고무 사장 윤장태, 일신산업 사장 하기성, 협성해운 사장 왕상은, 백화양조 회장 강정준, 한국합판 사장 고판남, 조선내화사장 이훈동, 천일여객사장 박남수를 비롯하여 단국대 재단이사장 박정숙, 남북적 회담 대표 김연주, 영화감독 강대진, 영화배우 이수련, 이대엽, 아나운서 강영숙, 변호사 정희택 등도 출전했다.

1978년 5월 19일 실시된 이번 선거의 투표율은 지난 1대 선거 때의 70.4%를 훨씬 넘는 78.9%의 투표율을 보였다. 이는 그동안의 투표 계도 활동이 주효했기 때문이다.

이번 선거에는 신진들의 진출이 두드러져 전체의 72%에 해당하는

1,863명이 새로 당선된 반면, 현직 대의원들은 1,498명이 출전하여 720명만 당선되어 저조한 당선율을 보였다.

건설부 장관을 역임한 김윤기, 농림부 장관을 역임한 신중목, 국회의원을 지낸 엄대섭 후보들은 낙선했으나 영화감독 강대진, 영화배우 이대엽, 이수련은 당선되어 희비가 교차됐다.

박 대통령은 곽상훈 전 운영위원장을 비롯한 김일환, 정희택, 김인득, 조중훈, 구자경, 김연주, 김한수, 왕상은, 이춘기, 강정준, 고판남. 박윤종, 김세풍, 이훈동, 정장필 등 운영위원 50명을 지명했다.

(2) 통일주체 국민회의 대의원 99.9% 득표율로 당선된 제9대 대통령 박정희

제2기 통일주체 국민회의 대의원 2,581명이 참석한 가운데 1978년 7월 6일 실시한 제9대 대통령 선거에서 2,577표(99.92%)를 득표하여 박정희 후보가 당선됐다.

곽상훈 통대의원은 507명의 추천을 받아 9대 대통령 후보로 박정희 대통령을 국민회의 사무처에 등록했다.

곽상훈 통대의원은 "박 대통령은 그동안 의욕적인 5개년 경제개발계획의 성공적인 수행을 통하여 국민생활의 비약적인 진전을 가져오게 했으며 국제적으로도 한국의 위치를 크게 신장시켰으며 선진

국 대열에 도약하는 고도산업국가 건설의 기반을 구축했다"고 추천사유를 밝혔다.

1984년 12월 26일까지 재임할 임기 6년의 제9대 대통령에 당선된 데 대해 박 대통령은 "본인은 이 결정을 받아들이면서 고도산업국가와 복지사회를 건설하고 민족문화의 찬란한 꽃을 피우며 조국의 평화적 통일에 박차를 가할 80년대를 내다볼 때 무거운 책무를 느끼게 된다"고 밝혔다.

1978년 12월 27일 제9대 대통령에 취임한 박 대통령은 취임사를 통해 "우리가 도전하는 80년대에는 자신과 긍지에 가득 찬 웅비의 시대가 될 것" 이라고 전제하고 "80년대야말로 기필코 고도산업국가를 이룩하여 당당히 선진국 대열에 참여하고 인정과 의리가 넘치는 복지 사회를 이룩해야 할 시기" 라고 다짐했다.

박 대통령은 "우리의 숙원인 조국의 평화적 통일에 획기적인 진전을 성취함으로써 민족사의 정통성을 드높이고 번영을 향한 인류역사의 진운에 적극 기여 해야겠다" 며 영구집권 체제를 더욱 공고히 했다.

역사에는 가정이 성립되지는 아니하지만 1979년 궁정동 시해사건이 발생하지 아니했더라면 1984년까지 9대 대통령의 임기를 마치고 박정희 대통령은 제3기 통일주체국민회의 대의원 선거에 의해 제 10대 대통령으로 당선되고 이후에도 연임하여 북한의 김일성처럼 아들과 손자에게 정권을 세습하지 아니할 것이라는 가정도 성립되지 않는 것도 엄연한 역사적 사실이다.

{제3부}

총통체제의 장식물로 전락한 제9대 국회

제1장 진산계와 비진산계의 갈등으로 지리멸렬한 신민당

1. 김홍일 신민당수 탈당, 민주통일당에 합류
2. 당선을 뒷전에 돌리고 복수공천을 남발

1. 김홍일 신민당수 탈당, 통일민주당에 합류

(1) 진산계는 김홍일을 새로운 대표로 선출

신민당의 8대 국회의원 선거 사후처리 7인 조사특별위원회는 전국구 공천경위, 유진산 전 대표 댁에서의 폭행·기물파괴 등 난동행위, 양일동 씨에 대한 난동 및 당사 점거, 운영위원회 난입사건 등 일련의 난동사건에 대한 조사를 벌였다.

조사특위는 조사결과를 정무회의에 보고했고, 진산계가 다수를 차지하고 있는 신민당 당기위원회(위원장 김형일)는 김대중, 고흥문, 홍익표 의원을 "지난 5월 7일 동교동 김대중 자택에서 6인위를 소집하여 유진산씨를 불법으로 제명키로 결의를 했다" 는 이유로 경고처분 했다.

그리고 정일형, 서범석, 김원만 의원들에게는 "당사에서 난동을 선동하고 가담했다"는 이유로 2년간 자격 정지하고, 난동을 주도하고 선동했다는 이유로 이윤수, 김여산 등을 제명 처분했다.

신민당은 국회 개원 전에 전당대회를 개최한다는 원칙을 정하고 각 정파 간의 의견 조정에 들어갔다.

신민당 임시 전당대회에서 제1차 대표 선거에선 김홍일 407표, 김대중 302표, 양일동 172표를 득표하여 제2차 투표에 들어갔다.

2차투표에서도 김홍일 425표, 김대중 340표, 양일동 111표로 과반 획득에 실패했으나 제 3차 투표에서 김홍일 후보가 444표를 득표(김대중 370표)하여 새로운 대표로 선출됐다.

유진산 전 대표는 "나의 부덕불민(不德不敏)한 탓으로 물의를 일으킨 데 송구하게 생각하며 깊은 반성을 하고 있다"고 사과했지만 계파원들을 동원하고 김영삼, 고흥문, 이철승, 김재광, 서범석, 정해영 등과 제휴하여 김대중의 대표 당선을 저지하고 김홍일을 당선시키는 쾌거를 이루었다.

김홍일 대표는 고흥문, 윤제술을 정무위 부의장으로, 국회부의장에 정해영, 원내총무에 김재광을 임명했다.

(2) 중앙선거관리위원회에서 유진산 대표의 손을

신민당 전당대회를 앞두고 조윤형, 김상현, 노승환, 김정두, 양일동, 이택돈, 정일형, 조연하, 정성태, 윤길중 등 50여명의 의원들은 유진산씨의 대표 복귀를 반대하는 서명운동을 전개했다.

김홍일 신민당 대표는 "현재와 같은 당내 각 계파 간의 극심한 대립상태에서는 원만한 전당대회를 치르기가 어렵다" 면서 전당대회 연기를 일방적으로 선언했다.

그러나 1973년 9월 26일 서울시민회관에서 진산계만으로 전당대회를 강행하여 유진산을 새로운 대표로 선출하고 1시간 30분 만에 폐회했다.

고흥문, 김영삼, 이철승, 정해영, 정성태, 김의택, 권중돈, 이중재, 신도환, 정운갑, 김수한, 이기택, 김현기, 김용성, 편용호, 오세응, 황낙주, 이택희, 진의종, 신상우, 채문식, 최형우 의원 등이 참석한 대회는 대의원 874명 중 50.9%인 445명이 참석했다.

한편 반진산계는 1973년 9월 27일 효창동 김홍일 대표 집에서 전당대회를 열어 김홍일 대표를 선출하고 유청 전당대회의장은 대의원 874명 중 55.3%인 483명이 찬성했다면서 정당한 대회였다고 주장했다.

효창동 전당대회에는 김홍일, 김대중, 양일동, 유청, 김재광, 박병배, 윤길중, 조연하, 김원만, 한병채, 김상현, 조윤형, 박한상, 유제연, 천명기, 윤제술, 노승환, 유옥우, 박일, 이택돈, 김창환, 최형우, 홍영기 등 45명의 의원들이 참석했다.

반진산계가 따로 전당대회를 개최하여 26일 전당대회의 무효와 오는 12월로 전당대회 연기를 결의함으로써 사실상 분당사태로 들어갔으며, 김홍일 씨가 유진산 대표 직무집행저지 가처분 신청을 법원에 제출했다.

신민당 이중재, 오세응, 조윤형, 유옥우, 천명기, 박일, 한병채, 노승환 등 23명의 의원이 회합하여 분당을 막기 위한 방안으로 새로운 수습전당대회를 추진했다.

국회는 10월 4일부터 28일까지 25일 동안 국정감사에 착수했으며 신민당은 분당상태에서 국정감사 지침을 유진산 대표 측과 김홍일 대표 측에서 별도로 시달했다.

그러나 중앙선거관리위원회는 유진산 대표가 제출한 신민당 대표자 변경등록 신청을 형식적 요건이 구비되었다는 이유를 들어 변경 공고함으로써 진산계의 전당대회를 정당화시켰다.

(3) 유진산 대표에서 정일형 대표 권한대행체제로

박정희 대통령이 10·17 대통령 특별선언으로 8대 국회가 해산당하고 유신체제가 출범하여 여·야 동반 당선제인 제9대 총선을 앞두고도 진산계와 반진산계의 신민당 주도권 경쟁은 변화가 없었다.

반진산계는 몇 차례 모임 뒤 김홍일, 양일동, 윤제술, 정일형, 서범석 등 5인 수권위원회를 결성했고, 5인 수권위는 분당을 전제로 민주통일당을 창당하기로 합의했다.

이에 화들짝 놀란 유진산 대표는 정무회의 등 당 기구를 정상화한 뒤 대표직을 사퇴하겠다고 밝혔고, 진산계는 총선 때 까지는 과도체제로 당을 이끌어 나간 뒤 9대 총선 이후에 임시전당대회를 개최하여 새로운 체제를 꾸려 가기로 했다.

유진산 대표는 김홍일, 고홍문, 박병배, 김재광 등 비주류 중진 등을 포함한 14명의 정무위원을 교체했다.

유 대표는 정해영, 정성태, 김형일, 김영삼, 김원만, 김응주, 이철승,

신도환, 이민우, 이중재, 홍영기 등은 유임시키고 유진산, 권중돈, 정일형, 김의택, 김준섭, 김상흠, 김용성, 김수한, 박한상, 송원영, 우홍구, 이상신, 정운갑, 한건수를 새로 정무위원으로 임명하여 정무위원회를 정비했다.

정일형, 김의택, 김상흠, 송원영, 박한상 등은 정무위원에 임명됐지만 비주류측은 "각 계파 간에 성립된 협상정신을 전적으로 무시한 것이며 또한 원칙이 없는 인선"이라고 크게 반발했다.

신민당은 정무회의 부의장으로 정일형, 이철승, 김영삼을 선출하고 공천심사위원회를 부의장 3인과 김의택, 정해영, 권중돈, 이민우, 신도환, 유치송, 김원만 등 10명으로 구성했다.

유진산 대표가 당무직 사퇴서를 제출하고 정일형 정무회의 부의장을 대표권한 대행으로 지명하고, 선거대책본부장에는 김의택 정무위원을 임명했다.

사무총장 신도환, 정책심의회의장 정운갑, 당기위원장 이민우, 훈련원장 김원만, 인권옹호위원장 박한상, 대변인 편용호, 민주전선 편집인 채문식도 함께 지명하여 진용을 갖췄다.

선거대책 중앙위원은 정무위원 25명에 채문식, 편용호, 유치송, 박해충, 유옥우, 김은하, 조일환, 이충환 등을 보강하여 선거준비를 본격화했다.

신당작업에 참여해 오던 정일형, 서범석, 김원만, 김응주, 송원영, 김재광, 김홍일 등은 "유 대표가 사퇴의사를 표명하여 당을 수습하는 계기가 마련되었으므로 이를 믿고 신민당에 잔류키로 결정한다"고 밝혔다.

그리하여 통일당의 창당작업은 차질을 가져왔고 창당 규모도 크게 위축됐다.

(4) 제3당인 민주통일당을 창당하여 총선에 참여

반진산 연합체는 김홍일, 양일등, 윤제술, 서범석, 정일형등 5인 수권위원회를 결성하여 민주통일당을 창당하기로 합의했었다.

창당작업중인 반진산계는 진산계와 협상문제, 신당의 지도체제 등에 대한 이견을 표시하여 막바지에 혼선을 빚었다.

더구나 유진산 대표의 사퇴와 정일형 권한대행의 출범과 함께 수권 5인위의 김홍일, 서범석, 정일형의 이탈로 창당은 좌초위기에 놓였다.

그러나 반진산계의 일부는 민주통일당 창당 준비위원회를 구성하고 준비위원장에 양일동 그리고 윤제술, 서민호, 정화암 등 4인에게 창당작업 권한을 위임했다.

민주통일당 준비위원회는 서민호, 김선태, 이상돈, 정상구, 신준희, 유청, 윤택중, 엄병학, 유갑종, 이희천, 김경인, 심상준, 김상복, 황남팔 등을 조직책으로 임명했다.

진산계의 도움으로 신민당 당수에 선출되었지만 반진산계 구심점으로 활약하여 민주통일당 창당 작업의 주체였으나 신민당 잔류를 선언했던 김홍일 의원이 "나는 이번에 정치적 격동기를 당하여 마음에 느낀 바 있어 신민당을 떠난다" 면서 신민당을 탈당하고 민주통일당에 합류했다.

김홍일 의원은 "한때 정치에 대해 회의와 환멸을 느끼고 풍진을 떨쳐버릴 생각도 했지만 현실을 외면하고 좌시만 할 수 없어 분연히 일어서기로 결심했다" 면서 종로 – 중구에 민주통일당 공천으로 출전했다.

민주통일당은 창당대회를 개최하여 양일동 의원을 대표로 선출하고 윤보선, 김홍일을 상임고문에, 윤제술, 정화암, 김선태를 최고위원에 선출했다.

민주통일당은 "조국의 민주통일과 자유민주주의를 수호하기 위해 민주통일당을 창당한다"고 창당선언문에서 밝혔다.

민주통일당은 "답답해서 못 살겠다. 똘똘 뭉쳐 민주통일" "나왔구나 진짜 야당, 밀어주자 통일당"을 구호로 선정했다.

진용을 구비한 민주통일당은 서울에 김홍일(종로 - 중구), 장준하(동대문), 양일동(성동), 이상돈(성북), 윤제술(서대문), 강근호(마포 - 용산), 김선태(영등포갑), 유청(영등포을), 부산에 정상구(부산진), 박재우(동래), 경기에 황인원(의정부 – 양주 - 파주), 이윤수(여주 – 광주 - 이천), 유택형(평택 – 용인 - 안성), 안동선(부천 – 시흥 - 옹진), 강원엔 양덕인(원주 – 원성 – 횡성 - 홍천), 충북에 김현수(청주 - 청원), 오성섭(진천 – 괴산 - 음성), 충남에 박병배(대전), 강필선(천안 – 아산 - 천원), 김달수(공주 - 논산), 김성식(청양 – 홍성 - 예산), 전북에 윤택중(군산 – 옥구 – 이리 - 익산), 안균섭

(임실 – 순창 - 남원), 유갑종(정읍 – 김제), 전남에 김녹영(광주), 김경인(목포 – 무안 - 신안), 김장곤(광산 – 나주), 심상준(담양 – 곡성 - 화순), 김상복(함평 – 영광 – 장성), 경북에 하가락(대구 동 - 남), 조필호(김천 – 금릉 – 상주), 이형우(달성 – 경산 – 고령), 경남에 김형돈(마산 – 진해 - 창원), 황남팔(진주 – 진양 – 삼천포 - 사천), 신중하(산청 – 함양 - 거창), 제주에 이일호 등을 출전시켜 제3당으로서의 기세를 올리고자 했다.

민주통일당은 공천을 받고 등록을 하지 아니한 김두열(속초 – 인제 – 고성 - 양양), 이은태(여수 – 여천 - 광양), 이선동(장흥 – 영암 – 강진 - 완도), 노영호(청송 – 영덕 - 울진), 강여원(영양 – 영주 - 봉화) 후보들을 제명했다.

신인발굴에서 큰 수확을 얻지 못한 민주통일당은 지역구가 넓어지고 선거 운동기간이 짧아 지명도가 낮은 신인들을 많이 당선시킬 수가 없어 군소정당으로 몰락했다.

2. 당선을 뒷전에 돌리고 복수공천을 남발

(1) 헌정사상 최초로 여야 동반당선제 채택

박정희 대통령이 주재한 국무회의는 유신헌법에 부응하여 소선거구제를 골자로 한 국회의원선거법을 폐기하고 종전의 선거구를 두 개 선거구 정도로 묶어 73개로 축소 조정하여 여·야 동반당선이 가능한 중선거구제를 채택했다.

박 대통령은 10월 유신이념을 정치면에서 구현하는 중요한 계기가 앞으로 있을 국회의원 선거이며 따라서 유신이념을 반영하는 이번 선거관계법을 철저히 준수해서 깨끗하고 돈 안 들이는 질서 있는 국회의원 선거를 치르도록 최선의 노력을 다해야 할 것이라고 유시했다.

국회의원 정수는 219명이며 73개 선거구에서 2명씩 선출한 146명과 대통령이 일괄 추천하여 통일주체 국민회의가 선출하는 73명으로 구성토록 했다.

선거구는 서울 8, 부산 4, 경기 8, 강원 5, 충북 4, 충남 7, 전북 6, 전남 10, 경북 11, 경남 9, 제주 1개구로 했다.

무소속 입후보를 허용하되 정당추천 후보자는 2백만원, 무소속 후보자는 3백만을 내는 기탁금제를 채택했고, 선거운동은 선거공보, 선거벽보, 합동연설회 등을 통해서만 하는 완전공영제로 하고 선거운동 기간은 18일로 한정했다.

정당법을 개정하여 국회의원의 당적이탈을 가능케 하고, 법정지구당 수는 25개 지구당, 지구당원수는 50인으로 줄여 창당요건을 크게 완화하되 후보자별 개표 참관인제는 존속하되 투표 참관인제는 폐지했다.

(2) 진산계가 54명으로 공천후보자의 62%를 차지

유진산 신민당 대표는 정일형, 이철승, 김영삼, 김의택, 정해영, 권중돈, 이민우, 신도환, 유치송, 김원만 등 공천심사 위원을 임명했다.

정일형 의원이 당수권한 대행을 맡게 되자 이철승 의원이 공심위원회 위원장을 맡게 됐다.

신민당은 240명이 공천을 신청하여 평균 3.4대 1의 경쟁률을 보였다. 공천심사위는 200만원의 기탁금을 예치한 자만 공천심사를 하기로 했다.

공천신청을 하고 기탁금을 내지 못해 탈락한 사람은 89명에 이르렀다. 이철승 공천심사위원장은 "돈이 없어 탈락한 동지들을 생각하면 가슴이 아프다" 면서 "정부가 돈 안 드는 선거를 하겠다지만 야당으로서는 기탁금 때문에 더 큰 고역(苦役)을 치르고 있다"고 고충을 털어 놓았다.

신민당은 사실상 경합이 없거나 문제점이 없는 31곳에 대한 공천자를 발표했다.

여기에는 군산 - 이리 김현기, 정읍 - 김제 은총숙, 여수 - 광양 박병효, 순천 - 구례 박용구 등이 포함됐다.

신민당은 56명을 추가 발표해 87명의 공천자를 확정했다.

유진산 전 대표는 금산 – 대덕 - 연기로 내려가게 됐고, 복수공천이 14개구가 되어 공천 후유파동으로 번지고 있다.

87명의 공천자 중 8대 의원은 51명, 원외지구당위원장은 17명이다. 계보별로는 진산계가 54명으로 62%를 차지하고 정일형계가 12명, 고흥문·김영삼계가 8명, 이철승계가 3명, 중도계가 5명으로 분류되고 있다.

정일형 대표권한대행은 공천심사결과에 불만을 갖고 권한대행사퇴를 검토했으나 민주정치의 기사회생을 위해 전선에 나서는 많은 동지들을 생각하여 이를 철회했다고 발표했다.

정일형 권한대행이 무원칙한 공천이라고 지정한 지역구는 금산 - 대덕 – 연기(유진산), 춘천 – 춘성 – 철원 – 양구 - 화천(김준섭), 여수 – 여천 - 광양(박병효), 대구 중 – 서 - 북(조일환·이대우), 포항 – 영일 – 영천 - 울릉(문달식·조규창)등으로 알려졌다.

(3) 14개구를 복수 공천했지만 마포 - 용산만 성공

신민당의 공천경합은 춘천 – 춘성 – 철원 – 화천 - 양구(김준섭 - 홍창섭), 보은 – 옥천 - 영동(최극 – 이용희 – 김선우 - 박기종), 대구 중 – 서 - 북(조일환 – 한병채 - 이대우), 고창 - 부안(김상흠 - 진의종), 담양 – 곡성 - 화순(조희철 - 고재청), 달성 – 경산 - 고령(이상조 – 이형우 - 곽태진)이 격심했다.

공천신청을 낸 8대 의원 중 유성범(성동), 김용성(서대문), 홍창섭(춘천 – 춘성- 철원 – 화천 - 양구), 이택희(충주 – 중원 – 제천 - 단양), 정규헌(진안 – 장수 - 무주), 진의종(고창 - 부안), 한병채(대구 중 – 서 – 북), 심봉섭(경주 – 월성 – 청도), 이형우(달성 – 경산 – 고령), 황은환(마산 – 진해 – 창원), 김이권(창녕 – 밀양) 등 11명은 탈락했다.

이들 가운데 김용성, 한병채, 홍창섭, 심봉섭, 황은환, 진의종, 이형우, 유성범 의원들은 신민당을 탈당했다.

8대 현역의원이지만 윤길중, 조윤형, 김상현, 조연하, 김정두, 나석호, 최병길, 김한수 등 지역구 의원과 김대중, 홍익표, 이종남, 박종률, 이세규, 김재화 등 전국구 의원 등은 공천을 신청하지 않았다.

한병채 의원은 진산계인 이대우 의원에게 마지막 단계에서 무너졌고, 조규창(포항 – 영일 – 영천 – 울릉) 후보는 이철승, 김동영(산청 – 함양 – 거창) 후보는 김영삼이 최후까지 고집한 대표적인 공천이다.

강릉 – 명주 – 삼척은 공천 신청조차 내지 않은 김명윤을, 속초 – 인제 – 고성 – 양양은 공화당 의원 출신인 김종호를 공천했고, 대전은 내정자인 신동준 후보가 사퇴하자 황급히 김태룡으로 대체했으며, 충주 – 제천 – 단양 – 중원은 영동 출신으로 보은 – 옥천 – 영동에서 탈락한 최극을 공천하는 해프닝을 연출했다.

자구당위원장으로 박종진, 최경식, 함종윤, 장원준 – 이상준, 이용희, 김정신, 김지복, 박자용, 조희철, 심봉섭, 조필호, 조남극, 박영식, 정영모, 신중하, 강보성 등도 탈락했다.

의정부 – 양주 – 파주의 김형광, 강릉 – 명주 – 삼척의 김명윤, 고창 – 부안의 김상흠, 대구 중 – 서 – 북의 이대우, 경주– 월성 – 청도의 황윤국은 진산계의 전폭적인 지지가 있었던 것으로 알려졌다.

춘천 – 화천의 김준섭, 담양 – 곡성 – 화순의 고재청, 장흥 –강진 – 영암 – 완도의 황호동, 포항 – 영일 – 영천 – 울릉의 조규창은 이철승 위원장의 입김이 작용한 것으로 알려졌다.

산청 – 함양 – 거창의 김동영, 남해 – 하동의 문부식은 김영삼계로, 진안 – 무주 – 장수의 최성석, 진주 – 삼천포 – 진양 – 사천의 정헌주는 정일형계로 알려졌다.

신민당은 당초 서울, 부산 등 대도시에 한 두 지구를 제외하곤 단수공천을 한다는 원칙을 세웠으나 당초 다짐과는 달리 대도시가 아닌 중소도시나 농촌 선거구에 복수 공천을 했다.

서울의 8개구 가운데 서대문구를 제외한 7개구가 복수공천이 됐고 부산도 중 – 영도, 동 – 서구 등 2개구, 대구도 중 – 서– 북 등 10개가 대도시권이다.

그러나 광주 – 이천 – 여주 등 4개구는 무원칙하고 무책임한 공천이라는 얘기가 나오고 있다.

복수 공천지역은 종로 – 중구(정일형 – 권중돈), 동대문(유옥우 – 송원영), 성동(정운갑 – 홍영기), 성북(고흥문 – 서범석), 마포 – 용산(김원만 – 노승환), 영등포갑(김수한 – 노병구), 영등포을(김의택 – 박한상), 부산 중 – 영도(김응주 – 김상진), 서 – 동(김영삼 – 김승목), 여주 – 광주 – 이천(오세응 – 유기준), 대구 중 – 서 – 북

(조일환 – 이대우), 포항 – 영일 – 영천 – 울릉(문달식 – 조규창), 안동시 – 의성 – 안동군(박해충 – 우홍구), 달성 – 경산 – 고령(이상조 – 곽태진) 등 14곳이다.

신민당의 복수공천은 다수의석 확보를 위한 고육책이었다기 보다 승산을 염두에 두지 않은 파벌이해가 더 많이 작용했다는 게 중평이다.

신민당은 14개구를 복수 공천했으나, 서울 마포 – 용산에서만 함께 당선됐을 뿐 10개 지역구에선 1명씩만 당선됐다

그러나 대구 중 – 서 – 북, 포항 – 영일 – 울릉, 달성 – 고령– 경산 등 3개구는 두 후보가 모두 낙선하여 이곳을 단수공천했을 경우 당선이 가능했으리라는 자가비판이 나오고 있다.

이 지역구의 신민당 두 후보의 득표수를 합치면 당선권을 넘고 있기 때문이다.

무소속 당선자 19명 중 신민당 공천에서 낙천했거나 신민당을 탈당한 김재광, 홍창섭, 이용희, 한영수, 손주항, 진의종, 한병채 후보 등으로 이들이 모두 신민당에 합류할 지는 미지수이다.

이번 신민당 공천에서 국민의 눈높이에 맞지 아니한 공천은 속초 – 양양 – 고성 – 인제의 김종호, 충주 – 중원 – 제천 – 단양의 최극, 보은 – 옥천 – 영동의 김선우, 고창 – 부안의 김상흠, 대구 중 – 서 – 북의 이대우, 포항 – 영일 – 영천 – 울릉의 조규창, 경주 – 월성 – 청도의 황윤국, 달성 – 경산 – 고령의 곽태진, 제주의 김택환 등을 들 수 있다.

제2장 대폭적인 물갈이를 강행한 공화당

1. 박정희 대통령 친위부대 전면에 부상

2. 현역 8대의원 61명이나 공천 탈락

1. 박정희 대통령 친위부대 전면에 부상

(1) 오치성 내무부 장관 해임의결로 당권파 몰락

박정희 대통령은 제7대 대통령 취임에 앞서 백두진 국무총리를 경질하고 국무총리에 김종필, 외무에 김용식, 내무에 오치성, 법무에 신직수, 문교에 민관식, 건설에 태완선 등을 기용한 대폭 개각을 단행했다.

공화당은 백남억 당의장, 길재호 정책위의장, 길전식 사무총장 체제로 정비하고 국회의장엔 백두진, 국회 부의장엔 장경순을 내정했다.

박정희 대통령은 김학열 경제기획원 장관, 오치성 내무부 장관, 신직수 법무부 장관에 대한 해임건의안 발의에 관한 보고를 받고 "공화당이 단결하여 이를 부결시키도록 하라" 고 지시했다.

그럼에도 불구하고 김학열, 신직수 장관의 해임건의안은 부결됐으나 오치성 내무부 장관의 건의안은 가(可) 107표, 부(否) 90표로 재적과반수보다 4표를 더 얻어 가결됐다. 이 표결에서 공화당 의원들은 최소한 18명이 이탈한 것으로 알려졌다.

백남억 당의장, 길전식 사무총장, 현오봉, 구태회 당무위원, 신형식 대변인 등은 모임을 갖고 원내대책에 관여한 당직자들 모두 사표를 제출키로 합의했다.

그동안 사사건건 반목을 일삼아오던 공화당의 4인체제(백남억, 길재호, 김성곤, 김진만)와 반4인체제(김종필, 백두진, 오치성, 김재순)는 오치성 내무부장관 해임건의안 표결을 계기로 폭발했다.

백남억 당의장, 길재호 정책위의장, 김성곤 중앙위의장, 김진만 재정위원장 등 4인체제는 반4인체제보다 훨씬 공고한 단결력을 갖고 있는 것으로 평가받고 있다. 반 4인체제는 김종필 국무총리, 백두진 국회의장, 김재순 원내총무, 이병희 무임소장관 등으로 알려졌다.

박 대통령은 반란표를 던진 의원들을 색출하여 제명 등 징계조치하고 백남억 당의장, 길재호 정책위의장, 길전식 사무총장, 김재순 원내총무 등에 대한 인사조치를 지시했다.

표결에서 가(可)표를 던진 공화당 의원은 예상을 넘어 길재호, 김성곤 의원 등 32명으로 밝혀졌다.

박 대통령은 길재호 정책위의장, 김성곤 중앙위의장의 탈당계를 접수하여 의원직을 상실시키고, 오치성, 김창근, 강성권, 문창탁 의원 등 4명에 대하여는 6개월 간 당원권 정지처분을 내렸다.

"이것은 당내 파장을 벌일 경우 가차없이 처단하겠다"는 박 대통령의 강력한 메시지였다

(2) 박 대통령에 대한 충성심이 이번 총선의 공천기준

공화당은 이번 총선을 계기로 지금까지 남아있는 이른바 4인체제와 반4인체제 인맥의 대립과 같은 당내 불화의 소지를 발본색원하여 당 총재의 영도권 확립을 가져오게 했다. 즉 후계체제의 싹을 아예 없애 버렸다.

공화당은 공천기준을 국가에 대한 유공자, 당성이 강한 자, 당 발전에 현저한 공헌이 있는 자, 청렴 결백하고 덕망이 있는 자, 당선 가능한자 등으로 정했다. 또한 '유신이념의 구현과 정치풍토 개선을 위한 이미지 쇄신'이란 기준도 크게 작용했다.

공화당 신형식 대변인은 "이번 공천에서는 당 발전에 대한 기여도와 박정희 총재에 대한 충성심을 무엇보다 크게 참작했다"고 밝히면서 공천기준으로 국가유공, 당성, 당의 발전유공, 청렴 결백하고 덕망 있는 인사로서 당선 가능성을 고려했다고 발표했다.

이효상 전 국회의장, 백남억 전 공화당 의장, 길전식 사무총장 등은 공천을 받았으나 김진만 재정위원장, 구태회 정책위의장, 민병권 중앙위의장, 현오봉 전 원내총무, 김재순 전 원내총무 등은 공천을 받지 못했다.

이 밖에도 백두진 전 국회의장, 오치성 전 내무부장관, 김창근 전 재정위원장 등도 공천에서 탈락했다.

이 같은 공천 결과는 유신체제에 알맞은 새로운 인물포진을 구상해 온 박 대통령의 의도가 크게 반영된 것으로 보인다.

박정희 대통령은 "이번 제9대 국회의원 선거는 공명선거가 꼭 이루어 져야 한다"고 강조하고 "이번에 공명선거가 이룩되지 못하면 10월 유신은 실패할 것"이라고 말했다.

이에 부응하여 길전식 공화당 사무총장은 신청서류에 하자가 있거나 사전선거운동을 할 경우에는 공천에서 제외하겠다고 경고했다.

검찰은 경기도 양평 출신인 6,7대 의원인 이백일, 경북 영덕출신인 7대 의원 김중한을 사전 선거운동 혐의로 구속했다.

정일권 공화당 의장은 "이번 9대 국회의원 선거에 공화당으로서는 수도권에 역점을 두고 공천신청 여부에 관계없이 서울 시민이 지지해 줄 수 있는 덕망 있고 정치 유신에 앞장설 수 있는 거물급 인사들을 공천후보로 내세우겠다"고 발표했다.

그리하여 공화당은 성동에 백두진 전 국회의장, 마포 – 용산에 이동원 전 외무부장관, 성북에 정래혁 전 국방부장관, 영등포 갑구에 정희섭 전 보사부장관, 영등포 을구에 박충훈 행정개혁위원장, 서대문에 이범석 남북적십자회담 수석대표 등을 검토했다.

정일권 당의장은 "한병기씨가 불출마의사를 굳힌 후 박정희 총재로부터 출마하라는 요청을 받고 지역구에 나서기로 결정했다"면서 "6·25때 육해공군 총사령관으로서 동해안 지역의 북진작전을 지휘한 일이 있어 속초와는 인연이 깊다"고 출마한 속초 – 고성 – 양양 – 인제의 지역 연고성을 강조했다.

2. 현역 8대의원 61명이나 공천 탈락

(1) 114명의 8대 현역의원 중 53명만 공천

공화당은 73개 지역구에 517명이 공천을 신청하여 7.1대 1의 경쟁률을 보였다.

공천신청자 가운데는 이갑성(독립운동가), 조경규(국회부의장), 안호상(문교부장관), 정래혁(국방부장관), 김영관(영남화학사장), 박경원(강원도지사), 김효영(석탄공사 총재) 등이 공화당 입당과 동시에 공천을 신청했다.

이번 공천 결과로 8대 의원 114명 중 53명이 공천되고 61명이 탈락했으며 공천을 신청한 91명의 현역의원 중 38명이 탈락했다.

이번 공천자는 지구당 위원장 65명이 공천을 받았고 15명은 영입 인사 등으로 채워졌다.

80명의 공천자는 30대가 4명, 40대가 38명, 50대가 31명, 60대가 7명으로 40~50대가 주류를 이뤘고 학력은 고졸이 6명, 대졸이 50명, 대학원졸이 24명으로 나타났다.

이들의 직업은 전직의원이 52명, 전직 장관이 5명, 현직 장관이 2명, 신문사 사장 3명, 법조인 4명이며 대학총장, 외교관, 교수, 국영기업체 사장 등이 포함됐다.

현직의원 재공천율이 지난 7대의원 선거 때는 74%, 8대의원 선거 때는 62%였던 것에 비해 이번에는 46%로 현저하게 낮아진 것은 153개 지역구가 73개로 줄어든 데 그 원인을 찾을 수 있다.

공화당은 당을 탈당하여 무소속으로 출마할 수 있는 시한(2월 11일)을 넘겨 공천자 명단을 발표했기 때문에 낙천자들의 무소속 출마를 원천적으로 봉쇄하는 꼼수 공천을 단행했다.

8대 의원 가운데 구태회, 김진만, 현오봉, 민병권, 김재순, 오치성, 김창근, 고재필, 김봉환, 최영희, 이정석, 이교선, 김숙현, 이윤학, 최돈웅, 이상익, 최종성, 박승규, 김세배, 박성호, 길병전, 김중태, 정판국, 박준호, 오중렬, 손재형, 박종진, 강재구, 김병윤, 정진화, 김인, 고우진, 이학만 등 지역구 의원과 권일, 문창탁, 신광순, 이도선, 전정구, 장덕진 등 전국구 의원이 공천에서 탈락했다.

김종필, 백두진, 김형욱, 이동원, 장덕진, 한병기, 권오병, 이종우, 유봉영, 홍승만, 모윤숙, 최용수, 이해랑, 강성원, 김성두, 박태원, 김현숙, 편정희, 김옥자 의원들은 공천을 신청하지 않았다.

김택수, 예춘호, 최두고, 오원선, 정태성, 양순직, 원용석, 김우경, 이만섭, 이원우, 이상무, 윤천주, 노재필, 신윤창, 이상희, 변종봉 등 전직 의원들도 이번 공천에서 배제됐다.

(2) 건전야당 육성을 위해 7개구만 복수공천

공화당이 80명만을 공천한 것은 새 헌법과 개정 국회법에 따라 국회의원의 기능과 활동범위가 크게 변화하여 종전과 같은 권한행사를 할 수 없게 돼 있고, 개헌선을 노리는 의석확보 같은 것도 새 헌법에 따라 무의미하기 때문이었다.

공화당은 야당 후보가 약해 2인 모두 당선 가능성이 있다고 보거나 낙천시키기 곤란한 유력자끼리 경쟁하는 곳을 복수지구로 선정한 것으로 알려졌다.

공화당은 "선거전의 과열을 막기 위해 복수지구를 최소한으로 줄였다", "서로 영역을 침범하지 말고 모두 당선되도록 노력하라"고 특별 당부했다.

공화당은 고양 – 김포 – 강화(김재춘 – 김유탁), 영월 – 정선 – 평창(장승태 – 이우현), 충주 – 중원 – 제천 – 단양(이해원 – 이종근), 장흥 – 강진 – 영암 – 완도(길전식 – 정간용), 청송 – 영덕 – 울진(문태준 – 오준석), 충무 – 통영 – 거제 – 고성(김주인 – 최재구), 남해 – 하동(신동관 – 엄기표) 등 7개 지역구에 복수 공천하여 80명을 공천했다.

신민당이 14구에 복수공천을 한 데 비해 그 반수인 7개구만을 복수공천한 데 대해 "야당으로 하여금 원내에 많은 의석을 주어 국민의 소리를 광범하고 다각적으로 들을 수 있는 길을 트기 위한 박 대통령의 배려 때문"이라고 생색을 냈으나 국회 3분의 2 이상의 장악이 명약관화한 사실을 고려하면 악어의 눈물에 불과했다.

공천을 신청하지 않는 민병기, 장성환, 신기석, 정일권, 임인채, 이도환 등을 공천한 공화당은 마포 – 용산(장성환), 서산 – 당진(박완교), 진안 – 장수 – 무주(전휴상), 임실 – 남원 – 순창(이정우)에서는 낙선했지만 복수 공천한 고양 – 김포 – 강화(김재춘 – 김유탁), 충주 – 중원 – 제천 – 단양(이해원 – 이종근), 청송 – 영덕 – 울진(문태준 – 오준석), 충무 – 통영 – 거제 – 고성(김주인 – 최재구)에서 복수 공천한 후보들이동반 당선되어 73석을 차지할 수 있었다.

제3장 쟁점없이 조용하게 치뤄진 제9대 선거

1. 유신체제에 대한 공방이 금지된 벙어리 선거
2. 무관심 속에서 관심을 불러온 보온병 선거
3. 공화당은 대승, 신민당은 선전, 통일당은 참패
4. 동반당선의 행운을 노린 제9대 국회의원들

1. 유신체제에 대한 공방이 금지된 벙어리 선거

(1) 73개 선거구에서 339명의 후보들이 열전

정부는 제4공화국 출범과 함께 정당활동의 기틀이 될 새로운 국회의원 선거법과 정당법 개정안을 의결하여 공포했다.

새 선거법안에는 현행 2개 선거구를 1개구로 묶는 것을 기준으로 전국을 73개 중선거구로 확정하고 의원정수는 한 선거구에서 2명씩 선출하는 146명의 지역구 의원과 대통령이 통일주체국민회의에 추천하여 선출하는 73명을 합쳐 219명으로 되어 있다.

후보자는 등록 시 정당 추천자는 2백만원, 무소속인 경우 3백만원씩 내는 기탁금제를 새로 채택했다. 이 기탁금은 공영 선거운동에 사용된 잔액을 후보자에게 반납하지만 유효투표 총수의 3분의 1 미만을 득표한 후보자의 기탁금은 국고에 귀속된다. 이리하여 지난 총선과 같은 후보자들의 난립을 방지하는 작용을 했다.

정당의 기호순위는 원내는 의석 순, 원외는 정당명의 가나다순, 무소속은 성명의 가나다순이다.

공화당 80명, 신민당 87명, 통일당 57명 등 정당공천자 224명과 무소속 115명 등 339명이 등록하여 2.3대 1의 경쟁률을 보였다.

이는 역대 총선 중 가장 낮았던 4대 국회의 3.2대 1 보다 낮은 역대 최저 수준이다.

지난 1971년 8대 의원 선거에서 271명의 후보자를 냈던 국민당을 비롯하여 대중당, 민중당, 통일사회당 등 군소정당은 단 1명의 후보자도 내지 않았다.

전국적으로 9명이 등록한 경북 경주 – 월성 – 청도가 최고 경쟁률을 보였고 경기 연천 – 포천 – 가평 – 양평(김용채 – 천명기), 경남 함안 – 의령 – 합천(이상철 – 이상신)지역구는 무투표 당선이 확정됐다.

(2) 합동연설회, 선거벽보와 선거공보만 허용된 깜깜이 선거

무소속의 출마허용을 비롯하여 중선거구제의 선거가 막을 올리게 됐다. 새 선거법은 선거운동의 철저한 공영제로 실시된 만큼 이번 선거에서 낡은 제도의 선거풍토 개혁이 요구된다.

선거운동기간 중 선거운동을 위해 어떠한 방법으로도 현수막, 입간판, 표찰, 광고탑, 광고판 기타 시설을 설치, 게시하거나 후보자가 부착물을 착용하거나 소속정당, 기호, 성명 등을 표시한 인쇄물을 배포할 수 없다.

합동연설회의 경우를 제외하고는 선거운동을 위해 개인연설회 등

을 할 수 없으며 확성장치를 사용할 수 없다.

신문이나 잡지 기타 간행물 또는 방송 시설을 이용하여 광고도 할 수 없다. 누구든지 선거에 관한 기사를 게재한 신문·잡지 등을 통상 이외의 방법으로 배부할 수 없다.

선거운동을 위한 호별 방문을 할 수 없으며, 전화상으로 "잘 부탁합니다" 등의 방법으로 선거운동을 할 경우도 호별 방문으로 간주하게 되어 있다.

누구든지 선거운동의 목적으로 서명이나 날인을 받을 수 없고 당선·낙선을 예상하는 인기투표나 모의투표를 할 수도 없다.

누구든지 선거운동을 위해 어떠한 장소에서나 명목여하를 막론하고 음식물을 제공하거나 선거운동을 목적으로 자동차나 다른 교통시설의 편익을 공여할 수 없다.

중앙선관위는 "선거운동기간 중 선거대책을 위한 집회나 당원단합을 위한 단합대회는 정당활동으로 보아 무방하다"고 해석했다.

선거운동은 합동연설, 선거벽보, 선거공보 등 세 가지로만 국한하고 정당의 단합대회 등 정당활동을 허용한 때문인지 당원 단합대회를 통한 선거운동은 사실상 공화당이 유리한 입장에서 신식 선거운동이라는 얘기들이 난무했다.

"이번 선거운동은 당원에서 시작하여 당원으로 끝날 것"을 강조하는 당 주도 선거전이었다.

공화당은 지역구마다 2만명이 넘는 당원의 인력을 최대한 활용하여 읍·면은 물론 투표구에서 자연부락까지 선거법상 허용된 '당원회의'를 계속 열어 선거전의 주무기로 쓰고 있다.

당원 1일 교육까지 함으로써 조직과 선전을 병행해서 득표 저인망을 설치해 놓은 셈이다.

겉으로는 당원의 경상운동비 형식으로, 실제로는 일반 유권자에게 은밀하게 흘러간 돈이 상당액 지급됐다.

현역의원들은 기왕의 조직을 기반으로 당원회의를 활용하고 있으나 무소속 후보들은 한결같이 "형식상 무소속 출마가 허용되고 있으나 실질적으로 제약이 너무 많다"고 울상들이었다.

이들은 "당선되면 즉시 공화당에 입당하겠다"고 선언한 사람이 부지기수였다.

이번 선거를 시간 없는 선거, 돈 없는 선거, 개인운동 없는 선거, 말없는 선거, 안면 없는 선거로 5무(五無) 선거라고 규정지었다.

합동연설회는 구·시는 2회, 군은 3회 개최할 수 있기 때문에 성동구와 같이 1개구가 1개 선거구인 경우엔 2회, 장흥 – 영암 – 강진 – 완도와 같이 4개군이 1개 선거구로 된 곳은 12회 개최할 수 있다.

후보자에게 30분으로 발언시간을 제한했고 법령에 위배된 발언을 할 때는 관할 선관위가 이를 제지하거나 중지시킬 수 있도록 했다.

합동연설회와 선거벽보, 선거공보 이외의 별다른 선거운동방법이 없는 완전공영제에서는 각 정당은 조직기반이 강한 당선가능성이 많은 인사들을 공천했다.

이제 옛날의 5천만원을 쓰면 당선되고 3천만원을 쓰면 낙선된다는 '5당 3락'이란 말도 이번 선거에서는 사라지게 됐다.

(3) 공화당, 신민당, 통일당의 선거 전략

공화당 후보자들은 한결같이 10월 유신의 불가피성을 역설하고 10월 유신의 성공적 수행과 국력 신장 및 이를 바탕으로 한 통일과업 달성을 위해서는 원내 안정세력 구축이 필요하다고 주장했다.

당 중진의 지방순회를 하지 않기로 결정한 공화당의 김영도 대변인은 "합동연설회로 야당 붐이 일어나고 있다고 생각하지 않는다" 면서 "공화당은 당초 방침대로 선거일까지 조용한 분위기 속에서 선거운동이 진행되도록 하겠다"고 말했다.

공화당은 낙천된 인사라도 이번 선거 중에 지구당에서 협조를 잘 해서 많은 표를 얻도록 할 경우에는 대통령에게 통일주체국민회의 선출 후보로 추천해 주도록 건의하겠다고 낙천인사들을 회유했다.

이에 반에 신민당 후보자들은 신민당이 전통야당임을 역설하고 원내 견제세력 확보를 위해 신민당을 지지해 줄 것을 호소하면서 선거 공약으로 자유민주주의 수호, 민권보장, 세제 개혁을 통한 국민 부담 경감 등을 내세웠다.

신민당은 정당추천 투표 참관인이 폐지됨에 따라 표를 지키기 위해 당원들이 한꺼번에 투표하지 않고 시간제 투표를 함으로써 감시역을 겸하도록 하고 투표소 주위를 감시하여 릴레이투표나 이중투표를 사전에 막도록 할 방침을 세웠다.

정일형 대표권한 대행은 이번 선거는 자유민주주의를 수호할 것인가, 한국적 민주주의에 승복할 것인가를 판가름하는 중대한 의미를 가질 것이므로 유권자들이 기권을 하지 말도록 호소했다.

통일당은 선명야당임을 주장하고 선거공약으로 민권 투쟁, 자유민주, 평화통일 구현, 독주독선 견제, 언론자유 보장 등을 내세웠다.

통일당은 양일동 대표, 김홍일 고문, 박병배 정책위원장 등이 전국 각 지방의 대도시와 당선 가능성이 높은 30개 지역구를 골라 선거일까지 순회 지원하여 붐 조성에 주력했다.

통일당은 변질된 야당이 아닌 참된 야당, 선명야당이란 점을 최대한으로 유권자들에게 부각시키고 장기집권으로 인한 부정, 부패의 근절 등을 중점적으로 내세워 국민들에게 호소하겠다는 전략이며 30석을 목표로 잡고 집중지원 전략을 세웠다.

(4) 10월 유신과 국민투표에 대한 시비는 엄중경고

박정희 대통령은 공명선거에 역행하는 위법 사실이 있을 때에는 유신이념의 결실을 염원하는 모든 국민의 여망에 따라서 "여야와

위법의 경중을 가리지 않고 엄중 의법 처단할 것"을 경고했다.

이어 박 대통령은 "유신적 선거풍토를 조성하여 깨끗하고 돈 안 쓰는 공정한 선거를 실시함으로써 헌정사에 빛나는 금자탑(金字塔)을 세우도록 다같이 노력할 것을 진심으로 촉구한다"고 말했다.

선관위의 "10월 유신에 대한 언급을 삼가 달라"는 주의를 받고도 이민우 후보는 "10월 유신의 목적이 아무리 훌륭하다 하더라도 현 집권층이 사리사욕을 버리지 않는 한 성공하지 못할 것"이라고 주장했다.

길전식 공화당 사무총장은 "10월 유신을 기정사실로 받아들이고 새 헌법 테두리 안에서 선거에 응한 야당이 새삼 10월 유신을 시비의 대상으로 삼는 것은 난센스"라고 반박했다.

신민당 이택돈 후보는 "국민이 안심하고 이야기할 수 있어야 유신이 되는데 요즘 얘기하려면 앞뒤와 좌우를 보게 됐다"고 비난했다.

통일당 김홍일 후보는 "나는 10월 유신 이후 연금 상태였으나 일부 야당 지도자는 골프를 치고 외유를 했다"고 선명성을 강조하며 10월 유신과 신민당을 동시에 비난했다.

10월 유신과 유신헌법에 대한 시비는 야당 후보들이 변죽만 울렸을 뿐 부각시키지 못했으며 이번 총선에서 클로즈업되지도 못했다.

신민당 정일형 대표권한 대행은 새 선거법의 비민주적 요인의 개정을 내세우면서, 새 선거법이 민주정치를 크게 후퇴시켰고 운동 제한이 어떻게 까다로운지 '벙어리 선거' '장님 선거'를 치르는 격이라고 비유했다.

2. 무관심 속에서 관심을 불러 일으킨 보온병 선거

(1) 공무원의 선거중립과 지역이기주의의 발동

까다로운 선거공영제 때문에 당원 단합대회가 무성하고 야당 수뇌부의 회견이 빈번한 이번 총선은 공무원 중립이 모처럼 현실화됐다는 점이 우리나라 선거 역사에서 크나큰 족적(足跡)을 남겼다.

까다로운 선거법 때문에 정당도, 유권자도 얼어붙어 과거와 같은 선심공세나 정당 간의 입씨름을 찾아볼 수도 없었다.

후보자들은 유권자를 만나는 경우는 선심공세는 언감생심이고 "잘 부탁한다"는 말 대신 악수를 하면서 유권자의 손바닥을 간지럽혀 "잘 부탁한다"는 뜻을 음성적으로 표시하기도 했다.

유권자들은 "과거 선거의 과열상태와 대조적으로 이번에는 과냉(過冷)상태 아닌가 싶다"는 얘기들이 회자했다.

"이제 여당도 없고 야당도 없다"는 얘기가 지식층을 중심으로 한 유권자들의 보편적인 인식이 되었고, 시장·군수는 물론 읍·면장들이 여·야의 당락에 둔감하여 선거운동에서 멀어져 있는 것이 이번 선거의 특징이다.

도시에서는 대부분 갑구와 을구가 통합되고 농촌에서는 여러 개의 시·군이 병합되어 1개 선거구를 형성하게 되어 소지역주의에 의한 지역감정이 선거판세를 좌우했다.

각 지방 사랑방 화제의 대부분은 "아무개는 저쪽 지역 출신인데 우리 지역에서 밀어줄 수 있나. 인물은 좀 못해도 우리 지역 사람을 찍어 주어야지"식의 지역의식이 크게 작동했다. 그리하여 군 의원을 뽑는지 국회의원을 뽑는 지 모를 정도로 군별 대립의식이 심각했다.

"우리 지역 사람을 뽑자"는 여론은 "저쪽에서 똘똘 뭉쳐 돌아가니 우리도 우리고장 사람을 밀어주어야 할 것 아니냐"로 더욱 에스컬레이터 됐다. 그리하여 지역대결은 당성보다 진한 모양을 보였다.

(2) 공화당의 독주와 신민당과 통일당의 선명 논쟁

공화당은 5백만원을 중앙당에서 지구당 별로 지원하고 "호랑이도 제 고을을 섬긴다"는 속담을 들추면서 노골적으로 지역감정을 부채질했다.

공화당은 국민소득 1천 달러와 수출 1백억 달러의 달성이라는 80년대의 청사진을 제시하면서 정치풍토의 개선과 새 국회의 능률적인 운영을 역설했다.

공화당의 각종 단합대회에서는 필승을 다짐하는 외에 선거비용의

제한, 음식물 제공금지, 유권자 매수금지, 야유회 금지 등의 새로운 선거운동을 계몽했다.

"이번 선거운동은 엄격한 공영제이기 때문에 조직력을 자랑하는 여당이 당원단합대회를 통해 일방게임적인 득표운동을 하고 있다"고 어느 유권자의 독백은 단순한 독백이 아니었다.

공화당은 "가장 좋은 선거운동은 상대후보의 선거 부정사례를 적발하는 것" 이라면서 "선거운동원이 사실상 사찰요원이 되고 있다"면서 상대방 후보를 미행해서 부정 사례를 적발하는데 중점을 두었다.

공화당은 선거분위기를 과열시키지 않고 차분한 분위기를 계속 견지할 방침이지만 신민당과 통일당은 당 조직을 최대한 활용하고 당 수뇌부 들의 지방순회 등으로 붐 조성을 꾀하고 있다.

전통야당을 자처하는 신민당과 선명야당을 홍보하고 있는 통일당의 양분으로 야권 전열(戰列)의 부진을 면치 못했다.

신민당 유진산 전 대표가 선명야당에 관한 TV공개토론을 통일당에 제의한 데 대해 양일동 대표는 "국민으로부터 지탄받은 당사자와는 공개토론 할 가치조차 없다"고 일축하고 "자신이 지구당위원장으로 있던 영등포 갑구를 버리고 금산 – 대덕 – 연기구로 왜 내려갔는가" 라고 반문하면서 "그의 입으로 선명 운운함은 가소로운 일"이라고 공격했다.

이에 유진산 후보는 "고향 찾아온 것이 무엇이 잘못이며 오랜만에 고향 사람에게 심판 받는 것도 잘못이냐"고 지역구 옮긴 것을 변명했다.

(3) 무관심 속에서도 유권자의 관심을 불러온 합동연설회

현수막도 후보자들의 스피커의 외침도 없는 가운데에서도 보이지 않는 득표전만은 활발했다.

유권자들의 정치에의 무관심, 선거의 빈번함, 새 인물에의 생소감 때문에 선거에 대한 이야기가 관심 밖으로 밀려난 상황에서 법정 선거운동의 하나인 합동연설회는 의외로 많은 청중이 모여 유권자들의 관심도를 높였다.

청중들은 진지한 태도로 합동연설회의 연설을 경청했지만, 엄격한 선거제도의 영향을 받아 이렇다 할 반응을 보이지는 않았다.

조용한 쟁점 없는 선거라지만 막바지에 후보자들이 유세장에서 토해 놓은 말의 성찬 속에서 어렴풋하게나마 선거의 이슈가 부각됐다.

합동연설회에서 유신과업의 성공적인 완수를 다짐하는 공화당은 원내인정세력의 확보를, 신민당은 여당의 독주를 견제할 수 있는 견제세력의 구축을, 통일당은 선명야당의 이미지를 부각시키는데 주력했다.

합동연설회에서는 체제에 대한 간접적인 비판은 물론 신민당과 통일당의 상대방 공격 등 연설내용이 다채로웠다.

신민당 박한상 후보는 "옳고 그른 것을 마음대로 얘기할 수 있는 사회가 진정한 자유사회다. 나는 국회에서 '아니오'하는 자유가 보장되는 사회를 만들기 위해 노력하겠다"고 유신체제를 에둘러 비

판했다.

통일당 정상구 후보는 "10월 유신을 적극 지지하나 진정한 유신이란 구악과 부정부패를 모두 뿌리뽑는 것이다"라고 유신체제를 공감했다.

신민당 김은하 후보는 "10월 유신을 지지하지만 여당과 행정부의 독주를 막기 위해 야당을 뽑아 달라"고 10월 유신을 당연시했다.

무소속 김자일 후보는 "정당은 정권획득을 위해 있으나 유신헌법에 따라 정권 획득을 못 하게 된 이 마당에 정당이 무슨 소용이 있느냐"고 무소속 출전을 정당화했다.

공화당 이병희 후보는 "한 선거구에서 2명의 국회의원을 뽑게 되었으니 공화당 하나, 야당 하나씩 뽑아주면 누이 좋고 매부 좋은 일이다"라고 동반 당선제도를 찬양했다.

공화당 김용호 후보는 "이제부터 여야는 없고 원내 제1,2,3당만 있을 뿐이므로 평화통일을 성취할 수 있는 공화당 후보를 지지해 달라"고 호소했다.

신민당 정일형 후보는 "국회의원은 국제시장에서 달러 시세가 떨어지듯이 값이 떨어졌다, 민주주의 나무는 피를 먹고 자란다"고 유신체제를 에둘러 비판했다.

무소속 박기출 후보는 "고속도로도 좋더라. 차관도 좋더라. 그러나 자유민주주의는 어디 갔는 가. 땅을 치고 울고 싶어 이 자리에 왔노라"고 체제 비판적인 발언을 쏟아 냈다.

공화당 장기영 후보는 "이번 선거는 시간, 돈, 운동, 말, 실패 없는 오무(五無) 선거다. 용기가 없어 야당을 하지 않는 것이 아니라 여러분의 숙원사업을 쉽게 해결하기 위해 공화당을 하는 것이다"며 여당후보의 장점을 들추었다.

신민당 이철승 후보는 "이번 선거는 시베리아 벌판에서 썰매를 타고 툰드라지방을 지나가는 것처럼 황량한 느낌이다"라고 동토 선거를 규탄했다.

통일당 유갑종 후보는 "대통령은 한국 전체의 대통령인데 공화당 후보를 뽑아야 지역 발전된다는 것은 박정희 대통령을 모독하는 것이다"라고 여당후보=지역발전을 부정했다.

공화당 박준규 후보는 "황소(공화당) 뒤에 똥이 약간 묻었지만 그렇다고 소를 팔아 폐농할 수 없지 않겠느냐"고 흠은 있지만 또다시 지지를 호소했다.

신민당 정해영 후보는 "신민당의 집안싸움은 시어머니와 며느리의 불화처럼 흔히 있는 일이다. 집안에 불화가 있다고 해서 영영 가출해 버리거나 집안을 헐뜯는다면 누가 집을 지키겠는가"라고 통일당 분당을 꼬집었다.

통일당 유청 후보는 "남편의 외도를 참는 것도 한계가 있다. 시간이 흐를수록 실망과 절망의 길을 가기 때문에 딴 살림을 차린 것이다"고 통일당의 창당을 정당화했다.

신민당 김의택 후보는 "나는 본적지도 현주소도 신민당이다. 보따리를 싸 들고 다니는 정치인을 볼 때마다 정치무상을 느낀다"고 통일당을 공격했다.

공화당 이효상 후보는 "지난 8대 국회의원 선거 때 콧대가 높아 낙선했다고 하는데 그 동안 콧대가 아주 납작해졌으니 계속 사랑해 달라"고 읍소했다.

신민당 신도환 후보는 "지난 자유당 때 반공청년단장으로 활동한 것을 진심으로 사과한다. 그러나 신민당에 입당한 지 3년 만에 사무총장이 된 것은 그 동안의 오해가 풀린 것 아니냐"고 청중들에게 공감을 구했다.

통일당 윤제술 후보는 "봄이 되면 농부가 괭이 매고 논에 가듯이 정치인은 때가 되면 출마를 하는 것이다. 늙었다고 하나 펄쩍 뛰는 생선은 잘 썩으나 바짝 마른 뼈다귀는 썩지 않는다"고 노익장을 과시했다.

통일당 장준하 후보는 "나를 괴롭게 하고 무거운 부담을 주려면 한 표를 던져주고 나를 자유롭고 편안하게 하려면 표를 찍지 말아 달라"고 호소하여 낙선했다.

공화당 국회의원이었으나 신민당 공천을 받은 김종호 후보는 "과부의 개가는 40세 이전이라는데 내 나이 56세이니 이 이상 또 개가할 수 있겠느냐"고 신민당을 위해 투쟁할 것을 다짐했다.

신민당 김윤덕 후보는 "옛날에는 암탉이 울면 집안이 망한다고 했지만 지금은 여자, 남자가 같이 울어야 모든 일이 잘된다"고 여성 후보 극복에 나섰다.

공화당 박명근 후보는 "내가 파주출신이라고 해서 표를 찍지는 말라"고 고차적인 호소로 파주의 단결을 호소했다.

(4) 투표결과와는 너무나도 빗나간 당선자 예측

공화당은 서울, 부산 등 대도시에서 열세를 보이고 있으나 지방에서는 복수공천을 낸 일부 지역에서 고전하고 있을 뿐 전체적으로 우세를 보이고 있어 70석 확보는 무난할 것으로 전망했다.

서울, 부산과 일부 지방을 포함해서 14개 선거구에 복수공천을 낸 신민당은 통일당으로부터 선명논쟁을 받고 있으나 60석 안팎의 의석을 확보하게 될 것 같고, 서울과 호남 표밭을 노리는 통일당도 10석 수준에 육박할 것으로 보인다.

동아일보에서는 공화당의 우세후보는 69명, 백중이 8명, 열세가 3명인 반면 신민당은 49명이 우세하고 24명이 백중이며 14명이 열세로 분석했다. 통일당은 7개구 정도에서 우세를 보이고 20개구 정도에서 백중, 30개구에서는 열세를 전망했고 무소속은 7명 정도가 우세하고 19명이 백중이며 89명이 열세인 것으로 진단했다.

그러나 선거결과와는 너무나 큰 격차를 보였다. 동아일보의 예측에서는 공화당 73명, 신민당 56명, 통일당 7명, 무소속 10명 정도의 당선을 전망했지만 공화당 73명, 신민당 52명, 통일당 2명, 무소속 19명이란 결과를 보여 공화당의 당선예측은 정확했고 통일당과 무소속 당선예측은 크게 빗나갔다.

신민당과 통일당의 당선 예상자 9명이 무소속 후보에게 무너진 셈이 됐다.

3. 공화당은 대승, 신민당은 선전, 통일당은 참패

(1) 공화당과 대통령 추천 의원들로 국회의 3분2를 장악

이번 선거의 투표율은 72.6%로 제8대 국회의원 선거 때의 72.8%와 거의 비슷한 것으로 나타났다.

그러나 짧은 선거운동 기간 중에 철저한 공영제로 외형적인 선거운동은 극히 제한된 합동연설회 뿐이어서 선거전의 열기가 없었던 점을 생각하면 상당히 높은 수준이라고 할 수 있다. 특히 서울에선 8대 선거 때 59.1%보다 3%가 높은 62%를 보인 것은 이색적이다.

투표결과는 공화당 73석, 신민당 52석, 통일당 2석, 무소속 19석으로 양당체제를 유지했다.

복수공천 7개 지역으로 80명을 공천했던 공화당은 4개 지역(마포 - 용산, 서산 - 당진, 진안 - 무주 - 장수, 남원 - 임실 - 순창)에서는 낙선했지만 복수 공천한 4개 지역(부천 - 김포 - 강화, 충주 - 중원 - 제천 - 단양, 청송 - 영덕 - 울진, 충무 - 통영 - 고성 - 거제)에서 모두 당선되어 73석을 차지할 수 있었다.

신민당은 14개 지역을 복수 공천하여 87명을 공천했으나 52명의 당선자를 배출하여 60% 당선율을 보여줬다.

14개 복수 공천지역에서 마포 – 용산에서는 모두 당선했으나 대구 중 – 서 – 북, 포항 – 영일 – 영천 – 울릉, 달성 – 고령 – 성주에서는 모두 낙선했다.

통일당은 57명을 공천했으나 양일동 대표, 김홍일 고문, 박병배 정책위의장 등 지도부가 모두 낙선하여 전남의 광주와 목포 – 무안 – 신안에서 당선됐을 뿐이다.

선거공영제와 정당활동 허용 등으로 여건 상의 불리함을 극복하고 115명이 등록한 무소속 후보들이 19명이 당선되어 10%이상의 당선율을 보였다.

공화당의 73석이라는 호조는 무엇보다 중선거구제를 채택하여 한 선거구에서 2명씩 선출케 된 데다 원칙으로 한 구에 한 명씩을 공천했고 여기에 야당 후보들이 난립한 데 연유한 것으로 보여진다.

통일주체국민회의에서 73명의 의원을 선출하게 되면 친여세력이 국회의원 3분의 2 이상을 차지하게 되어 신민당이 독자적으로 임시 국회를 소집할 의석수가 모자라 양당의 균형에 의한 의회운영이 어려울 것으로 예상됐다.

신민당은 52석을 확보하여 제1야당의 터전을 굳힌 데 반해 통일당은 단 2개 선거구에서 당선된 무참한 퇴조를 면치 못한 가운데 그 틈새를 무소속이 선전하여 승기를 삼은 것은 괄목할 만하다.

신민당은 8대 의원의 다수를 확보하여 전통야당의 상표(商標)를 내걺으로써 선거권자들의 제1야당 집중 성향에 크게 힘을 입은 것으로 풀이된다. 따라서 여당의 견제를 의식한 표의 주류는 인물보다 당을 선택해서 집중된 것이라고 볼 수 있다.

선거구가 넓어진 데다 선거운동 기간이 짧고 선거운동의 제약으로 야당의 선전(宣傳) 선거가 크게 차단되어 공화당이 조직(組織) 선거의 실효를 본 것으로 보는 사람도 많다.

공화당이 공천과정에서 여당의 안정뿐 아니라 야당의 안정을 위해 가능한 한 1구 1인의 공천원칙을 고수하여 남은 1석이 공지(空地)로 남겨진 점을 신민당에서 최대로 활용했다고 볼 수 있다.

통일당이 선명논쟁을 제기해서 신민당에 공세를 취하기도 했지만 창당이 일천한 데다 유권자들의 눈에는 통일당이 지난 날의 군소정당 정도로 투영됨으로써 야당의 선명도가 무엇을 뜻하는가에 대한 이해를 얻지 못한 것으로 풀이되고 있다.

뿐만 아니라 신민당의 공천에서 떨어진 인사들을 대거 받아들여 공천자를 양산해서 전열을 가다듬지 못한 데도 패인의 하나였다.

이에 따라 통일당은 대표는 물론 수뇌나 중진들이 과거 신민당 후보로 얻었던 표보다 훨씬 미달한 채 기대를 걸었던 서울에서도 참패를 맛보았다.

무소속이 당원단합대회 같은 조직적인 선거운동을 할 수 없는 가운데 큰 선거구를 개인실력으로 커버해서 당선된 것은 정당후보들이 무조건 당선된다는 생각에서 후보 공천을 신중히 하지 않는 일면도 있었다.

무소속으로 당선권에 든 후보들은 거의 여당이나 야당 당원으로 오랫동안 조직 생활에 숙련됨으로써 보이지 않은 정당의 배경을 업고 있거나 공무원 생활 또는 재력을 기반으로 집념의 적공(積功)을 해 온 것이 모처럼 주효한 것으로 볼 수 있다.

(2) 제 9대 총선에서 당선된 146명 후보들의 면모

이번 총선에서 당선된 8대 의원은 75명이며 전직의원이 30명이고 초선의원은 41명으로 대도시를 벗어나 전국의 선거구에서 당락에 가장 큰 영향을 미친 것은 시·군별 대항인 소지역주의로 시·군의 대표주자가 된 후보들은 대부분 당선의 열매를 맛볼 수 있었다.

신민당 정일형 의원은 종로 – 중구에서 당선되어 유일한 8선 의원으로 8대 국회에 이어 9대 국회에서도 최다선 의원의 영광을 차지했다.

그는 "오늘과 같은 정치상황과 선거풍토를 남기게 되어 최다선의 영광이 아니라 수치일 뿐"이라고 말했다.

유진산(금산 – 대덕 – 연기) 의원은 7선, 김영삼(부산 서 – 동), 정해영(부산진) 의원은 6선의 영광을 안게 됐다.

이철승(전주 – 완주), 김원만(마포 – 용산), 이충환(진천 – 괴산 – 음성), 정헌주(진주 – 진양 – 삼천포 – 사천), 박준규(달성 – 경산 – 고령) 의원들은 5선 의원이 됐다.

최고득표자는 서울 동대문 강상욱 후보로 140, 552표를 득표했으나 부정선거가 적발되어 공화당에서 제명됐다.

최소득표자는 강원도 속초 – 고성 – 양양 – 인제의 무소속 김인기 후보로 18,1431표를 득표하고도 당선됐다.

최고득표율은 64%의 득표율을 올린 공화당 정일권(속초 – 고성 –

양양 – 인제) 후보였고 최소득표율은 무소속 이영표(경산 – 청도) 후보로 13%(20,235표) 득표율로 당선됐다. 역대 최고득표율은 7대 총선 때 공화당 김종필(부여) 후보의 82%였다.

최고령 당선자는 정일형 의원으로 69세이고, 유진산 의원이 68세, 이효상 의원이 67세, 김원만 의원과 신기석 후보가 65세이며 오유방 후보가 33세로 최연소 당선자이다.

역대 최고령 당선자는 이승만 전 대통령으로 제헌국회 때 74세였고, 최연소 당선자는 3대 총선 때 자유당 김영삼 후보와 5대 총선 때 무소속 전휴상 후보로 26세였다.

최소표차는 무소속 임호 후보로 통일당 박병배 의원에게 48표차 승리했으며, 8대에는 242표차로 고배를 마시고 낙선한 설욕을 한 셈이다.

경남 진주 – 진양 – 삼천포 – 사천의 정헌주 – 정해규 후보들의 표차는 110표였고, 경북 경주 – 월성 – 청도의 이영표 – 최풍 후보들의 표차는 352표였다.

여성당선자는 김옥선(부여 – 서천 – 보령), 김윤덕(광산 – 나주) 후보 등 2명이고 전북 전주 – 완주의 이철승 – 유기정 후보들은 전주국민학교 동기동창으로 유기정 후보는 여러 번 낙선 끝에 이번 총선에서 당선됐다.

전북 진안 – 무주 – 장수 신민당 최성석 후보도 네 번 낙선 후 당선됐고 공화당 전휴상 후보는 네 번 당선 후 다섯 번째 낙선했다.

경남 남해 – 하동 신민당 문부식 후보도 다섯 번째 출마하여 값진 열매를 맺었다.

4성장군 출신은 정일권, 민기식, 임충식, 문형태, 강기천 후보 등 5명으로 이번 총선에서 모두 당선됐다.

통일당의 몰락한 유권자들이 선명논쟁에 아랑곳없이 양당체제를 위해 제1야당에 표를 집중시켜 준 투표성향의 소산이었다.

1967년의 7대 선거 때는 대중당 서민호 후보가 유일한 당선자였고, 1971년 8대 선거 때는 국민당 조재봉, 민중당 김재춘 후보만 당선됐을 뿐이다.

연령별로는 46세~50세 까지가 전체의 35.5%인 52명으로 정점을 이루고 51~55세가 28명, 41~46세가 27명, 36~40세가 16명, 61세 이상이 9명이지만 35세 이하도 3명이나 됐다.

전·현직 의원이 105명, 학력은 대졸이 71명으로 각각 가장 많았다.

(3) 불법선거로 강상욱, 강기천 당선자 제명

이번 선거는 선거운동기간 중에는 비교적 관권개입과 타락 없는 선거분위기가 계속됐으나 곳곳에서 무더기표가 쏟아져 개표가 중단되는 등 투,개표 과정에서 공명선거에 얼룩을 남겼다.

겉으로는 막걸리에 취해 비틀거리는 따위의 타락상은 나타나지 않았으나 숱한 제한조항에 묶여 '선거답지 않은 선거'를 치른 선거였다.

낙선한 김승목 의원은 "새 선거법은 정부·여당에 의해 일방적으로 악용될 소지가 있었고, 야당은 발이 묶인 반면 여당은 단원단합대회 등을 빙자하여 향응제공, 호별 방문, 간행물 배부, 통반장 동원 등 탈법, 불법행위를 마음대로 자행했다"고 비난했다.

목포시 죽교동 제2투표소의 김동현 투표소 관리위원장이 투표용지 200장을 훔쳐서 공화당 강기천 후보에게 기표해서 투표함에 넣었다.

신안군 압해면 면서기 김희원씨도 150표를 강기천 후보에게 투표하여 투표함에 넣었다.

서울 동대문구 김갑동 휘경동장이 투표통지표 150장을 끄집어 내어 공화당 강상욱 후보에게 기표하여 사전에 투표함에 투입했다.

검찰은 "대통령의 지시에 따라 투표·개표 과정의 부정은 지위고하를 막론하고 여야에 관계없이 엄중처벌 하겠다" 고 공언했다.

이봉성 검찰총장은 서울 동대문, 전남 목표와 신안의 투표 부정에 대한 검찰수사 결과를 발표했다.

공화당은 당선자 중 사전투표로 말썽이 일어난 서울 동대문구 강상욱 당선자와 전남 목포 – 무안 – 신안의 강기천 당선자를 제명했다.

길재호 사무총장은 "부정투표의 근절과 공명선거의 실현을 염원하는 국민에 대한 도의적 책임을 통감하여 부정투표사례 중에서도 가장 죄질이 무거운 사전투표 사례가 발생한 두 선거구의 후보자에 대한 후보자로서의 도의적 책임과 당원 감독 소홀에 대한 책임을 물어 이들을 제명한 것"이라고 밝혔다.

입건된 선거사범은 136건에 189명이며 이중 33명이 구속됐다. 입건내용은 사전 선거운동 81명, 매수 및 이해유도 44명, 후보자 비방 6명 등이었으나 의원직 상실은 없었다.

(4) 퇴색한 여촌야도와 갑작스럽게 부각된 소지역주의

공화당은 여촌야도의 전통을 깨고서 서울에서 7석을, 부산에서 4석을 거둠으로써 전국의 투표 성향을 평준화시켰다.

서울의 야세를 지나치게 과신한 신민당이 복수공천을 한데다 통일당과 무소속 인사들이 난립하여 3분의 2에 달하는 야당표를 서로 갈라 먹은 틈바구니에서 반사적 이익을 거둬들일 수 있었다.

야당이 노리는 붐 조성과 투표가 연결되지 못하도록 제어할 수 있었던 것도 고작 2주일 정도의 단거리 선거를 규정한 새 선거법 때문이었다.

공화당은 이번 총선에서 양적인 대승은 물론 질적인 균형을 보여 서울, 부산은 물론 시(市)를 낀 도시권 선거구에서 거의 빠짐없이 당선자를 내고 오히려 군(郡) 단위의 농촌 선거구에서 뜻밖의 복병에 낙선자를 속출했다.

서울 동대문구와 전남 신안 – 목포에서 공화당 후보에 사전 투표한 투표용지가 발견되고 종로 – 중구에서 무더기표가 쏟아져 나와 개표가 중단되기도 했다.

서울에서 공화당 후보들이 당선권에 들어선 것은 신민당의 복수공천과 통일당 후보 등 야당 거물급의 난립이 빚어낸 결과였다.

농촌지역인 전북 무주 – 진안 – 장수에서 공화당 4선의원인 전휴상 후보가 낙선하고 신민당 최성석, 무소속 김광수 후보가 당선됐다.

전북 남원 – 임실 – 순창에서도 공화당 이정우 후보를 누르고 신민당 양해준, 무소속 손주항 후보가 당선된 2개 선거구가 최대의 이변지역이다.

공화당은 80명을 공천하여 전휴상(무주 – 진안 – 장수), 이정우(남원 – 임실 – 순창), 장성환(마포 – 용산), 박완교(서산 – 당진) 후보와 복수공천자인 이우현(영월 – 평창 – 정선), 정간용(장흥 – 영암 – 강진 – 완도), 엄기표(남해 – 하동) 후보 등 7명을 제외한 91%인 73명을 당선시켰다.

여러 시 · 군을 통합하여 선거구를 획정하여 시 · 군 대항전은 필연적이며 대부분의 선거구에서는 다른 시 · 군에서 당선자를 배출했다.

공화당과 신민당 후보들의 시 · 군이 다른 경우 거의 동반당선 되는 행운을 누렸다.

다만 춘천의 손승덕 – 홍창섭, 영월의 장승태 – 엄영달, 옥천의 육인수 – 이용희, 공주의 이병주 – 박찬, 이리의 채영철 – 김현기, 김제의 장경순 – 김탁하, 여수의 김상영 – 박병효, 나주의 임인채 – 김윤덕, 함평의 윤인식 – 이진연, 사천의 최세경 – 정헌주, 울산의 김원규 – 최형우, 제주의 홍병철 – 양정규 등은 동일 시·군에서 당선된 사례들이다.

이번 총선에서 무소속 당선자의 대부분이 소지역주의에 의한 고향 유권자들의 몰표에 힘입은 바 크다.

양주의 이진용, 춘천의 홍창섭, 속초의 김인기, 옥천의 이용희, 서산의 한영수, 무주의 김광수, 임실의 손주항, 김제의 김탁하, 고창의 진의종, 승주의 강길만, 진도의 박귀수, 영천의 권오태, 경주의 이영표, 김천의 김윤하, 경산의 박주현, 북제주의 양정규 후보들은 고향 유권자들의 전폭적인 지지로 당선의 열매를 맺을 수 있었다.

(5) 격전을 치른 제9대 총선에서의 낙수 모음

공화당은 "이번 총선은 정치풍토 개선을 이룩하는 결정적 계기를 마련한 것"이며 "70%가 넘는 비교적 높은 투표율을 보인 것은 한국 민주주의의 전진을 뜻하며 정치유신 과업에 대한 국민의 적극적인 참여도를 입증하는 것"이라고 논평했다.

정일형 신민당 대표권한대행은 이번 총선결과는 부정선거라고 규정하고 "이제 자유민주주의 소생을 위한 험난한 투쟁의 첫 발을 디뎠을 뿐이고 이제부터 시작"이라고 투쟁의욕을 불태웠다.

통일당은 "이번 선거를 부정선거로 단정하고 이를 좌시하지 않을 것이며 원외에서 단계적인 행동을 통해 투쟁하겠다"고 선언했다.

공화당은 박정희 대통령을 정점으로 한 친정체제를 더욱 굳히는 방향으로 정비될 것이 확실시된다.

공화당이 승리한 원인은 한 선거구에서 2명의 인원을 선출하게 된 중선거구제와 철저한 공영제를 채택한 새 선거법 덕분이었다.

공화당의 공천은 곧 당선으로 직결됐으며 '조용하고 과열되지 않는 선거'를 이끌어 갈 수 있도록 선거법의 각종 제한규정이 대승의 밑바탕이 됐다.

또한 개성이 강하고 파벌색이 짙은 중진급을 대거 공천에서 탈락시켰음에도 이번 선거에서 그 후유증이 크게 투영되지 않은 것은 집권당의 강력한 통제력과 통일주체 국민회의 추천으로 인한 구제수단이 있다는 배경이었다.

신민당은 14개구의 복수공천으로 87명의 후보를 공천했으나 52명의 당선자만을 배출했다.

특히 복수 공천한 대구 중 – 서 – 북, 포항 – 영일 – 울릉 – 영천, 달성 – 경산 – 고령에서는 2명의 후보들이 모두 낙선했다.

복수공천지역 지역구의 신민당 두 후보 득표수를 합치면 당선권을 넘고 있다.

공화당은 7개 복수공천지역 중 김포 – 강화 – 고양, 충주 – 중원 – 제천 – 단양, 청송 – 영덕 – 울진, 충무 – 통영 – 거제 – 고성 등 4개 지역에서 2명이 모두 당선됐고 신민당은 복수공천 14개구 중 서울 마포 – 용산에서만 당선됐다.

19명의 무소속 당선자 중 신민당 출신은 김재광, 홍창섭, 이용희, 한영수, 손주항, 진의종, 한병채 등이며 정일형 권한대행은 무소속 당선자를 영입하겠다고 공언했다.

통일당은 양일동 대표, 김홍일 상임고문, 윤제술, 김선태, 유청, 박병배, 장준하, 윤택중, 이상돈 등 당 수뇌부가 대거 낙선하여 당의 진로가 중대한 시련에 부닥치게 됐다.

통일당은 창당한지 불과 1개월여만에 총선을 치르게 되어 당세확장이나 당의 이미지를 높이는데 많은 제약이 패배로 직결됐다.

신민당은 정성태, 서범석, 김의택, 김응주 등 당 중진과 편용호 대변인이 낙선했으며 후보자 87명 가운데 35명이 낙선했다.

현역의원은 전휴상, 이우현, 정간용, 엄기표, 이정우(이상 공화당), 정성태, 서범석, 김의택, 권중돈, 조일환, 유옥우, 김응주, 홍영기, 편용호, 김준섭, 김기섭, 김승목, 오형석, 이상조, 이대우, 임종기(이상 신민당), 양일동, 김홍일, 윤제술, 박병배, 유청, 강필선, 강근호, 이형우, 유갑종(이상 통일당), 심봉섭, 신진욱, 유성범(이상 무소속) 등 현역의원 33명이 낙선했다.

이택돈 의원은 "정당추천 참관인 등이 없다는 것은 고양이에게 생선을 맡기는 격이므로 참관인을 둬야 한다" 고 주장했다.

낙선한 무소속 박창암 후보는 "공영제가 형식에 그쳤을 뿐 아니라 국민을 눈감고 아웅하는 식으로 속인데 불과하다"고 전제하고, 합동연설회가 너무 적어 유권자에게 충분한 선택의 기회를 주지 못했다고 지적했다.

4. 동반당선의 행운을 누린 제9대 국회의원들

(1) 의회 역사상 유일하게 6년 임기를 향유

현재 20대 국회가 운영 중에 있으나 역사적으로 6년의 의원생활을 즐긴 행운아들은 9대 의원들뿐이었다.

1948년 제헌국회는 임기가 2년으로 규정되어 있었고, 1958년 4대 국회는 4·19혁명으로 자유당 정권이 붕괴되면서 2년밖에 의원생활을 향유하지 못했다.

1960년 5대 국회는 5·16 군사쿠데타로 9개월짜리 의원생활을 하게 됐고, 1971년 8대 국회도 박정희 대통령의 특별 선언과 유신체제 출범으로 2년을 채우지 못한 단명국회로 마감했다.

1978년 10대 국회는 박정희 대통령의 시해와 제5공화국 출범으로

2년도 채우지 못하고 의원생활을 마감했고, 1985년 제12대 국회도 제6공화국 출범에 부응하기 위해 임기 1년을 단축하고 일찍 문을 닫았다.

그러나 2대(1950), 3대(1954), 6대(1963), 7대(1967), 11대(1981), 13대(1988), 14대(1992), 15대(1996), 16대(2000), 17대(2004), 18대(2008), 19대(2012), 20대(2016) 등 열 세 번의 국회에서는 주어진 4년 임기를 마칠 수 있었다.

(2) 총선 이후의 이합집산과 정치풍향

이번 선거는 의석의 편향(偏向)을 초래했으나 투표의 편향(偏向)은 불식했다는 평가를 받았다.

이렇게 된 이유는 공화당이 통일주체국민회의에서 선출되는 73석의 제도권인 프리미엄을 배경으로 7개 지역구를 제외하고 1개구 1인 공천의 원칙을 지켰기 때문이다.

공화당의 이러한 노력은 서울을 포함한 도시는 물론 전국적으로 여야가 골고루 1명씩 당선되는 현상을 빚었다고 볼 수 있다.

원내 안정세력을 확보한 공화당으로서는 이번 선거는 단순한 국회의원 선거라기 보다는 유신에 대한 국민의 반응을 재진단하는 의미로서, 이번 총선에서의 승리는 정치안정을 통한 유신체제 구축의 자신감을 안겨줬다.

공화당은 그동안 숱한 파동을 겪으면서 4인체제(신주류)와 반4인체제(구주류)를 이번 총선에서 무너뜨리고 길전식, 장경순, 이병희, 김용태, 차지철, 오학진, 서상린 등 5·16 주체들과 이효상, 백남억, 박준규 등 영남 중추세력들이 유신 체제를 이끌어 가게 됐다.

국회 고유의 권한이요, 직능이었던 국정감사권이 행정부로 이양된 현재의 테두리 속에서 국회는 생산적이고 효율적이고 능동적인 방향으로 흘러 갈 수밖에 없다.

10·17 비상사태 선언에 의한 정치활동 금지에서부터 9대 국회 개원에 이르기까지 정부의 비상국무회의가 국회기능으로 입법활동한 부분은 한때나마 야당의 표적이 되어 양산한 법안에 대한 시비논쟁이 불가피하나, 정일권 공화당 의장은 "유신과업에 적극 협조할 것"이라는 대전제 하에 10·17선언을 소극적으로나마 인정하고 원내에 들어간 명분을 야당에게 덧씌워 난관을 돌파하는 묘수를 찾아냈다.

이번 선거결과는 통일당에 대한 신민당의 완승으로 통일당 창당과정에서부터 선거운동 기간까지 신민당과 정통 대 선명의 이미지 논쟁으로까지 번졌던 야당의 지위싸움은 신민당이 일단 법통을 잡게 되었다.

김홍일, 양일동, 윤제술 등 반(反) 유진산의 비주류 핵심세력의 퇴조는 야당체질의 큰 변화이며 우리 정계의 새 풍토조성에 큰 전환점이 될 것 같다.

신민당으로서는 유신헌법 아래 새로 구성되는 9대 국회에서 야당의 대여지위를 정립해야 하는 독자적인 권한과 책무를 한 몸에 지게됐다.

과거부터 야당이 견지해 왔던 정부와 공화당에 대한 견제, 비판기능과 야당에 대한 국민의 기대, 그리고 신민당의 현실적인 여건 속에서 어떤 조화점을 찾느냐 하는 난제는 신민당의 진로결정에 중차대한 요인으로 작용할 것이다.

이번 총선으로 유일야당이 된 신민당은 유진산의 대표복귀와 관련된 전당대회의 개최시기와 지구당 정비에 따른 복잡한 문제를 안고 있다.

정운갑, 박한상, 김상진, 김수한, 정해영, 이기택, 유치송, 박영록, 김명윤, 이진연, 신도환, 박해충, 채문식, 황낙주, 신상우, 이민우, 이충환, 황명수, 박찬, 한건수, 김창환 등 20여 명의 진산직계를 거느린 유진산은 김은하, 박용만, 최형우, 문부식, 김동영, 김현기, 이중재 등을 거느린 고흥문·김영삼계와 오세응, 유제연, 최성석, 양해준, 박병효, 김윤덕, 고재청, 황호동 등을 거느린 이철승계와 제휴하여 대표에 복귀하여 제2의 진산 전성시대를 구가할 것이다.

통일당은 선거결과에 대한 이의제기로 패자의 울분을 발산한 뒤에 야당통합의 명분 끝에 신민당 내의 진산대표 복귀의 반대세력과 원거리 연계를 맺어 나갈 여지도 충분히 있다.

(3) 동반으로 당선된 73개 지역구 의원 146명

공화당 : 73명

서울(8명) : 장기영(종로 - 중구), 강상욱(동대문), 민병기(성동), 정래혁(성북), 오유방(서대문), 정희섭(영등포갑), 강병규(영등포을)

부산(4명) : 신기석(중구 - 영도), 박찬종(서구 - 동구), 김임식(부산진), 양찬우(동래)

경기(9명) : 유승원(인천), 이병희(수원 - 화성), 박명근(의정부 - 양주 - 파주), 차지철(여주 - 광주 - 이천), 서상린(평택 - 용인 - 안성), 오학진(부천 - 시흥 - 옹진), 김재춘, 김유탁(고양 - 김포 - 강화), 김용채(연천 - 포천 - 가평 - 양평)

강원(5명) : 손승덕(춘천 - 춘성 - 화천 - 양구 - 철원), 김용호(원주 - 원성 - 횡성 - 홍천), 김효영(강릉 - 명주 - 삼척), 정일권(속초 - 양양 - 고성 - 인제), 장승태(영월 - 정선 - 평창)

충북(5명) : 민기식(청주 - 청원), 이종근, 이해원(충주 - 중원 - 제천 - 단양), 육인수(보은 - 옥천 - 영동), 김원태(진천 - 괴산 - 음성)

충남(6명) : 김용태(대전), 김종철(천안 – 아산 – 천원), 김제원(금산 – 대덕 – 연기), 이병주(공주 – 논산), 김종익(부여 – 서천 – 보령), 장영순(청양 – 홍성 – 예산)

전북(4명) : 유기정(전주 – 완주), 채영철(군산 – 옥구 – 이리 – 익산), 장경순(정읍 – 김제), 이병옥(고창 – 부안)

전남(10명) : 박철(광주), 강기천(목포 – 무안 – 신안), 김상영(여수 – 광양 – 여천), 박삼철(순천 – 구례 – 승주), 임인채(광산 – 나주), 문형태(담양 – 곡성 – 화순), 신형식(고흥 – 보성), 길전식(장흥 – 강진 – 영암 – 완도), 임충식(해남 – 진도), 윤인식(함평 – 장성 – 영광)

경북(12명) : 박찬(대구 중 – 서 – 북), 이효상(대구 동 – 남), 정무식(포항 – 영일 – 울릉 – 영천), 박숙현(경주 – 월성 – 청도), 백남억(김천 – 금릉 – 상주), 김상년(안동 – 의성), 박준규(달성 – 고령 – 경산), 신현확(군위 – 성주 – 칠곡 – 선산), 문태준, 오준석(청송 – 영덕 – 울진), 권성기(영양 – 영주 – 봉화), 황재홍(문경 – 예천)

경남(10명) : 이도환(마산 – 진해 – 창원), 최세경(진주 – 진양 – 삼천포 – 사천), 김주인, 최재구(충무 – 통영 – 고성 – 거제), 김원규(울산 – 울주 – 동래), 이상철(의령 – 함안 – 합천), 성낙현(밀양 – 창녕), 김영병(김해 – 양산), 신동관(하동 – 남해), 정우식(산청 – 함양 – 거창)

제주(1명) : 홍병철(제주 - 북제주 - 남제주)

신민당 : 52명

서울(8명) : 정일형(종로 - 중구), 송원영(동대문), 정운갑(성동), 고흥문(성북), 김원만, 노승환(마포 - 용산), 김수한(영등포갑), 박한상(영등포을)

부산(4명) : 김상진(중 - 영도), 김영삼(서 - 동), 정해영(부산진), 이기택(동래)

경기(6명) : 김은하(인천), 김형일(수원 - 화성), 오세응(여주 - 광주 - 이천), 유치송(평택 - 용인 - 안성), 이택돈(부천 - 시흥 - 옹진), 천명기(연천 - 포천 - 가평 - 양평)

강원(3명) : 박영록(원주 - 원성 - 횡성 - 홍천), 김명윤(강릉 - 명주 - 삼척), 엄영달(영월 - 정선 - 평창)

충북(2명) : 이민우(청주 - 청원), 이충환(진천 - 괴산 - 음성)

충남(6명) : 황명수(천안 - 아산 - 천원), 유진산(금산 - 대덕 - 연기), 박찬(공주 - 논산), 김옥선(부여 - 서천 - 보령), 한건수(청양

- 홍성 - 예산), 유제연(서산 - 당진)

전북(4명) : 이철승(전주 - 완주), 김현기(군산 - 옥구 - 이리 - 익산), 최성석(진안 - 무주 - 장수), 양해준(임실 - 남원 - 순창)

전남(6명) : 박병효(여수 - 광양 - 여천), 김윤덕(광산 - 나주), 고재청(담양 - 곡성 - 화순), 이중재(고흥 - 보성), 황호동(장흥 - 강진 - 영암 - 완도), 이진연(영광 - 함평 - 장성)

경북(5명) : 신도환(대구 동 - 남), 박해충(안동 - 의성), 김창환(군위 - 성주 - 칠곡 - 선산), 박용만(영주 - 영양 - 봉화), 채문식(문경 - 예천)

경남(8명) : 황낙주(마산 - 진해 - 창원), 정헌주(진주 - 진양 - 삼천포 - 사천), 최형우(울산 - 울주 - 동래), 이상신(의령 - 함안 - 합천), 박일(밀양 - 창녕), 신상우(김해 - 양산), 문부식(하동 - 남해), 김동영(산청 - 함양 - 거창)

통일당 : 2명

전남(2명) : 김녹영(광주), 김경인(목포 - 무안 - 신안)

무소속 : 19명

서울(1명) : 김재광(서대문)

경기(1명) : 이진용(의정부 – 양주 – 파주)

강원(2명) : 홍창섭(춘천 – 춘성 – 화천 – 양구 – 철원), 김인기(속초 – 양양 – 고성 – 인제)

충북(1명) : 이용희(보은 – 옥천 – 영동)

충남(2명) : 임호(대전), 한영수(서산 – 당진)

전북(4명) : 김광수(진안 – 무주 – 장수), 손주항(임실 – 남원 – 순창), 김탁하(정읍 – 김제), 진의종(고창 – 부안)

전남(2명) : 강길만(순천 – 구례 – 승주), 박귀수(해남 – 진도)

경북(5명) : 한병채(대구 중 – 서 – 북), 권오태(포항 – 영일 – 울릉 – 영천), 이영표(경주 – 월성 – 청도), 김윤하(김천 – 금릉 – 상주), 박주현(달성 – 경산 – 고령)

제주(1명) : 양정규(제주 – 북제주 – 남제주)

제4장 대통령이 73명을 지명하여 국회를 시녀화

1. 국민이 146명을, 대통령이 73명을 선출
2. 유신정우회를 조직하여 정권의 전위부대로

1. 국민이 146명을, 대통령이 73명을 선출

(1) 낙천의원과 유신헌법 전위 나팔수 대거 추천

김성진 청와대 대변인은 이번 통일주체국민회의에 추천된 인사는 범국민적 차원에서 여야를 초월하여 선정했으며, 유신이념이 투철하고 국력배양에 기여할 수 있는 각계각층의 직능대표, 각 분야별 전문지식을 대의정치에 생산적으로 활용할 수 있는 신진기예의 중견인사, 농촌개발과 지역사회 발전에 모범이 되는 새마을지도자, 국민교육에 헌신한 교육계 지도자, 성실하고 능력 있는 여성지도자 등이라고 밝혔다.

73명의 후보자 중에는 김종필 국무총리, 백두진 전 국회의장이 포함돼 있으며 지난 총선에서 공화당 후보 공천에서 낙천된 구태회, 민병권, 김진만, 현오봉, 김재순 등 고위 당직자는 물론 신민당 공천에서 낙천한 김용성, 함종윤 등 전 신민당 의원들도 포함됐다.

고재필, 구태회, 권일, 김봉환, 김성두, 김용성, 김재순, 김종필, 김진만, 노진환, 민병권, 백두진, 이도선, 최영희, 현오봉 등 8대 의원 15명, 함종윤 전 의원, 공화당 훈련부장 권갑주, 사무차장 김영도, 조직부장 안종렬, 정책연구실 차장 지종걸 등 당료 출신이 포함되어 정계출신은 20명안팎이다.

갈봉근 중앙대 교수, 강문용 성균관대 교수, 구범모 서울대 교수, 김명회 연세대 학장, 김태규 전남대 교수, 오주환 고려대 교수, 한태연 헌법학회장 등 7명은 학계 출신이고 김동욱 서울미동국민교장, 엄경섭 양정고 교장, 장준한 공주교대 학장 등 3명은 교육계 출신이다.

문태갑, 서인석, 이종식, 이진희, 임삼, 주영관, 함재훈 등 7명은 언론계 출신이고 강문봉, 권효섭, 김성락, 김성주, 김세련, 김진봉, 서병균, 오정근, 유민상, 이성가, 이영근, 장동식, 전재구, 정재호, 최영철, 황창주 등 16명은 공무원 출신이다.

김재규, 김창규, 송호림, 안춘생, 윤태일, 장창국, 정광호, 함명수 등 8명은 예비역 장성 출신이고 구임회, 김옥자, 박정자, 서영희, 이범준, 이숙종, 정복향, 허무인 등 8명은 여성계로 분류되고 있다.

그리고 김기형 경제과학심의위원, 김삼봉 상이군경회장, 이해랑 예총회장, 최용수 노총 위원장 등이 포함됐다.

또한 송효순 향군사무총장 등 14명을 예비후보로 등록했다.

통일주체 국민회의는 시·도별 지역회의를 개최하여 박정희 대통령이 추천한 73명의 국회의원 후보와 14명의 예비후보에 대한 찬반투표에서 재적대의원 2,359명 중 찬성 2,251표(95.4%), 반대 82표(3.5%)로 당선이 결정됐다. 이들의 임기는 3년이다.

(2) 제1기 통일주체 국민회의 선출의원과 예비후보

선출의원 : 73명

○갈봉근(중앙대 교수) ○강문봉(6대의원) ○강문용(성균관대 교수) ○고재필(7,8대의원) ○구범모(서울대 교수) ○구임회(정신박약아협회장) ○구태회(4선의원) ○권갑주(서울고 교사) ○권 일(8대의원) ○권효섭(국회 의사국장) ○김기형(과학기술처장관) ○김동욱(미동국교 교장) ○김명회(연세대 정법대학장) ○김봉환(3선의원) ○김삼봉(상이군경회장)○ 김성두(8대의원) ○김성락(연합신문 편집국장) ○김성주(중앙정보부 실장) ○김세련(재무부 장관) ○김영도(공화당 사무차장) ○김옥자(8대의원) ○김용성(신민당 8대의원) ○김재규(보안사령관) ○김재순(4선의원) ○김종필(국무총리) ○김진만(5선의원) ○김진봉(국무총리 비서관) ○김창규(공군참모총장) ○김태규(전남대 교수) ○노진환(8대의원) ○문태갑(동양통신 정치부장) ○민병권(3선의원) ○박정자(공화당 부녀부장) ○백두진(국회의장) ○서병균(서울고검 검사장) ○서영희(경희대 부교수) ○서인석(6대의원) ○송호림(육군보병학교장) ○안종렬(공화당 조직부장) ○안춘생(육군사관학교장) ○엄경섭(양정고 교장) ○오정근(국세청장) ○오주환(고려대 교수) ○유민상(법제처장) ○윤태일(서울특별시장) ○이도선(8대의원) ○이범준(이화여대 교수) ○이성가(육군대 총장) ○이숙종(성신여대 학장) ○이영근(7대의원) ○이종식(조선일보 정치부장)○ 이진희(서울신문 정치부장) ○이해랑(예총회장) ○임 삼

(한국일보 정치부장) ○장동식(치안국장) ○장준한(공주교육대학장) ○장창국(합참의장) ○전재구(중앙정보부 정보국장) ○정광호(해병대 사령관) ○정복향(경북도 교육위원) ○정재호(경향신문 정치부장) ○주영관(서울신문 논설위원) ○지종걸(정무장관 보좌관) ○최영철(동아일보 정치부장) ○최영희(국방부장관) ○최용수(한국노총 위원장) ○한태연(서울대 교수) ○함명수(해군참모총장) ○함재훈(강원일보 사장) ○함종윤(5대의원) ○허무인(부산시 교육위원) ○현오봉(4선의원) ○황창주(광주고검 검사장)

예비후보 : 14명

① 송효순(재향군인회 사무총장) ② 김충수(청년회의소 중앙회장) ③ 이승복(공화당 부녀위원장) ④ 남상돈(음성군 농협장) ⑤ 마달천(공화당 경북연락실장) ⑥ 이재석(상록회 중앙회장) ⑦ 김병식(군산 어업조합장) ⑧ 복태봉(대산리 농협장) ⑨ 조병봉(경기도의원) ⑩ 김일수(새마을 지도자) ⑪ 윤여훈(적십자사 국제부장) ⑫ 한인수(복지농도원장) ⑬유제흥(서산국교 교사) ⑭김상희(사곶국교 교장)

(3) 예비후보들의 의원직 승계

김재규 의원의 건설부 장관 입각에 의한 사직으로 송효순 후보가 1973년 12월 19일에, 허무인 의원의 사망에 따라 김충수 후보가 1974년 12월 11일에, 이성가 의원의 사망에 따라 이승복 후보가 1975년 12월 9일에, 김성주 의원의 치안본부장 취임으로 남상돈 후보가 1976년 1월 16일에 의원직을 승계했다.

2. 유신정우회를 조직하여 정권의 전위부대로

(1) 백두진 회장, 구태회 부회장 체제로 유신정우회 출범

통일주체국민회의에서 국회의원 선출제도는 정당별 득표율에 따라 의석을 배분했던 지금까지의 전국구 의원제도와 달리 국정의 안정을 위한 의정의 안정이란 측면에서 도입한 우리 헌정 사상 처음 시도한 제도이다.

통일주체국민회의에서 선출된 의원들은 정당이나 지역구의 직접적인 뿌리는 없지만 박정희 대통령의 정치유신의 선봉역할을 맡게

될 전망이다.

73명의 선출의원 중 전직의원 출신이 23명으로 전체 의원의 31% 수준이다.

공화당 소속 8대의원 114명 가운데 66명이 9대 국회에 진출했다. 지역구에서 49명이, 통일주체국민회의에서 17명이 당선되어 57.9%가 국회에 재진출 했다.

학계에선 유신헌법의 산파역을 맡은 것으로 알려진 헌법학자 한태연, 갈봉근 교수 등을 비롯한 7명의 교수가 진출했고 최영철, 정재호 등 언론계 출신들이 정권의 전위부대 선봉에 나섰다.

공화당 소속으로 통일주체국민회의 선출 케이스로 당선된 김진만, 구태회, 현오봉, 김재순, 김종필, 백두진, 민병권, 김봉환, 최영희, 고재필, 권 일, 노진환, 이도선, 이해랑, 김성두, 김옥자, 서인석, 최용수, 이영근, 구임회, 권갑주, 김영도, 김진봉, 박정자, 안종렬, 정복향, 지종걸, 함재훈, 한태연 등 29명은 공화당을 탈당했다.

통일주체국민회의에서 선출한 73명의 의원은 공화당과는 별도로 유신정우회(유정회)를 구성하여 백두진 국회의장을 대표로 새로운 원내 교섭단체를 구성했다.

행정부의 김종필 국무총리, 국회의 정일권 국회의장, 공화당의 이효상 당의장의 3두체제는 7대 국회에서의 정일권 국무총리, 이효상 국회의장, 김종필 당의장 체제의 기반을 답습했다. 여기에 백두진 국회의장이 유정회 대표가 되어 4인체제가 형성됐다.

유정회는 기성정치인과 정치신인들이 한데 섞여 있어 장차 이들

간의 단층 같은 것을 극복하고 어떤 조화를 이루어 갈 것인지 주목된다.

유정회는 10월 유신 이념을 의회정치에 구현함으로써 한국적 민주주의의 발전에 기여함을 목적으로 한다는 규약을 채택하고 구태회 의원을 정책위부의장에, 민병권 의원을 원내총무로 지명했다.

이번 국회는 정당 성격을 띠지 않은 유정회가 견인차역을 맡고 공화당, 신민당등 기성정당들이 객차역을 맡은 새로운 형태로 운행하게 됐다.

박 대통령은 당파가 아닌 총화, 분열이 없는 단결로 운영되는 의정이 바로 유정회를 중심으로 한 국회운영으로 정당중심의 국회운영을 지양하려는 의도를 비춰왔다.

임시국회의 소집요구 정족수인 3분의 1(73석) 의석조차 갖지 못한 신민당이나 기타 무소속은 이렇다 할 역할을 기대하기 어려울 전망이다.

9대 국회는 박 대통령이 그동안 견제와 균형이라는 통치원리를 그대로 답습하며 트로이카(3두체제)를 유지하게 된다.

(2) 박 대통령은 1976년에도 제2기 73명을 추천

제2기 통일주체국민회의 선출 국회의원에 박정희 대통령은 제1기

때 선임된 갈봉근, 강문봉, 강문용, 고재필, 구범모, 구태회, 권갑주, 권일, 권효섭, 김기형, 김명회, 김삼봉, 김세련, 김영도, 김용성, 김종필, 김진봉, 김창규, 김충수, 남상돈, 노진환, 문태갑, 민병권, 박정자, 백두진, 서영희, 서인석, 송호림, 안종렬, 안춘생, 송효순, 오정근, 윤태일, 이도선, 이승복, 이범준, 이숙종, 이영근, 이종식, 이진희, 장동식, 전재구, 정재호, 주영관, 지종걸, 최영철, 최영희, 한태연, 함명수, 현오봉 등 50명을 재추천 했다.

다만 구임회, 김동욱, 김봉환, 김성두, 김성락, 김옥자, 김재순, 김진만, 김태규, 서병균, 엄경섭, 오주환, 유민상, 이해랑, 임 삼, 장준환, 장창국, 정광호, 정복향, 최용수, 함재훈, 함종윤, 황창주 등 23명을 탈락시켰다.

그리고 박 대통령은 ○권중동(체신노조위원장) ○김도창(문교부차관) ○김동성(공보부장관) ○김성용(신민당 2선의원) ○김세배(공화당 8대의원) ○김 신(교통부장관) ○김익준(7대의원) ○김진복(서울신문 논설위원) ○박동묘(농림부장관) ○박찬현(1, 4, 5대 의원) ○백영훈(중앙대 교수) ○신광순(8대의원) ○신범식(문화공보부장관) ○신상초(경희대 교수) ○윤여훈(적십자사 섭외부장) ○윤주영(문화공보부장관) ○이성근(명지대교수) ○이승윤(서강대 경상대학장) ○이정식(동국대 교수) ○이종찬(국방부 장관) ○전부일(병무청장) ○정일영(주불대사) ○최우근(육군사관학교장) 등 23명을 정후보로 추천했다.

박 대통령은 ① 변우량(공화당훈련원 교수) ② 마달천(공화당 경북연락실장) ③ 김병식(군산 어협조합장) ④ 복태봉(대산리 농협장)

⑤조병봉(경기도의원) 등을 예비후보로 추천했다.

마달천, 김병식, 복태봉, 조병봉 후보들은 1기 때에도 예비후보로 등록된 후보들이었다.

(3) 제2기 예비후보들의 의원직 승계

변우량 예비후보는 강문봉 의원의 의원직 사직에 따라 1976년 8.26일에, 마달천 예비후보는 지종걸 의원의 의원직 사직에 따라 1977년 12.26일에 의원직을 승계했으나 1기때부터 예비후보로 기다렸던 김병식, 복태봉, 조병봉 후보들은 끝내 금배지의 꿈을 이루지 못했다.

{제4부}

지역구별 불꽃 튀는 격전의 현장들

제1장 공화당과 신민당이 각축전을 전개한 수도권

1. 11개 선거구에서 공화 · 신민 후보들이 동반 당선

2. 수도권 16개 선거구 불꽃 튀는 격전의 현장으로

1. 11개 선거구에서 공화·신민 후보들이 동반당선

(1) 이번 총선에서 수도권의 점유율은 21.9%에 불과

2016년 20대 총선에서 수도권은 전국 253개 선거구의 48.2%를 점유하는 122개 선거구를 가지고 있으나 1973년 9대 총선에서는 전국 73개 선거구의 21.9%인 16개 선거구만을 가지고 있었다.

당시 인천광역시는 경기도 관할이며 서울이 8개 선거구, 경기도가 8개 선거구였다.

1971년 8대 총선 때에는 전국 153개 선거구 가운데 서울이 19개, 경기도가 16개 선거구 등 35개 선거구로 22.9%를 점유했다.

(2) 공화당이 약진한 가운데 11개구에서 동반당선

8대 총선 때 수도권의 의석분포는 집권여당인 공화당이 서울에서 1석, 경기도에서 11석으로 12석을 차지했고, 신민당이 서울에서 18석, 경기도에서 4석을 차지하여 22석을 차지하여 제1당이 됐다,

군소정당 후보로 김포 – 강화에서 민중당 김재춘 의원이 당선됐으나 공화당에 합류했다.

이번 총선을 맞이하여 서울의 19개 선거구는 8개구로 줄어들었고 경기도의 16개 선거구는 8개 선거구를 유지했다.

공화당은 고양 – 김포 – 강화에 복수 공천하여 17명의 후보를 공천했고 신민당은 서대문을 제외한 서울의 7개 선거구와 경기도의 여주 – 광주 – 이천에 복수 공천하여 24명의 후보를 공천했다.

공화당은 서울 마포 – 용산의 장성환 후보만 낙선했을 뿐 16명의 후보가 당선됐으나 신민당은 서울에 복수 공천한 권중돈(종로 – 중구), 유옥우(동대문), 홍영기(성동), 서범석(성북), 노병구(영등포갑), 김의택(영등포을) 후보뿐 아니라 단수 공천한 편용호(서대문) 후보까지 7명이 낙선했다.

경기도에서도 복수 공천한 유기준(여주 – 이천 – 광주) 후보뿐 아니라 단수로 공천한 김형광(의정부 – 파주 – 양주), 오홍석(고양 – 김포 – 강화) 후보 등 3명이 낙선하여 10명의 낙선자를 양산했다.

그러나 중선거구제의 채택으로 서울 종로 – 중구(장기영 – 정일형), 동대문(강상욱 – 송원영), 성동(민병기 – 정운갑), 성북(고흥문 – 정래혁), 영등포갑(김수한 – 정희섭), 영등포을(박한상 – 강병규), 경기도 인천(김은하 – 유승원), 수원 – 화성(이병희 – 김형일), 여주 – 광주 – 이천(차지철 – 오세응), 평택 – 용인 – 안성(유치송 – 서상린), 부천 – 시흥 – 옹진(이택돈 – 오학진) 등 11개 지역구에서 동반 당선되는 기쁨을 누렸다.

다만 마포 – 용산에서는 신민당 노승환, 김원만 후보가 고양 – 김포 – 강화에서는 공화당 김유탁, 김재춘 후보들이 독식하였고 서울 서대문(김재광 – 오유방), 경기도 의정부 – 양주 – 파주(박명근 – 이진용)에서는 공화당 후보들이 무소속 후보들과 동반 당선됐다.

그리하여 야당이 석권했던 서울뿐만 아니라 공화당이 주류였던 경기도를 신민당과 공화당이 사이 좋게 양분했으나 공화당의 신장이 두드러졌다.

(3) 8대의원 35명 중 60%인 21명만 여의도에 귀환

공화당의 8대의원 당선자는 12명이지만 민중당 김재춘 의원이 전향하여 13명의 의원을 거느리게 됐다.

장덕진 의원은 출전을 포기했고 김숙현, 이윤학, 오치성, 최영희 의원들은 공천에서 탈락하여 8명의 의원들이 공화당 공천으로 출전했다.

공천을 받은 유승원, 이병희, 박명근, 차지철, 서상린, 오학진, 김유탁, 김재춘 의원들은 모두 동반당선의 기쁨을 누렸다.

신민당 8대의원 당선자는 22명이었지만 조윤형 의원은 구속됐고 윤길중 의원은 출전을 포기했고 양일동, 김재광, 윤제술 의원은 신민당을 탈당했다.

신민당 공천을 받고 출전한 정일형, 송원영, 정운갑, 노승환, 김원

만, 김수한, 박한상, 김은하, 천명기, 김형일, 이택돈 등 11명 의원들은 당선되어 복귀했다.

그러나 권중돈, 유옥우, 홍영기, 서범석 의원들은 신민당 공천을 받고 양일동, 윤제술 의원들은 통일당으로 전향하여 출전했으나 낙선했다.

또한 신민당 전국구 의원이었던 김의택, 편용호, 오홍석 의원들은 신민당 공천으로, 김홍일, 유청 의원은 통일당 공천으로, 유성범 의원은 무소속으로 출마했으나 모두 낙선했다. 그러나 전국구 의원이었던 오세응 의원은 신민당 공천으로 당선됐다.

다만 김재광 의원은 신민당을 탈당하고 무소속으로 출전했으나 당선되어 8대의원으로 9대 국회에 입성한 의원은 21명이지만 통일주체국민회의 선출 케이스로 최영희 의원도 귀환했다.

2. 수도권 16개 선거구 불꽃 튀는 격전의 현장으로

서울특별시

<종로 - 중구> 대한민국의 정치 1번지답게 거물 정치인들이 격전

을 전개하여 전 신민당 대표였던 통일당 김홍일 의원이 낙선

지난 8대 총선때는 신민당 권중돈 후보가 공화당 장기영 후보를 꺾은 종로와 신민당 정일형 후보가 공화당 박인각 후보를 꺾은 중구가 통합됐다.

이번 총선을 맞이하여 공화당은 지난번 중구에서 낙선한 박인각, 전국구 의원인 문창탁, 대한요식업협회장인 함순성을 비롯하여 한상룡, 이명은 후보 등을 잠재우고 경제부총리를 지내고 남북조절위원회 부위원장으로 활약한 장기영 후보를 내세웠다.

신민당은 김윤덕 부녀국장이 공천을 기대했으나 현역인 권중돈, 정일형 의원들을 복수 공천했고 통일당은 신태악 변호사가 뛰었으나 신민당 대표를 지낸 김홍일 의원이 대한민국 정치 1번지라는 상징성을 내걸고 뛰어들어 4파전이 형성됐다.

8대 총선 때 종로에서는 신민당 권중돈 후보가 공화당 장기영 후보를 9,364표차로 제압하고 5선의원이 됐고, 중구에서도 신민당 정일형 후보가 공화당 박인각 후보를 8,786표차로 꺾고 7선의원의 위업을 달성했다.

이번 선거는 시간, 돈, 운동, 말, 실패 없는 오무(五無) 선거로 불만 없는 정치, 실업자 없는 경제, 전쟁 없는 통일의 삼무(三無) 정책을 실현하겠다고 선언한 공화당 장기영 후보는 "1천년 전의 아시아에는 2백여 민족이 있었으나 현재는 2십여 민족밖에 남지 않았고, 그중 우리 민족은 3위 이내에 드는 만큼 자신의 능력에 대한 정당한 평가와 자신을 가져야 한다"고 강조했다.

장기영 후보는 "용기가 없어 야당에 안 들어간 것이 아니고 여당에 들어가야 여러분의 숙원사업을 빨리 해결해 줄 것 아니냐"고 여당후보만이 지역의 숙원사업을 해결할 수 있다고 주장했다.

민주주의라는 나무는 피와 땀을 먹고 사는 나무로서 자유민주주의는 결코 포기할 수 없다는 신민당 정일형 후보는 "여러분이 유진산이라는 사람 때문에 걱정이 많은데 과거 윤보선 씨나 유진오 씨, 김홍일 씨 등이 그를 내쫓으려고 애를 썼으나 내가 잘 타협해서 물러나게 했다"며 "그는 다시는 내 앞에 나올 수 없게 됐다"고 주장했다.

정일형 후보는 "신민당이 봉제사(奉祭祀) 하는 종가인데 떨어져 나간 사람들이 발길질을 하니 말이 되느냐"고 통일당의 선명논쟁을 잠재우고 신민당이 정통야당의 종가(宗家)임을 강조했다.

"건전한 비판세력이 국회에 진출 못하면 민주주의는 암담해진다"는 신민당 권중돈 후보는 제발 기권하지 말라고 당부하면서 기권하면 그 표가 둔갑해서 무슨 표가 될 지 모른다고 주장했다.

제2대 국회이래 5선 의원으로 국방부 장관을 역임한 권중돈 후보는 "장기영 후보가 자기를 뽑아 달라고 했는데 공화당 사람을 그렇게 많이 뽑아서 무엇 하느냐"고 통일주체 국민회의에서 73명의 공화당 의원들을 선출하게 된 현행 선거법을 상기시켰다.

지난 7대 총선 때에는 마포에서 당선됐으나 신민당 전국구 의원인 김홍일 후보는 자신의 중국에서의 경험을 소개하면서 독립군 중 유일하게 남은 노병이라고 주장하고서 정치인이란 위선과 권모술수, 아부 등을 해야 한다고 하나 나는 그런 것을 할 줄 모른다고 진산계를 비판하면서 건전한 선명야당을 위해 통일당에 가담했다고 해명했다.

"권모술수를 일삼는 신민당 사람과 같이 일할 수 없어 통일당을 만들었다"는 김홍일 후보는 "정일형 후보는 유진산의 가오 마담이며 유진산 당수 명의로 된 공천장 가지고 출마한 사람들"이라고 정일형, 권중돈 의원들을 폄하했다.

김홍일 후보는 독립 투사이며 야당의 당수를 지냈다는 이미지로, 정일형 후보는 이 지역에서 7선된 다선의원이라는 관록을 앞세우고 분투했다.

부총리를 지낸 한국일보 사장이며 남북 조절위 부위원장인 장기영 후보와 신민당의 권중돈 후보는 안동 장씨와 안동 권씨로 준일가라며 어깨동무 동반당선을 꿈꿨다.

거물급이 나온 최대의 격전지의 하나인 이 지역구는 한국일보사장, 남북조절위원회 부위원장으로서 불안 없는 정치, 실업자 없는 경제, 전쟁 없는 통일 등 삼무정치를 내세우고 지난 총선에서 패배한 설욕을 벼르고 총력전을 전개한 공화당 장기영 후보가 대승을 거두었다.

종로를 기반으로 한 권중돈 후보에게 결코 유리할 것이 없는 신민당 정일형 후보는 제1야당 대표 권한대행이라는 직함을 활용하고 실향민들의 표를 결집시키며 적전 상륙직전의 분당행위는 있을 수 없으며 전통야당인 신민당을 키워 나가겠다고 호소하여 은메달을 확보했다.

"야당 간에 선명·불선명의 말이 나도는데 누가 진짜 야당이고 누가 가짜 야당인지 여러분의 명철한 판단에 맡기겠다"고 호소한 김홍일 후보는 반진산 무드에 기대를 걸었으나 생소한 지역구에서 힘을 발휘하지 못하여 4천여표 차로 낙선했다. 신민당 대표 출신이 신민당 대표 권한대행에게 밀린 셈이다.

지난 8대 총선 때 4만 6천여 표를 득표하여 1만여표 차로 장기영 후보를 눌렀던 권중돈 후보는 "자기 강연을 한 뒤 박수부대를 끌고 가는데 나는 재주가 없어 박수부대를 끌고 다니지 않는다"면서 선관위 측에 항의를 표명한 것이 패배로 다가왔다.

□ 득표상황

후보자	정당	연령	주요 경력	득표(%)
장기영	공화당	56	경제부총리	57,607 (43.3)
정일형	신민당	69	8대의원(7선)	33,183 (24.9)
김홍일	통일당	74	8대의원(2선)	28,447 (21.4)
권중돈	신민당	60	8대의원(5선)	13,767 (10.4)

<동대문> 공화당 강상욱 후보를 이겼던 신민당 유옥우 의원을 밀쳐 내고 강상욱 후보와 동반 당선된 신민당 송원영

신민당 송원영 후보가 공화당 민관식 후보를 꺾었던 갑구와 신민당 유옥우 후보가 공화당 강상욱 후보를 꺾었던 을구가 통합된 이

지역구는 지난 8대 총선 때 자웅을 겨뤘던 후보들이 재격돌을 펼치고 있다.

8대 총선 때 갑구에서는 신민당 송원영 후보가 공화당 민관식 현역의원을 11,737 표차로 꺾고 재선의원이 됐고, 을구에서는 신민당 유옥우 후보가 공화당 강상욱 현역의원을 2,609표차로 제압하고 4선의원에 올라섰다.

공화당은 민관식 후보를 주저앉히고 강상욱 후보를 단일후보로 내세웠으나 신민당은 유옥우, 송원영 의원들을 복수 공천했다.

여기에 7대 의원으로 김구 선생 비서였던 사상계(思想界) 대표였던 장준하 후보가 통일당 후보로, 진보당 부위원장을 지내고 지난 7대 대통령 선거 때 국민당 후보로 출전하여 43,753표를 득표했던 박기출 후보가 무소속으로 등록하여 5파전이 전개됐다.

혁명주체로서 국가재건최고회의 최고위원을 지냈고 공화당 6대 전국구 의원이었으나 7대 총선에서는 통일당 장준하 후보에게, 8대 총선에서는 신민당 유옥우 후보에게 패배한 공화당 강상욱 후보는 조직표를 다지면서 "여당 안의 야당이 되어 싸우겠다"고 주장했다.

합동연설회에 나서기만 하면 준엄한 논고를 받은 가엾는 피고가 된다는 강상욱 후보는 "나는 저자세라기보다 복자세 상태며 허리가 굽어질 수 있다면 360도의 큰절을 하고 싶은 심정"이라며 "유신국회는 솔직히 말해 여당, 야당은 없고 제1당, 제2당, 제3당만 있으므로 일하는데 발언권이 큰 제1당 후보를 찍어 달라"고 큰 절을 세 번 올리며 지지를 호소했다.

강상욱 후보는 "성경에 있는 말과 같이 자신의 정치적 행적에 양심의 가책을 받지 않은 야당 인사가 있다면 나를 공격해 보라"고 큰소리쳤다.

전남 무안 출신으로 3, 4, 5, 8대의 4선의원으로 신민당 정책위의장으로 성장한 신민당 유옥우 후보는 "신민당 내분은 여러분 앞에 미안하기 그지없으나 부부도 외부 작용에 의해 이혼할 수 있게 된다"며 공화당의 원격조종에 의한 분열이라면서 "통일을 빙자한 자유 억압은 있을 수 없다"면서 유신체제를 우회적으로 비판했다.

7,8대 의원인 신민당 송원영 후보는 "야당 없는 국회는 입법을 양산한 비상 국무회의와 같다"면서 야당의 육성을 호소하고 "돈 안 드는 선거란 좋은 애기지만 돈 안 드는 연설도 못하게 하고 야당 참관인을 없애는 선거법은 후퇴"라면서 선거법 개정을 부르짖었다.

"남북대화를 하기에는 우리 주변에 못사는 사람이 너무 많다"는 장준하 후보는 "유신에 대한 국민의 의사가 무엇인지 보여주기 위하여 출마했다"고 유신체제를 비판했다.

이 지역구에서 7대 의원을 지낸 장준하 후보는 "나를 괴롭게 하고 무거운 부담을 주려면 한 표를 던져주고 나를 자유롭고 편안하게 하려면 표를 찍지 말아 달라"는 여유를 보였다.

"국회에서 평화통일의 길목을 지키겠다"는 무소속 박기출 후보는 "평화통일은 민족의 숙원이지만 실업자를 없애고 자유를 신장하는 것 만이 지름길"이라고 주장했다. 박 후보는 "고속도로도 좋더라, 차관(借款)도 좋더라, 그러나 자유민주주의는 어디 갔는가, 땅을 치고 울고 싶어 이 자리에 나왔노라"고 민주주의를 말살한 유신체제를 강하게 비판했다.

"야당의 거물을 뽑아 봐야 국회에 가서 한 것이 무엇이냐, 나는 낙선하고도 이 지역발전을 위해 헌신했다" "낙선은 했지만 뿌리는 깊다"는 공화당 강상욱 후보가 공화당의 조직을 이용하여 선두권을 선점했고 "악착 같은 원내활동을 했다"는 평가를 받은 송원영 후보가 지난 총선에서 대결했던 민관식 후보의 퇴장에 힘입어 갑구 지역을 석권하여 당선될 수 있었다.

옥중 당선의 관록을 가진 장준하 후보와 호남표에 기대를 건 유옥우 후보는 기대만큼의 성적을 거두지 못했고 "민주주의를 통하지 않은 유신을 반대하기 위해 출마했다"는 박기출 후보는 출마 자체에 의미를 부여해야만 했다.

동대문구 김갑동 휘경동장이 투표통지표 150장을 절취하여 공화당 강상욱 후보에게 기표하여 사전 투표하는 등 전반적인 불법선거로 강상욱 후보가 압승을 거두었으나 공화당에서 제명되는 불운을 겪었다.

8년간 닦아 놓은 지역기반과 젊은 패기를 앞세워 신민당 송원영 후보가 신설정당의 어려움으로 표의 확장성에 한계를 보인 통일당 장준하 후보와 강상욱 후보와의 선거구 중복으로 인한 지지표 이탈로 고전한 신민당 유옥우 후보들을 큰 표차로 따돌리고 은메달을 확보했다

□ 득표상황

후보자	정당	연령	주요 경력	득표(%)

강상욱	공화당	45	6대의원(전국구)	140,552 (52.9)
송원영	신민당	44	8대의원(2선)	76,267 (28.7)
장준하	통일당	57	7대의원(지역구)	25,270 (9.6)
유옥우	신민당	58	8대의원(4선)	23,679 (8.9)
박기출	무소속	63	신민당정무위원	5,073 (1.9)

<성동> 호남출신들의 표의 분산과 제1야당 후보의 프리미엄으로 통일당 양일동 대표를 꺾어 버린 신민당 정운갑

지난 8대 총선때에는 신민당과 공화당이 자웅을 겨뤘던 갑구(양일동 – 정봉중), 을구(홍영기 – 민병기), 병구(정운갑 – 박준규)가 통합되어 1개구가 됐다.

그리하여 양일동 의원은 신민당을 뛰쳐나와 통일당을 창당하여 대표최고위원이 되어 통일당으로, 홍영기, 정운갑 의원은 신민당에 잔류하여 복수공천을 받았고, 유성권 전 의원의 실제로서 신민당 전국구 의원으로 공천을 기대했으나 좌절되자 무소속으로 유성범 의원이 출전하여 현역 4 의원이 이전투구를 벌이게 됐다.

8대 총선 때 갑구에서는 신민당 양일동 후보가 공화당 정봉중 후보에게 15,512표차로 대승을 거두고 4선의원이 됐고, 을구에서는 신민당 홍영기 후보가 공화당 민병기 후보를 12,709표차로 제압하고 3선 의원에 올라섰고, 병구에서는 신민당 정운갑 후보가 공화당 박준규 현역의원을 무려 25,425 표차로 꺾고 또한 3선의원이 됐다.

공화당은 이동원, 신동욱, 송왈범, 신덕균, 정봉중, 노봉래, 이석점 후보들이 공천을 기대했으나 아스팍 문화센터 사업국장인 민병기 후보를 단일 주자로 내세웠다.

이 지역구는 1여 다야의 구도에서 야권 4 후보 중 누가 은메달을 확보 하느냐의 선거전으로 내달렸다.

공화당 민병기 후보는 국제정세를 중심으로 얘기하다가 12분을 남겨놓고 하단했지만 방대한 공화당의 조직과 풍부한 자금 살포로 야권후보들의 용호상쟁을 마냥 즐기고 있었다. 민병기 후보는 "성동 변두리 지역에 전기가 들어가도록 하겠다"고 지역개발을 주무기로 활용했다.

다이나믹한 활동을 주 무기로 선명논쟁과 대정부 공격으로 개인 이미지도 부각시킨 전북 군산출신인 양일동 후보는 언론자유보장 등 통일당 선거공약과 구호를 나열했다.

농림부 장관 출신으로 4대 총선 때에는 자유당 공천으로 당선됐으나 7대 총선 때에는 신민당 전국구 의원으로 활약하다가 8대 총선 때에는 신민당 공천을 받고 공화당 박준규 현역의원을 꺾고 3선의원에 등극한 정운갑 후보는 "10월 유신이 모든 것을 새롭게 하는 것이라면 벌써 부정부패가 일소됐어야 할 것이 아닌가"라고 정부를 공격했다.

제5대 총선 때 초대 대법원장인 김병로 후보를 전북 순창에서 꺾고 스타덤에 오른 홍영기 후보는 한일회담 비준 반대를 위해 의원직을 사직한 김재광 의원의 지역구인 서대문 을구에서 민중당 후보로 출전하여 승리하여 재선의원이 됐고, 지난 8대 총선에서는 공화당 민병기 후보를 꺾고 3선의원에 등극했다.

"당수병(黨首病)에 걸려 야당을 두 쪽으로 갈라놓은 사람이 어찌 선명 야당이냐"고 양일동 후보를 질타한 홍영기 후보는 "한말(韓末)의 뼈대 있는 후손이지만 낙선을 운으로 돌리고 일찌감치 찬물 마시고 속 차리는 것이 좋을 것"이라고 명성황후 민비 인척인 민병기 후보를 공격했다. 이에 민병기 후보는 "서로 건드리지 않기로 약속했는데"라고 불편한 심기를 내비쳤다.

불교 신도 유권자들의 지지를 기대하고 있는 유성범 후보는 "나를 국회에 보내주면 4월 8일을 공휴일로 지정하겠다" "만일 국회에 들어가 4월 8일을 공휴일로 지정하지 못하면 의원직을 사퇴하겠다"고 공약했다.

지난 총선 때에는 성동 을구에서 33,140표를 득표하여 신민당 홍영기 후보에게 12,709표차로 낙선한 공화당 민병기 후보가 공화당의 조직과 자금을 동원하여 금메달을 차지했다.

지난 8대 총선 때에는 47,593표를 득표한 양일동, 45,849표를 득표한 홍영기, 58,451표를 득표한 정운갑 후보들의 혼전은 정운갑 후보의 승리로 귀결됐다.

정통야당인 제1야당 후보를 강조한 정운갑 후보가 박준규 후보의 퇴장으로 성동병구 지역에서 야당표의 응집력을 발휘할 수 있었고 신생정당인 통일당을 당수선거에서 낙선하자 탈당한 불순세력으로 공격하여 소기의 성과를 거둘 수 있었다.

양일동 후보는 4선의원으로 야권주자들 가운데 선두주자이지만 홍영기 후보와 같은 전북 출신으로 호남표의 분산을 가져와 충청 출신들의 결집을 도모한 정운갑 후보에게 8천여표 뒤져 아쉽게 패배했다.

홍영기 후보는 변호사 출신으로 당선권을 넘나들 수 있었으나 공화당 민병기 후보와 선거구 기반이 중복되고 양일동 후보와 출신지역이 중복되어 부진을 면치 못했다.

□ 득표상황

후보자	정당	연령	주요 경력	득표(%)
민병기	공화당	46	아스팍사무국장	87,946 (32.9)
정운갑	신민당	59	8대의원(3선)	75,090 (28.1)
양일동	통일당	60	8대의원(4선)	66,372 (24.8)
홍영기	신민당	54	8대의원(3선)	29,826 (11.2)
유성범	무소속	49	8대의원(전국구)	7,942 (3.0)

<성북> 성북의 터줏대감으로 6선인 서범석, 국방부·상공부 장관을 지낸 정래혁 후보들을 꺾고 금메달을 차지한 신민당 고흥문

이 지역구는 신영철 후보를 꺾은 조윤형 의원의 갑구, 김인순 후보를 제압한 서범석 의원의 을구, 정대천 후보에게 대승을 거둔

고흥문 의원의 병구가 통합된 지역구이다.

신민당은 조윤형 의원의 구속으로 서범석, 고흥문 의원을 복수 공천했고 공화당은 김응조, 좌병옥, 송병구, 한웅진, 유원용, 이동원, 이재준, 김행남, 신영철, 구자삼, 주동준, 김인순, 장자룡 등이 거명됐으나 덕망 있는 거물급 인사를 공천한다는 방침에 따라 상공부, 국방부 장관을 역임하고 한국전력 사장까지 지낸 정래혁 후보를 공천했다.

통일당도 동아일보 기자 출신으로 제헌, 5대, 6대 의원을 지낸 이상돈 후보를 내세웠고, 한국문인협회 이사인 이준구 후보가 "정치는 평범한 사람들이 하는 것을 보여주자"며 무소속으로 출사표를 냈다.

'치밀한 수재'로 이름난 정래혁 후보는 정치 초년생이지만 지명도와 신선감 및 공화당 조직을 부각하며 여당의 고정표에다 관록을 과시하고 있다.

정래혁 후보는 "20년 간의 군생활과 국방, 상공장관을 지낸 나는 국가에 충성, 직무에 대한 충실, 자신에 대한 명예를 더럽히지 않으려는 마음으로 일관해 왔다"면서 지지를 호소했다.

제2대 총선 때 경기도 옹진 갑구에서 무소속으로 당선됐던 서범석 후보는 4대 총선 때 성북에 터전을 마련하여 민주당 공천으로 당선됐고 5대 국회에서는 3선의원으로 발돋움했다.

6대, 7대, 8대 총선에서도 연승을 이어간 서범석 의원과 3선이지만 신민당의 실력자였던 고흥문 의원은 신사적인 운동을 하기로 합의하고 을구와 병구 지역은 제외하고 갑구(조윤형)지역 에서만 득표

활동을 전개하기로 했다.

서범석 후보는 "70이라야 사물을 볼 줄도 알고 정치관록이 붙게 된다"며 "노병은 죽지 않았다"고 상대적인 고령을 극복하고자 했다.

서범석 후보는 "우리당의 거물급인 고흥문 후보와 러닝메이트로 나오게 된 것을 자랑스럽게 생각한다"고 고흥문 후보를 치켜 세우는 전략도 구사했다.

"신민당 유진산 씨가 당수직을 사퇴했다는 것은 거짓이며 이번 신민당 후보들의 공천장이 유씨 이름으로 된 것만 보아도 알 수 있다"고 선명야당 논쟁을 제기한 이상돈 후보는 "신민당 유진산 씨는 서울이 무서워 시골로 내려 갔지만 나는 서울 시민의 지지를 얻기 위해 시골에서 올라왔다"고 기염을 토했다.

이상돈 후보의 유진산의 대표직 위장사퇴론에 대해 고흥문 후보는 "선거가 끝나면 전당대회를 열어 대표직 사퇴서를 수리할 것"이라고 대응했다.

성북의 터줏대감으로 상대적으로 고령인 서범석 후보를 2만 1천여 표 차로 누르고 신민당 정무회의 부의장으로 실세인 고흥문 후보가 금메달을 차지했고, 공화당 조직표를 묶기 위해 두더지 작전을 전개한 정래혁 후보가 은메달을 차지했다.

충남 천안 출신으로 선명논쟁을 벌였던 통일당 이상돈 후보의 득표력은 신생정당의 한계를 노출했고, 무소속 이준구 후보는 출전 자체에 의미를 부여해야만 했다.

8대 총선 때 갑구에서는 신민당 조윤형 후보가 공화당 신영철 후보를 30,396표차로 제압하고 4선의원이 됐고, 을구에서는 신민당 서범석 후보가 공화당 김인순 후보를 33,759표차로 제압하고 6선의원이 됐다. 병구에서도 신민당 고흥문 후보가 공화당 정대천 후보를 무려 40,110표차로 꺾고 3선의원이 됐었다.

□ 득표상황

후보자	정당	연령	주요 경력	득표(%)
고흥문	신민당	51	8대의원(3선)	100,498 (32.2)
정래혁	공화당	47	국방부 장관	96,186 (30.9)
서범석	신민당	70	8대의원(6선)	79,169 (25.4)
이상돈	통일당	59	국회의원(2선)	26,147 (8.4)
이준구	무소속	43	한국문인협회이사	9,678 (3.1)

<서대문> 무소속 후보라는 어려움을 극복하고 6선의 노정객과 제1야당인 신민당의 단수후보를 물리친 3선의원 김재광

갑, 을, 병구가 통합된 이 지역구는 8대 총선 때 갑구에서는 신민당 김재광 의원이 공화당 오유방 후보를 제압하고 3선의원이 됐고, 을구에서는 신민당 김상현 의원이 유명 아나운서인 공화당 임택근 후보를 꺾고 3선의원이 됐다. 병구에서도 신민당 윤제술 의원이

공화당 오익상 후보를 따돌리고 6선의원이란 금자탑을 쌓아 올렸다.

공화당은 신오철 변호사, 오익상 지난 총선에서의 병구 후보, 김중길 회사 대표, 민창기 아나운서, 주택구 국방대 교수 등을 놓고 저울질하다가 지난 총선에서 갑구에서 낙선한 32세의 오유방 후보를 내세웠다.

신민당은 김상현 의원은 구속되고, 유진산 대표에 반기를 든 윤제술, 고흥문 의원들이 탈당하여 무주공산이 되자 김용성, 고병현, 편용호 후보들이 각축전을 전개했다.

신민당은 한국일보 정치부장 출신으로 7대와 8대 신민당 전국구 의원으로 활약했고 당 대변인인 편용호 의원을 공천하면서 서울 8개구에서 유일하게 단수공천을 했다.

국회부의장을 지낸 6선의원으로 신민당 정무회의 부의장을 지낸 윤제술 의원이 통일당으로, 신민당 원내총무와 정책심의회 의장을 지낸 김재광 의원이 무소속으로 출전했다.

여기에 자유당 당무위원 출신으로 경남 합천에서 3, 4대 의원을 지낸 유봉순 후보와 경희대 한의학과 출신으로 한의원을 경영하고 있는 최만휴 후보가 무소속으로 도전했다.

변호사 출신인 공화당 오유방 후보는 "북한에도 전후세대가 자라고 있을 것이므로 젊은 사람을 뽑아 정치 유신에 앞장서게 해달라"고 호소했다.

"서울 사람들이 여당을 싫어하는 줄 알지만 지금까지 야당을 뽑은 결과 파벌싸움 외에 지역발전을 위해 이루어 놓은 것이 무엇이냐"고 외친 오유방 후보는 민심을 파악해서 반영하고 강자의 횡포를 막고 통일을 위해 젊음을 바치겠다는 각오를 펼쳤다.

오유방 후보는 "선거때만 되면 그럴싸한 감언이설로 변명만 늘어놓은 선배들의 정치신조를 멸시한다"고 현역의원들을 공격했다.

서울의 유일한 신민당 단수공천 후보로서 '야당의 입'을 내세우며 야당의 조직과 영남세를 결집시키고 있는 편용호 후보는 "여러분이 안심하고 표를 찍을 수 있는 것은 유일한 정통야당인 신민당뿐"임을 재삼 강조했다.

"신민당은 늠름하게 투쟁하고 있으니 더욱 밀어달라"고 호소한 편용호 후보는 "나의 입은 내 입이 아니라 한국의 유일한 정통야당인 신민당의 입이요, 동시에 여러분의 말 못할 억울함을 대변해 주는 여러분의 입이다"라고 절규했다.

통일당 윤제술 후보는 "유신바람이 불면 따뜻할 줄 알았더니 몹시 춥다"고 비꼰 다음 "자기 연설이 끝났다고 박수부대를 빼 가는 처사는 곤란하다"고 공화당, 신민당 후보들을 비난했다.

윤제술 후보는 "옛날 사람들이 국화꽃을 사랑하는 이유는 그 향기보다 서릿바람에도 피는 그 기개 때문"이라면서 "여러분이 나를 아끼는 이유도 인간의 향기는 없으나 서릿바람에도 꿋꿋이 살아온 때문일 것"이라고 주장했다.

지조 있는 노정객의 이미지를 심는데 주력하고 있는 윤 후보는 "여러 사람이 진산을 욕하지만 인생의 석양에 선거구가 마땅치 않아 고향산천을 쫓아가는 서글픈 인생이란 생각이 들 뿐 욕하고 싶지 않다" "내가 늙은 것은 사실이나 팔딱팔딱 뛰는 생선은 썩기 쉬우나 나처럼 바짝 마른 뼈다귀는 썩지를 않는 법" "내가 청춘사업 하나는 못해도 경륜이나 애국 단심(丹心)은 누구 못지않다"고 지지를 호소했다.

윤 후보는 "나는 인간의 향기와 호르몬은 다 없어졌으나 국화처럼 모진 추위에도 고개 쳐들고 살아왔다"며 지조를 거듭 강조했다.

"야당의 분당을 막으려 최선을 다했지만 끝내 쪼개져 그 책임을 통감했기 때문"이라고 출마의 뜻을 밝힌 무소속 김재광 후보는 "유진산 씨의 신민당수 사퇴는 위장사퇴이므로 신민당이 잘되기 위해서는 그가 당을 떠나야 한다"고 주장하면서, 국회의원 임기 3년제 신당창당과 남북조절위원회의 범국민적 구성을 공약하기도 했다.

무소속 유봉순 후보는 15년 전 3대의원때 KNA가 납북 때 북한에 억류됐다 돌아온 경위를 설명하며 "야당 당수가 시골로 뺑소니 쳤으니 어떻게 야당이라고 할 수 있느냐"고 신민당을 비난했다.

무소속 최만휴 후보는 공평중립의 무소속의 길을 강조했다.

편용호 후보는 "내가 당 대변인이지만 내 입은 나만의 입이 아니라 여러분의 억울한 사정을 반영하는 여러분의 입"이라고 전제하고 "신민당이 분파가 많고 잡음이 있는 것은 사실이나 이는 전적으로 우리만의 책임이 아니라 외부 책임도 있다는 것은 알아야 한다"고 주장했지만 제1야당의 단수후보라는 호기를 살리지 못하고 4위로 낙선했다. 이는 유진산 대표의 신민당에 대한 불신과 지역구가 아닌 전국구 의원이란 핸디캡이 교직(交織)한 결과였다.

6선의원인 윤제술 후보도 상대적 고령인 데다 전북 출신이라는 지역성과 신생정당이라는 한계로 3위에 머물렀다.

1963년부터 갈고 닦은 조직에다 서대문의 터줏대감이란 명성, 신민당에서 원내총무, 정책위의장을 지낸 중진의원이라는 인물론이 겹쳐 김재광 후보가 대승을 거뒀다.

공화당의 조직과 젊은 패기를 내세운 오유방 후보도 동반당선의 기쁨을 맛보았다.

복수공천을 기대했던 김용성 의원이 편용호 의원을 단수공천하자 즉각 탈당했다가 편 의원의 선거사무장으로 활약하다 박 대통령의 추천으로 유정회 의원이 됐다.

8대 총선 때 갑구에서는 신민당 김재광 후보가 공화당 오유방 후보를 34,214표차로 제압하고 3선 의원이 됐고, 을구에서는 신민당 김상현 후보가 유명 아나운서 출신인 공화당 임택근 후보를 26,365표차로 제압하고 3선의원이 됐다.

병구에서도 신민당 윤제술 후보가 공화당 오익상 후보를 25,394표차로 꺾고 6선의원이 됐다.

□ 득표상황

후보자	정당	연령	주요 경력	득표(%)
김재광	무소속	50	8대의원(3선)	79,480 (31.3)
오유방	공화당	32	변호사	73,677 (29.0)
윤제술	통일당	69	국회부의장	50,351 (19.8)

편용호	신민당	45	8대의원(2선)	40,898 (16.1)
유봉순	무소속	54	국회의원(2선)	5,251 (2.1)
최만휴	무소속	45	한의사	4,345 (1.7)

<마포 – 용산> 마포와 용산을 차분하게 분점(分店)하여 14개 복수공천 지역구에서 유일하게 동반 당선된 김원만 과 노승환

4선의원으로 용산의 터줏대감으로 자리잡은 김원만 의원과 김홍일 의원을 전국구 의원으로 올려 보내고 어렵게 공천을 받고서 마포에서 예상을 뒤엎고 서울시장 출신인 김현옥 후보에게 승리한 노승환 의원이 복수공천을 받은 이 지역구에 공화당은 한정희, 송현섭 전 지구당 위원장 들을 제치고 공군참모총장으로 교통부 장관을 지낸 장성환 후보를 내세웠다.

8대 총선 때 마포에서는 신민당 노승환 후보가 공화당 김현옥 전 내무부 장관을 예상을 뒤엎고 1,011표차로 따돌렸고, 용산에서는 신민당 김원만 후보가 공화당 김신 전 교통부 장관을 23,316표차로 제압하고 4선의원이 됐다.

중앙대 교수 출신으로 전북 군산이 지역구인 강근호 의원이 지역구를 옮겨 터전을 잡고자 통일당으로 출전하여 4파전이 전개됐다.

방대한 공화당 조직을 추스리고 있는 장성환 후보는 정치 신인답게 "새 국회에 새 사람을 보내야 한다"고 호소했다.

선명야당 논쟁에는 일절 언급을 회피하면서 김홍일 전 신민당 대표의 조직을 포용하고 있는 노승환 후보는 "쓰러져 가는 민주주의를 소생시키고 일당독주를 견제하기 위해 야당을 모두 뽑아달라"고 호소했다.

제2공화국에서 내무부 정무차관을 지낸 4선의원인 김원만 후보는 "남북대화를 한다기에 통일의 고속도로를 닦는 줄 알았더니"라고 서두를 꺼내고 "나는 일생을 야당으로서 국민의 자유를 지키기 위해 살아왔다"며 유신체제를 우회적으로 비판했다.

"남은 한쪽의 다리도 민주주의를 소생시키는데 바치겠다"며 민주투사로서의 이미지 부각과 호남표를 겨냥한 강근호 후보는 "나처럼 다리병신이 된 민주주의를 소생시키기 위해 서울서 출마하게 됐다"면서 당선되면 구속중인 조윤형, 김상현씨 등의 석방운동부터 벌이겠다고 공약했다.

지역구 창당대회도 개최하지 못한 강근호 후보는 "신민당에서 반진산에 앞장 섰던 세 사람이 이 자리에 같이 싸우러 나온 것은 무슨 운명의 장난이냐"면서 "나이가 많고 4선이라고 참된 야당이 아니다. 낮에는 야당하고 밤에는 여당 하는 사꾸라 정당을 국회에 또 보내서는 안 된다"고 김원만 의원을 주 공격대상으로 설정했다.

김원만 후보는 "신민당은 민주정당이기 때문에 유진산 대표가 곧 신민당은 아니다"라고 대응했고, 노승환 후보는 8대 총선 때 정권 실세인 김현옥 후보를 떨어뜨린 경력을 내세워 '거물 위에 군림했던' 자신을 과시했다.

마포와 용산을 굳건하게 지켜 낸 김원만, 노승환 의원이 당선되어 신민당의 14개 복수 공천지역구에서 유일하게 모두 당선된 지역구를 만들었으며 정치신인인 장성환 후보는 서울에서 유일한 낙선 후보가 됐다.

선명논쟁을 벌이며 김홍일 의원의 조직과 호남표를 집중 공략한 강근호 후보는 이태구 간사장을 선거사무장으로 옹립했지만 지역에 뿌리를 내리지 못하고 석패하는 아픔을 겪었다.

☐ 득표상황

후보자	정당	연령	주요 경력	득표(%)
김원만	신민당	64	8대의원(4선)	67,140 (31.5)
노승환	신민당	45	8대의원(마포)	66,031 (30.9)
장성환	공화당	52	공군참모총장	56,881 (26.7)
강근호	통일당	39	8대의원(군산)	23,244 (10.9)

<영등포 갑> 지난 총선에서 73% 득표율을 올린 여세를 몰아 이번 총선에서도 10만여 표를 득표하여 1위를 고수한 신민당 김수한

진산파동과 선명야당의 진원지인 이 지역구는 공화당 정희섭, 신민당 김수한 – 노병구, 통일당 김선태, 무소속 차만석 후보가 5파전을 전개하고 있다.

지난 8대 총선 때 유진산 신민당 대표의 지역구 포기로 서울에서 유일하게 당선을 일군 장덕진 의원, 김수한 의원에게 참패한 이찬혁 후보들을 제치고 공화당 공천을 받은 보사부 장관을 지낸 정희섭 후보는 지역개발을 내걸고 변두리지역을 집중공략 하면서 이찬혁 전 의원의 노조조직, 이사장으로 있는 숭실중·고 동창조직은 물론 교회표까지 손을 내밀고 있다.

지난 8대 총선 때 을구에서 73%의 득표율로 이찬혁 후보에게 압승을 거뒀던 김수한 의원은 "공화당 단합대회에서 비누를 나눠주고 밀가루 실은 삼륜차가 사당동 변두리를 누비고 있으며 통반장 회의가 빈번하다"고 주장하며 지지를 호소하고 있으나 선명논쟁으로 약간의 상처를 입었다.

민주당 정권시절 무임소 장관을 지낸 3선의원인 통일당 김선태 후보는 달변가로서 반진산 무드에 호소하며 진도출신으로 호남표에 기대를 걸고 있다.

신민당 중앙상무위원으로 영등포 토박이를 강조하고 있는 신민당 노병구 후보는 서울공고 동문조직에 기대를 걸고 있다.

극락정사 주지 출신으로 불교도들의 지지에 기대를 걸고 있는 무소속 차만석 후보는 "부처의 자비심이 곧 정치"라면서 "숭불(崇佛)이면 정치안정이요, 배불(背佛)이면 정치 불안이란 것은 정사(正史)의 교훈"이라고 색다른 정치철학론을 전개했다.

8대 총선 때 갑구에서는 재무부 차관보 출신인 공화당 장덕진 후보가 유진산 대표가 전국구로 방향을 선회하고 지역구를 물려준 신민당 박정훈 후보를 19,856표차로 꺾고 서울에서 유일한 당선자가 됐고, 을구에서는 신민당 김수한 후보가 공화당 이찬혁 후보를 35,263표차로 꺾고 재선의원이 됐다.

합동연설회에서 정희섭 후보는 "한발 때 전남도민을 구호하는데 앞장선 덕분으로 명예 전남도민증을 받았고 광주 공원에는 비석까지 세워져 있다"고 호남표를 겨냥했고, 김수한 후보는 "과거 10년 동안 윤보선, 유진오, 김홍일, 유진산 당수 밑에서 대변인을 해 온 경험을 살려 민주투쟁에 앞장서겠다"고 지지를 호소했다.

3선의원인 김선태 후보는 "유진산 씨와 20여년 동안의 정치 행적을 국민에게 심판을 받아 보려고 이곳을 택했으나 그 사람의 후배와 경쟁하게 됐으며 민주투쟁에 나같이 앞장선 사람은 거의 없을 것"이라고 민주투사임을 강조했으나 뜨내기 후보라는 오명을 벗어날 수는 없었다.

대구대 법대 출신으로 7대와 8대 의원인 김수한 후보가 오랫동안 다져온 조직과 제1야당 현역의원이란 이점을 살려 10만표가 넘는 득표를 독차지했고 방대한 조직을 활용한 공화당 정희섭 후보가 은메달로 동반 당선됐다.

전남 진도출신으로 호남표를 기대한 통일당 김선태 후보나 토박이로 서울 토박이들의 절대적인 지지를 기대한 신민당 노병구 후보들의 득표력은 보잘 것 없었다.

□ 득표상황

후보자	정당	연령	주요 경력	득표(%)

김수한	신민당	44	8대의원(2선)	102,875 (48.6)
정희섭	공화당	53	서울의대 외래교수	53,975 (25.5)
김선태	통일당	61	국회의원(3선)	29,793 (14.1)
노병구	신민당	41	당 중앙상무위원	19,742 (9.3)
차만석	무소속	52	불교시보사 주필	5,286 (2.5)

<영등포 을> 신민당 전국구 4선의원이지만 호남표를 반분하여 동반하여 낙선한 신민당 김의택과 통일당 유청 의원

공화당 조효원 후보를 꺾은 신민당 박한상 의원의 영등포 병구와 공화당 박충훈 후보를 꺾은 신민당 윤길중 의원의 영등포 정구가 통합된 이 지역구는 공화당 강병규, 신민당 김의택 – 박한상, 통일당 유청, 무소속 이진오 후보들이 각축전을 전개하고 있다.

공화당 전국구 의원으로 병구의 지구당 위원장을 맡아 조직을 관리해 오다가 이찬혁, 박충훈, 서광순 후보들을 제치고 공천을 받은 강병규 후보는 화려한 개발공약을 내걸고 변두리지역을 집중 공략하고 있으며 교수로 있던 중앙대의 동문조직도 활용하고 있다.

강병규 후보는 "영등포구가 서울에 있으면서 가장 낙후된 것은 야당만 뽑았기 때문"이라면서 "내가 당선되면 통반장을 겸해서 이 지역 개발에 힘쓰겠다"고 역설했다.

또한 강 후보는 "영등포는 지난 날 야당의원을 국회에 보냈기 때문에 뒤떨어졌으니 이번에는 여당의원을 뽑아 낙후된 영등포를 살기 좋은 곳으로 만들자"면서 지역개발계획을 풍성하게 열거했다.

6, 7, 8대 의원으로 무료변론 등 인권옹호사업으로 서민층에 뿌리를 박은 것이 강점인 박한상 후보는 "10월 유신에 대한 언급을 삼가 달라"는 선관위의 주의를 받고서 "옳고 그른 것을 마음대로 얘기할 수 있는 사회가 진정한 자유사회다. 나는 국회에서 '아니요' 하는 자유가 보장되는 사회를 만들기 위해 노력하겠다"고 유신체제를 비판하면서 지지를 호소했다.

민주당 원내총무 출신으로 8대에는 전국구 의원인 신민당 김의택 후보는 "내 나이 60이 넘었지만 민주주의에 대한 정열은 넘치고 있다. 이 정열에 여러분이 불을 붙여 준다면 민주 제단에 최후를 바치겠다"고 호소했다.

"나는 본적지도 현주소도 신민당이다. 보따리를 싸 들고 다니는 정치인을 볼 때마다 정치무상을 느낀다"고 신민당 탈당파들을 신랄하게 비난한 김의택 후보는 "공화당이 서울에서 당선된다면 국회는 공화당으로 가득차게 된다"고 공화당 후보들의 당선을 막아 달라고 호소했다.

신민당 전당대회의장 출신으로 통일당 간사장인 유청 후보는 "야당에는 진짜와 가짜가 있다"고 전제하고 "대표와 당 고문이 서울 시민의 심판을 받기 위해 서울에서 출마한 통일당 이야말로 진짜 야당"이라고 주장했다.

"현행 헌법이나 국회법 아래서 국회의원은 아무것도 할 수 없다. 뭐뭐 해주겠다 약속하는 사람이 있다면 그건 말짱 거짓말이다"라는 유청 후보는 "남편의 외도를 참는 것도 한계가 있다. 시간이 흐를수록 실망과 절망의 길을 가기 때문에 딴 살림을 차린 것이다"라고 신민당 탈당과 통일당 창당의 정당성을 역설했다.

신민당 전국구 의원인 유청 후보는 "여당 뽑았다고 무주 구천동이 서울의 명동이 됩니까. 야당을 뽑았다고 명동이 무주 구천동이 됩니까"라고 강병규 후보의 여당만이 지역개발을 할 수 있다는 논리를 반박했다.

가수 김상희가 시아버지를 따라 나와 청중들의 시선을 집중시켰다.

재향군인회 영등포 분회장 출신으로 향군조직에 기대를 걸고 있는 이진오 후보는 "당리당략에 이용되지 않고 국민 입장에서 공정하게 일할 수 있도록 무소속으로 나왔다"고 출마의 변을 밝혔다.

"오늘날 우리의 실정은 '네 네 지당합니다'라고만 말할 수 있는 자유밖에 없다"고 미국 대심원 홀슨 대법관의 말을 인용하여 유신체제를 우회적으로 비난한 박한상 의원이 지역구 의원으로서 10년 이상 관리한 조직을 가동하고 한국인권옹호협회 회장으로서의 인권운동의 활동을 내세워 금메달을 차지했다.

8대 총선 이후 지역구를 맡아 뿌리를 내려온 강병규 후보가 중앙대 교수시절 맺어 온 인연과 공화당의 조직을 활용하여 간발의 차로 은메달을 차지할 수 있었다.

4선의원으로 전남 함평출신인 김의택 후보는 호남표와 지명도에 기대를 걸었으나 박한상 의원과의 심한 라이벌관계로 조직에 혼선을 가져와 당선권에서 멀어졌다.

4선의원으로 전북 전주출신인 유청 의원은 선명논쟁으로 반진산 무드를 타고 상승세를 이어갔으나 신생 정당으로서의 한계와 김의택 의원과의 호남표 분산으로 소기의 성과를 거두지 못했다.

8대 총선 때 병구에서는 신민당 박한상 후보가 공화당 조효원 후보를 18,304표 차로 꺾고 3선 의원이 됐고, 정구에서는 신민당 윤길중 후보가 경제기획원장관을 지낸 공화당 박충훈 후보를 3,396표차로 어렵게 따돌리고 3선의원이 됐다.

□ 득표상황

후보자	정당	연령	주요 경력	득표(%)
박한상	신민당	50	8대의원(3선)	77,621 (37.9)
강병규	공화당	41	8대의원(전국구)	71,964 (35.1)
유 청	통일당	52	8대의원(4선)	22,365 (10.9)
김의택	신민당	64	8대의원(4선)	21,465 (10.5)
이진오	무소속	48	재향군인분회장	11,436 (5.6)

경기도

<인천> "10월 유신을 지지하지만 공화당과 행정부의 독주를 막기

위해 야당도 뽑아 달라"고 호소한 신민당 김은하

공화당 유승원 의원이 신민당의 사준 변호사를 꺾은 갑구, 신민당 김은하 의원이 공화당의 최정환 인천 상공회의소장을 꺾은 을구, 공화당 김숙현 변호사가 신민당 신현정 후보를 꺾은 병구가 통합되어 이번 총선에서는 단일구가 됐다.

유승원, 김숙현 의원과 최정환 후보가 난투극을 벌인 공화당은 유승원 의원을 낙점했고, 김은하 의원과 사준 변호사가 쟁패전을 벌인 신민당은 김은하 의원을 공천했다.

인천시당 위원장을 맡고 있는 심재갑 후보가 구세병원장인 조철구 후보와 맞붙은 통일당은 심재갑 후보를 내세웠다.

한국인권투쟁위원회 경기도 지회장을 맡고 있는 허종수 후보가 무소속으로 등록하여 4파전이 전개됐다.

8대 총선 때 갑구에서는 공화당 유승원 후보가 신민당 사준 후보를 17,390표차로 꺾고 재선의원이 됐고, 을구에서는 신민당 김은하 후보가 공화당 최정환 후보를 16,836표차로 꺾고 3선의원에 올랐으며, 병구에서는 공화당 김숙현 후보가 신민당 신현정 후보를 15,067표로 제압했다.

유승원 후보는 인천시장과 청와대 민정수석을 지냈으며 6대와 8대의 재선 중진의원으로 인천항 개축, 경인선 전철화, 인천시장 근대화 등 재임 중 업적을 나열하며 "유신과업을 성취시키기 위해서는 공화당에 안정세력을 확보해 달라"고 호소했다.

6대, 7대, 8대 총선에서 연승한 김은하 후보는 경인선 복선, 경인고속도로 건설, 인천시 전화증설을 공약하고서 "집권당을 견제하기 위해서는 야당에 3분의 1선을 확보해 주어야 한다"고 역설했다.

오랫동안 교편생활과 농촌운동을 전개한 기반을 활용하고 있는 심재갑 후보는 "선명야당인 통일당을 밀어달라"고 호소했다.

인천중, 제물포고 학생회장 출신으로 한국민권투쟁 위원회 경기도 위원장인 한종수 후보는 "민족적이고 양심적인 일꾼이 되고자 무소속을 선택했다"면서 지지를 당부했다.

3선의원이라는 의원 경력과 을구 지역을 기반으로 갑, 병구 지역의 신민당 조직을 활용하여 침투한 김은하 후보는 "10월 유신을 지지하지만 여당과 행정부의 독주를 막기 위해 야당도 뽑아 달라"면서 인천의 야당성을 자극하여 금메달을 차지했다.

정치신인으로서 지명도, 조직 그리고 자금까지 열세인 심재갑, 한종수 후보들은 당선은 따 놓은 당상으로 기정사실화하고 느긋한 입장에서 소극적인 선거운동을 전개한 공화당 유승원 후보의 적수가 되지 못하고 양당 후보들의 동반당선을 바라만 볼 수밖에 없었다.

☐ 득표상황

후보자	정당	연령	주요 경력	득표(%)
김은하	신민당	49	8대의원(3선)	100,694 (42.3)
유승원	공화당	51	8대의원(2선)	92,543 (38.9)

| 심재갑 | 통일당 | 38 | 인천시당위원장 | 30,105 (12.6) |
| 한종수 | 무소속 | 30 | 민권투쟁지부장 | 14,654 (6.2) |

<수원 – 화성> 수원의 이병희, 화성의 김형일 의원들이 짝짜꿍으로 동반 당선되어 4선의원, 3선의원으로 발돋움

공화당 이병희 의원의 지역구인 수원과 신민당 김형일 의원의 지역구인 화성이 통합된 이 지역구는 두 의원이 사이 좋게 공천을 받고 대결을 펼쳤다. 여기에 통일당 김진구 후보가 도전하여 3파전을 전개했다.

8대 총선 때 수원에서는 공화당 이병희 후보가 신민당 김상돈 후보를 11,359표차로 제압하고 3선의원이 됐고, 화성에서는 신민당 김형일 후보가 공화당 홍사승 후보를 12,340표차로 꺾고 재선의원이 됐다.

이병희 의원은 이백일 수원시장이 사전 선거운동혐의로 구속되고 손도심 전 의원이 불출마를 선언하여 중량급 정치인들의 대결이 없어진 상황에서 홍사승, 예영창, 서정환 후보들을 가볍게 제압하고 공화당 공천을 받았다.

공화당 공천장을 건네받은 이병희 후보는 "한 선거구에서 2명의 국회의원이 나오니 여러분은 여당 한 사람과 야당 한 사람을 뽑아주면 누이 좋고 매부 좋은 일 아니겠느냐"고 동반당선을 호소하며

6대 국회의원 선거 때 경기도청의 수원이전을 공약하고 삭발까지 하며 기어이 이를 이행했다고 자랑했다.

"공화당에 표를 몰아줘도 나머지 한 사람은 야당에서 당선된다. 이왕이면 책임지고 일할 수 있는 금메달로 당선시켜 달라"고 호소한 이병희 후보는 그간 미운 정 고운 정 다 든 자신에게 금메달을 따게 해달라고 부탁했다.

"한 선거구에서 2명의 국회의원을 뽑게 되었으니 공화당 하나, 야당 하나 뽑아주면 누이 좋고 매부 좋은 일이다"는 이병희 후보는 예비역 육군대령 출신으로 예비역 육군중장 출신인 김형일 의원과의 동반당선을 은근히 역설했다.

지난 총선 때 수원에서 낙선한 김상돈 후보의 출전포기로 무혈 입성한 김형일 후보는 "지역개발이 안 된 것은 야당 의원이 나와서 그런 것이 아니다"면서 "이병희 후보와 다름없이 지역 개발사업에 헌신하겠다"고 공약했다.

김구룡, 박왕식, 손도심 후보들의 출전포기로 동반당선의 파수꾼이 된 김진구 후보는 "선명야당의 가치를 들고 출범한 통일당이란 새로운 상품을 시험해 보라"고 호소했다.

수원에서 당선된 이병희 후보는 "낙후된 화성에서 표를 모아주면 앞장서서 화성 지역의 지역개발을 하겠다"고 호소하여 금메달을, 수원의 신민당 조직표를 총동원한 김형일 후보는 은메달을 확보하여 동반하여 당선됐다.

새로운 상품을 시험해 보라는 통일당 김진구 후보는 정치신인으로서 인물론에서 두 현역의원을 따라잡지 못하고 파수꾼으로서의 역할만을 수행했을 뿐이다.

□ 득표상황

후보자	정당	연령	주요 경력	득표(%)
이병희	공화당	46	8대의원(3선)	76,748 (52.4)
김형일	신민당	49	8대의원(2선)	61,150 (41.7)
김진구	통일당	48	지구당 고문	8,583 (5.9)

<의정부 - 파주 - 양주> 공화당 7대의원이었으나 지난 총선에서는 낙천되자 국민당으로 출전하여 낙선했으나 재기에 성공한 이진용

공화당 이윤학 후보가 신민당 강승구, 국민당 이진용 후보들을 꺾은 의정부 - 양주와 청와대 비서관을 지낸 공화당 박명근 후보가 신민당 황인원 후보를 꺾은 파주가 통합선거구로 출범했다.

박명근, 이윤학 현역의원과 신윤창 전 의원, 홍우준 후보 등이 각축전을 전개한 공화당은 박명근 의원이 공천을 받았고, 황인원, 김형광, 안종목, 신동균 후보들이 공천을 기대한 신민당은 김형광 후보가 공천을 받자 5대와 6대의원을 지낸 황인원 후보가 통일당으로 옮겨 출전했다.

5·16 군사쿠데타 직후 검찰부장으로 맹활약한 박창암 후보와 의정부 – 양주에서 7대총선 때 공화당 공천으로 당선됐으나 지난 총선에서는 이윤학 후보에게 공천에서 밀리자 국민당으로 옮겨 출전하여 낙선한 이진용 후보가 무소속으로 등록했다.

청와대 농림건설담당 비서관을 지낸 박명근 후보는 "8대의원에 당선된 지 9개월 만에 공약사업을 100% 완료했고 파주의 농촌 전화율(電化率)이 전국 제1의 95.7%"라고 자랑했다.

의정부 출신으로 파주 출신으로 재선의원인 황인원 후보를 제치고 신민당 공천을 받은 김형광 후보는 "신민당은 어느 개인의 당이 아니며 유일한 정통 야당이므로 잘못된 일이 있더라도 국민이 키워줘야 한다"고 호소했다.

"통일당이 선명야당이자 정통야당"이라고 강조한 황인원 후보는 "짖지 않는 개는 쓸모가 없는 것과 같이 사납게 정부를 질책할 수 있는 선명야당인 통일당 후보를 뽑아 달라"고 호소했다.

국민복 차림으로 등단한 무소속 박창암 후보는 "5·16 당시의 정신이 변치 않았음을 보이기 위해 국민복을 입고 나왔다"고 지지를 호소하면서 지금껏 양주에서 농장경영의 기반으로 지지세 확산에 들어갔다.

무소속 이진용 후보는 "첫 번째 등단하여 발표한 정견을 다음 후보자들이 반박하면 무효가 돼 버릴 염려가 있어 지역개발공약을 나열하지 않으나 중앙에서는 시시비비를 가려 호랑이처럼 싸우고 지방에서는 순하게 일할 사람을 뽑아 달라"고 당부했다.

"양주주민들을 위해 통일될 때까지 미군의 철수를 반대하겠다"는 무소속 이진용 후보는 "내가 8대 국회 때 공천을 못 받은 것은 명령이라면 맹종하는 거수기 노릇을 안 했기 때문"이라고 변명하자, 공화당 박명근 후보는 "정치인은 지조가 있어야 하는데 공천을 못 받았다고 해서 무소속으로 나오는 것은 자세가 잘못된 것"이라고 질책했다.

유권자 163,564명인 의정부 – 양주와 유권자 81,425명인 파주의 통합선거구인 이 지역구는 의정부 – 양주에서는 신민당 김형광, 무소속 박창암, 이진용 후보들이 출전했고 파주에서는 공화당 박명근, 통일당 황인원 후보가 출전하였지만 그래도 의정부 – 양주 출신들이 지역대결에서 유리한 상황이다.

이에 파주출신인 박명근 후보는 "국민총화를 이뤄야 할 시기에 양주 유권자는 양주 출신을 찍고, 파주 유권자는 파주 출신을 찍는다면 지역감정만 격화될 뿐"이라고 지역주의를 경계했다.

유일한 현역의원인 박명근 후보는 고향인 파주에서 69%인 46,279표를 쓸어 담고 공화당 조직과 풍부한 자금을 활용하여 의정부 – 양주 에서도 39%인 43,186표로 1위를 차지하여 대승을 거두었다.

7대에는 공화당 의원으로 활동했지만 8대총선에서는 공천에서 낙천되고 낙선도 했지만 관리하여 온 조직을 되살린 무소속 이진용 후보가 파주에서는 4%에도 미치지 못한 1,770표 득표에 머물렀지만 의정부 – 양주에서 30%가 넘는 34,008표를 득표하여 값진 승리를 엮어냈다.

지난 총선에서 낙선한 강승구 전 의원을 밀쳐 내고 신민당 공천을 받은 김형광 후보는 파주에서는 신민당 당원조직을 활용하여 이진용 후보를 2,892표 앞섰지만 고향이며 정치적 기반이 있는 의정부 – 양주에서 24%인 26,321표에 그쳐 7,687표나 이진용 후보에게 뒤져 여의도 입성에 실패했다.

재선의원이었지만 고향인 파주에서 18% 수준인 12,242표 득표에 머문 황인원 후보나 5.16 군사 쿠데타 이후의 군정시절 혁명정부 검찰부장으로 명성을 날렸던 박창암 후보는 부진한 성적을 거둬들였다.

8대총선 때 의정부 – 양주에서는 공화당 이윤학 후보가 7대 의원인 신민당 강승구, 현역의원인 국민당 이진용 후보를 꺾고 국회에 등원했고, 파주에서는 공화당 박명근 후보가 신민당 황인원 후보를 8,128표차로 제압했었다.

□ 득표상황

후보자	정당	연령	주요 경력	득표(%)
박명근	공화당	44	8대의원(파주)	89,465 (47.9)
이진용	무소속	54	7대의원(양주)	35,768 (19.2)
김형광	신민당	37	지구당위원장	30,983 (16.6)
황인원	통일당	52	국회의원(2선)	18,100 (9.7)
박창암	무소속	53	검찰부장	12,325 (6.6)

<여주 – 이천 – 광주> 지역연고는 없지만 정치학 박사 출신으로 전국구 의원이란 명성으로 동반당선을 일궈 낸 신민당 오세응

여주 – 양평 지역구에서 여주를 분할하여 병합한 이 지역구는 차지철 3선의원이 정동성, 김연수 후보들을 가볍게 제압하고 공화당 공천을 받았고, 전국구 의원인 오세응, 지난 총선에 출전하여 3만 6천여 표를 득표한 유기준, 중앙당 관료 출신인 탁형춘 후보들이 각축전을 전개한 신민당은 당선을 도외시하고 오세응 의원과 유기준 후보를 복수 공천했다.

박종진, 장정근, 전성천, 곽인식 후보들의 출마설이 나돌았으나 김대중 대선후보 비서였던 이윤수 후보가 통일당으로, 경찰공무원인 서영석 후보가 무소속으로 등록하여 5파전이 전개됐다.

8대 총선 때 광주 – 이천에서는 공화당 차지철 후보가 신민당 유기준 후보를 17,123표차로 꺾고 3선의원이 됐고, 여주 – 양평에서는 신민당 천명기 후보가 공화당 이백일 현역의원을 7,595표차로 제압했다.

우리나라는 3천만에 3천 리, 내 기호가 3번이니 3x3은 9로 내가 9대국회에 들어간다고 유기준 후보는 승리를 확신했다.

천명기 의원이 양평 출신으로 무주공산이 되자 안성출신이지만 미국 아메리칸 대 출신으로 정치학 박사라는 학위 하나로 신민당 전국구 18번에 발탁되어 행운의 열차에 탑승한 오세응 후보가 이 지역구에 발을 담았다.

특전사 육군대위로 5·16에 참가하여 혁명주체로 위세를 떨친 여세를 몰아 6대 총선에서는 공화당 말번(22번) 전국구 의원이 되었다가 7대 총선에서는 이 지역구에 안착하고 8대 총선에서 연승하여 3선의원이 된 차지철 의원은 새로운 선거법에 위축되어 소극적인 조직점검으로 일관했다. 그러나 막강한 공화당 조직을 동원하여 여주와 이천에서 1위를 차지하여 금메달을 목에 걸었다.

현역의원이며 정치학 박사라는 명성으로 야당조직을 활용한 붐 조성에 성공했지만 지역연고가 엷은 오세응 후보가 여주에서는 36%인 14,452표, 광주에서는 30%인 15,101표를 득표하여 전 지역에서 2위를 차지한 것이 밑바탕이 되어 은메달을 목에 걸고 국회 입성에 성공했다.

지난 총선에서 차지철 의원에게 석패한 유기준 후보는 고향인 광주에서 31%인 23,105표를 득표하여 1위를 했지만 여주에서는 3,178표, 이천에서는 6,208표 득표에 머물러 유진오 박사의 기계 유씨 문중들의 전폭적인 지원에도 불구하고 아쉽게 은메달을 넘겨줬다.

안성 출신으로 전국구 의원인 오세응 후보가 안성에 출전하고 유기준 후보를 단수 공천했더라면 유 후보는 확실하게 은메달로 국회등원에 성공했을 것이다.

영등포 갑구를 포기하고 전국구로 선회한 유진산 대표의 행위를 규탄하다 신민당에서 제명되고 신생정당인 통일당 공천으로 출전한 이윤수 후보나 무소속 서영석 후보는 출전 자체에 의미를 부여하고 차기를 기약할 수밖에 없었다.

□ 득표상황

후보자	정당	연령	주요 경력	득표(%)
차지철	공화당	38	8대의원(3선)	53,586 (35.7)
오세응	신민당	39	8대의원(전국구)	51,399 (34.4)
유기준	신민당	48	광주장학회장	32,491 (21.6)
이윤수	통일당	34	지구당위원장	7,719 (5.1)
서영석	무소속	48	경찰공무원	4,869 (3.2)

<평택 – 용인 – 안성> 고향인 평택에서 56%를 쓸어 담고 용인 - 안성에서도 선전하여 금메달을 차지한 신민당 유치송

공화당 최영희 의원의 지역구인 평택과 공화당 서상린 의원의 지역구인 용인 – 안성이 통합된 이 지역구에 공화당은 서상린 의원을 공천하고, 최영희 의원을 통일주체국민회 후보의 추천으로 교통정리했다.

지난 총선 때 신민당 공천으로 평택에서 낙선한 유치송 후보와 안성 – 용인에서 낙선한 조종익 후보의 혈전은 유치송 후보의 승리로 귀결됐다.

공화당 공천에서 낙천한 7대의원인 이윤용 후보가 무소속으로, 서울지검 검사 출신인 유택형 후보가 통일당으로, 청년운동을 펼친 서성태 후보가 무소속으로 출전하여 5파전이 전개됐다.

8대 총선 때 평택에서는 공화당 최영희 후보가 신민당 유치송 후보를 4,473표차로 제압하고 재선의원이 됐고, 용인 – 안성에서는 공화당 서상린 후보가 신민당 조종익 후보를 4,360표차로 꺾고 3선 의원이 됐다.

무소속 이윤용 후보는 6대 총선에서 낙선하고 공화당 공천으로 7대총선에서 당선됐으나 선거부정 혐의로 공화당에서 제명되는 수난을 겪었다.

공화당 서상린 후보는 "나를 뽑아주면 군의 선배인 최영희 의원 못지않게 열심히 하겠다"고 다짐했다.

"공화당이 전부 잘했다는 것은 아니다. 그렇다고 밥 먹다가 돌이 하나 나왔다고 해서 밥 먹기를 포기할 것인가"라는 서상린 후보는 "항간에 듣자니 내가 부정 축재를 해서 돈을 벌었다고 하는데 그것이 사실이라면 내가 공화당의 공천을 받을 수 있었겠느냐"고 항변하면서 조직점검에 나섰다.

지난 8대 총선 때 신민당 공천으로 낙선했지만 중앙당 사무차장으로 활약한 유치송 후보는 지지기반인 평택은 물론 생소한 용인 – 안성에서도 조종익 전 지구당위원장의 적극적이 지원으로 지지기반을 넓혀 갔다.

통일당 유택형 후보는 "국회는 정치 브로커들이 모이는 곳은 아니다. 변호사인 나를 국회에 보내주면 율곡(栗谷) 정신으로 최후의 일각까지 싸우겠다"고 호소했지만 정치신인의 한계를 실감했다.

평택과 용인 – 안성을 양분한 서상린 후보와 유치송 후보는 사이 좋게 동반 당선을 향해 달렸다.

유치송 후보는 평택에서 56%인 41,697표를 쓸어담고 야당 붐 조성에 힘입어 용인에서는 28%인 10,155표를, 안성에서도 38%인 13,0 43표를 득표하여 경기도 남부의 농촌지역에서 집권여당 3선 의원을 꺾고 1위를 차지했다.

부정축재자라는 뜬소문으로 곤욕을 치른 서상린 후보는 지지기반인 용인에서는 40%인 14,443표를 득표하고, 안성에서도 33%인 59,670표를 득표하여 1위를 차지했지만, 최영희 의원의 지역구인 평택에서는 공화당 조직원들의 반발로 23%에도 미치지 못한 17,021표 득표에 머물러 금메달을 넘겨주고 말았다.

평택과 용인 – 안성을 양분한 유치송, 서상린 후보는 상대지역의 터줏대감인 최영희, 조종익 후보 지지자들의 반발과 지지 정도에 따라 메달의 색깔이 결정됐다.

공화당 7대 의원이었지만 8대 총선에서는 최영희 전국구 의원에게 지역구를 넘겨줬던 이윤용 후보는 지지기반인 평택에서도 11% 수준인 8,739표 득표에 그쳐 당선권에서 멀어졌다.

서울지검 검사 출신으로 인권변호사로 활약하고 있는 유택형 후보는 고향인 안성에서는 22%가 넘는 11,330표를 득표했으나 평택과 용인에서 부진하여 의미 있는 성적을 올리지 못했다.

☐ 득표상황

후보자	정당	연령	주요 경력	득표(%)
유치송	신민당	48	당 사무차장	64,895 (40.6)

서상린	공화당	47	8대의원(3선)	51,134 (31.9)
유택형	통일당	44	서울지검검사	19,638 (12.3)
이윤용	무소속	58	7대 의원(용인)	14,761 (9.2)
서성태	무소속	37	청년회지도위원	9,546 (6.0)

<부천 – 시흥 – 옹진> 인권변호사라는 명성을 업고 시흥에서 35,439표를 득표하여 금메달을 차지한 신민당 이택돈

5·16 혁명주체로 국회 상공분과위원장인 공화당 오학진 의원의 지역구인 부천 – 옹진과 서울고법판사 출신인 신민당 이택돈 의원의 시흥이 통합되어 이번 선거에선 단일구가 됐다.

지난 총선 때 이택돈 의원에게 1만여 표차로 낙선한 이영호 후보를 비롯하여 박영성, 이재현, 윤승택 후보들을 가볍게 제압하고 공화당 공천을 받은 오학진 후보는 "국회의원에 당선된 지 1년 6개월 만에 다시 뽑아 달라고 하게 되어 죄송스럽게 생각한다" "당선되면 지난번 공약을 포함해서 지역개발사업에 열심히 일하겠다"고 지지를 호소했다.

"자유민주주의는 나의 신앙이요, 종교요, 그리고 모든 것"이라고 주장한 신민당 이택돈 후보는 인권옹호에 힘써 온 사실을 강조했다.

이택돈 후보는 "국민이 안심하고 이야기하고 마음 놓고 말할 수 있어야 유신이 되지 않겠느냐" "요즘 얘기하려면 앞뒤를 보게 됐다"며 유신체제를 비판했다.

정당생활 20년을 기반으로 지난 총선 때 5천여 표차로 패배한 통일당 안동선 후보는 "기탁금 200만원을 마련하다가 병까지 얻었다" "종래 있던 야당은 낮에는 야당, 밤에는 여당을 했다"고 신민당을 비난했다.

안동선 후보는 "신익희 선생은 25명의 민주당 의원을 데리고 자유당과 싸웠다. 사이비 야당은 89명이나 되었으면서도 오늘의 사태를 막지 못했다" "통일당이 20명만 원내에 들어가면 민주주의는 산다" "자유민주주의를 되찾기 위해 국회에 들어가 투쟁 해야겠다"며 신민당 이택돈 의원을 공격했다.

소사에 병원을 개업한 개업의로서 옳은 일을 해보기 위해 출마했다는 무소속 김낙률 후보는 "국회의원은 지식, 총명, 인격, 덕망, 경제력 등의 자질이 구비되어야 한다"고 국회의원상을 설파했다.

나라와 민족을 위해 무엇인가 하기 위해 출전했다는 무소속 김봉기 후보는 "당선되면 빈부의 격차를 줄이기 위해 최선을 다하겠다"고 다짐했다.

부천 – 옹진의 현역인 오학진 후보와 시흥의 현역의원인 이택돈 후보의 동반 당선을 저지하기 위해 통일당 안동선, 무소속 김낙률, 김봉기 후보들이 출전했으나 인물에서나 조직에서나 자금력에서나 적수가 되지 못했다.

8대 총선 때 부천 – 옹진에서는 공화당 오학진 후보가 신민당 안동선 후보를 5,935표차로 꺾고 3선의원 반열에 올랐고, 시흥에서는 신민당 이택돈 후보가 공화당 이영호 후보를 10,211표차로 꺾고 초선의원이 됐다.

시흥군에서 53%인 35,439표를 득표한 신민당 이택돈 후보가 부천과 옹진에서 부동의 1위를 한 공화당 오학진 후보를 437표 앞서 금메달을 차지했다. 오학진 후보는 시흥에서는 공화당 조직을 활용하여 2만여 표를 득표했지만 부천에서 41% 수준인 24,147표를 득표하여 금메달을 넘겨주게 됐다.

통일당 안동선 후보는 부천에서는 28%가 넘는 16,742표를 득표하여 이택돈 후보를 3,235표 앞섰으나 시흥에서 5천여 표 득표에 머물러 동메달을 차지할 수밖에 없었다.

□ 득표상황

후보자	정당	연령	주요 경력	득표(%)
이택돈	신민당	38	8대의원(시흥)	49,646 (38.1)
오학진	공화당	45	8대의원(3선)	49,209 (37.7)
안동선	통일당	37	정당인	22,394 (17.2)
김낙률	무소속	45	경기도청 자문위원	5,186 (4.0)
김봉기	무소속	36	승공연합경기단장	3,957 (3.0)

<고양 - 김포 - 강화> "공화당이 오만불손하게 이곳의 야당을 깔보고 복수 공천했다"고 분기 탱천 했으나 낙선한 신민당 오홍석

고양과 김포 – 강화가 병합된 이 지역구에 공화당은 고양 출신으로 재선의원인 김유탁 의원과 김포 출신으로 중앙정보부장을 지낸 김재춘 의원을 복수 공천했다.

신민당 총무국장 출신으로 전국구 의원에 발탁된 오홍석 의원이 지역에 기반을 확보한 이교성, 이희영, 임수현 등 후보들을 제압하고 신민당 공천을 받아내자, 신민당 지구당 위원장을 지낸 이교성 후보가 통일당 공천으로 출전하여 선명논쟁을 벌였다.

강화군 교육감 출신으로 6대 국회에서 문공위원장으로 활약한 이돈해 후보가 무소속으로 출전했다.

지난 8대 총선에서는 공화당 장준영 후보를 꺾고 민중당 공천으로 당선된 김재춘 의원이 공화당 품속을 찾아 들어 대검 검사였던 김덕문을 비롯하여 장준영, 남궁택, 이명춘, 이강익 후보들을 제치고 공화당 공천을 받을 수 있었다.

"국회의원은 국제정세나 경제동향을 알고 외국에 나가서 자기 나라 소개를 할 수 있는 외국어 실력 정도는 있어야지 말 한마디 못하고 백화점에 나가 쇼핑이나 하는 멍텅구리를 여러분의 대표로 뽑을 수는 없지 않느냐"고 국회의원 자질론을 제기한 김유탁 후보는 "국회의원은 정직하고 책임감이 있어야 하며 희생과 봉사정신이 있어야 한다"고 상대 후보들을 공격했다.

월경금지 협약에 의해 관할 구역이 아닌 지역에서 김재춘 후보는 "강화는 도로포장이 되었는데 고양 일산은 포장이 안 되었느냐"고 이 지역 주민의 감정을 건드렸다.

김재춘 후보는 "다른 공화당 후보는 얌전한 황소지만 나는 들이받는 황소라 상공부장관에게 강화도에 전기 놓아 달라 해 안 들어주면 들이받겠다"고 정권실세임을 과시했다.

신민당 오홍석 후보는 "공화당이 오만불손하게 이곳의 야당을 깔보고 복수공천을 했다"고 분기탱천하며 야당성향표의 결집을 호소했다.

고양의 공화당 김유탁 후보와 통일당 이교성 후보, 김포 – 강화의 공화당 김재춘 후보, 신민당 오홍석 후보, 무소속 이돈해 후보의 지역대결이 펼쳐졌다.

중앙정보부장 출신이란 명성과 김포 – 강화 현역의원이라는 조직을 동원한 김재춘 후보는 김포에서 65%인 23,673표와 강화에서 42%인 18,217표를 득표하고 고양에서도 14%인 6,642표를 득표하여 압도적인 승리를 거두었다.

공화당 기획조사부장 출신으로 7대 국회에서는 전국구 의원으로 활동하다가 8대국회에서는 고양지역의 공천을 받고 당선된 김유탁 후보는 고양에서 53%인 24,582표를 득표했으나 김포 – 강화에서 3% 수준인 7,175표 득표에 머물러 은메달을 확보했다.

신민당 오홍석 후보는 신민당 조직원들을 동원하고 고향인 강화표를 결집하면 승리할 수도 있었지만 고향인 강화에서 6대의원 출신인 무소속 이돈해 후보에게도 훨씬 뒤진 15%인 6,653표에 머물러 당선권에서 벗어났다.

그러나 고양에서는 20%인 9,202표를 득표하여 김재춘 당선자는 물론 고양을 지지기반으로 출전한 무소속 이교성 후보를 앞질렀다.

8대 총선 때 고양에서는 공화당 김유탁 후보가 신민당 임수현 후보를 9,459표차로 제압하고 재선 의원이 됐고, 김포 – 강화에서는 중앙정보부장을 지낸 민중당 김재춘 후보가 공화당 장준영, 신민당 윤재근, 국민당 김두섭 후보들을 꺾고 초선의원이 됐다.

신민당 오홍석 후보가 야권표의 결집을 기대했으나 전국구 의원이란 한계와 지역에 뿌리가 깊은 이돈해, 이교성 후보들의 야권 성향표 잠식으로 다음 총선을 기약해야만 했다.

□ 득표상황

후보자	정당	연령	주요 경력	득표(%)
김재춘	공화당	45	8대의원(김포)	48,532 (39.1)
김유탁	공화당	47	8대의원(2선)	31,757 (25.6)
오홍석	신민당	45	8대의원(전국구)	19,744 (15.9)
이돈해	무소속	56	6대의원(강화)	18,056 (14.6)
이교성	통일당	33	지구당위원장	5,994 (4.8)

<포천 – 연천 – 가평 – 양평> **통일당 정재익 후보의 출전포기로 무투표 당선의 행운을 거머쥔 공화당 김용채와 신민당 천명기**

여주 – 양평 지역구를 해체하여 양평을 병합한 이 지역구는 공화당에서는 3선의원인 오치성, 7대의원이었으나 지난 총선에선 낙선

한 이백일, 7대 국회에서 전국구 29번으로 의원직을 승계한 김용채 후보들이 각축전을 전개했고, 신민당에선 6선의원으로 전국구인 홍익표 의원과 여주 – 양평의 지역구 의원인 천명기 의원이 혈전을 전개했다.

8대 총선 때 포천 – 가평 – 연천에서는 공화당 오치성 후보가 신민당 유재운 후보를 무려 56,987표차로 꺾고 전국 최고득표율을 자랑하며 3선의원이 됐고, 여주 – 양평에서는 서울 법대 출신인 신민당 천명기 후보가 공화당 이백일 현역의원을 가볍게 제쳤다.

공화당은 3선의원으로 내무부 장관을 지내다가 해임건의안이 통과된 오치성 의원 카드를 버리고 김용채 전 의원을 내세웠고, 신민당도 홍익표 전국구 의원을 제치고 천명기 지역구 의원에게 공천장을 건네 줬다.

통일당 정재인 지구당위원장의 출마설이 나돌았으나 출전을 포기하여 김용채, 천명기 후보들이 무투표 동반 당선되는 행운아들이 됐다.

□ 득표상황

후보자	정당	연령	주요 경력	득표(%)
김용채	공화당	37	7대국회의원	무투표
천명기	신민당	42	8대의원(양평)	무투표

제2장 공화당에게 대승을 안겨준 영남권

1. 지난 총선의 악몽을 딛고 고토를 회복한 공화당
2. 영남권 24개 선거구 불꽃 튀는 격전의 현장으로

1. 지난 총선의 악몽을 딛고 고토를 회복한 공화당

(1) 공화당 후보자의 당선율이 52%에서 96%로 껑충

8대 총선 때 영남권의 의석분포는 50석으로 공화당이 26석, 신민당이 23석, 국민당이 1석으로 공화당 공천 후보자들의 당선율은 52%수준이었다.

이효상 국회의장을 비롯하여 이만섭, 이원만, 이상무, 예춘호, 박주현, 송한철, 성낙현, 공정식, 노재필 후보들이 줄줄이 낙선했었다.

이번 총선을 맞이하여 부산의 8개 선거구는 4개구로, 경북의 24개구 선거구는 11개구로, 경남의 18개 선거구는 9개 선거구로 줄어들어 24개 선거구로 개편됐다.

공화당은 경북 청송 – 영덕 – 울진과 경남 충무 – 통영 – 고성 - 거제, 하동 – 남해 등 3개 지역구에 복수 공천하여 27명을 공천했으나 남해 – 하동의 엄기표 후보만 낙선했을 뿐 26명의 당선자를 배출하여 당선율은 96%를 자랑했다. 공천은 곧 당선으로 직결됐다.

신민당은 지난 총선에서는 부산에서 김상진, 김승목, 정상구, 이기택 후보들이, 경북에서 한병채, 신진욱, 조일환, 심봉섭 후보들이, 경남에서 황은환, 김기섭, 조홍래, 김이권 후보들이 선전하여 46%

의 당선율을 자랑했다.

이번 총선에서 신민당은 부산 중 – 영도, 서 – 동구, 대구 중 – 서 – 북구, 경북 포항 – 영일 – 영천 – 울릉, 안동시 – 의성 – 안동군, 달성 – 고령 – 경산 등 6개구에 복수 공천하여 30명을 공천했으나 김응주(부산 중 – 영도), 김승목(부산 서 – 동구), 조일환과 이대우(대구 중 – 서 – 북), 조규창과 문달식(포항 – 영일 – 영천 – 울릉), 황윤국(경주 – 월성 – 청도), 이기한(김천 – 금릉 – 상주), 우홍구(안동시 – 의성 – 안동군), 곽태진과 이상조(달성 – 고령 – 경산), 황병우(영덕 – 청송 – 울진), 김기섭(충무 – 통영 – 거제 – 고성)후보 등 13명이 낙선하고 17명만 당선되어 57% 당선율이지만 의석 점유비율은 35% 수준으로 급감했다.

무소속 한병채(대구 중 – 서 – 북), 권오태(포항 – 영일 – 영천 – 울릉), 이영표(경주 – 월성 – 청도), 김윤하(김천 – 금릉 – 상주), 박주현(달성 – 경산 – 고령) 후보들이 양당의 동반당선을 저지하고 어렵게 승리했고 영덕 – 청송 – 울진, 충무 – 통영 – 거제 – 고성 등 두 개 선거구는 공화당이 독식하고 16개 지역구는 공화당과 신민당 후보들이 사이 좋게 동반 당선됐다.

(2) 8대 현역의원 50명 중 31명만이 당선되어 당선율은 겨우 62%를 밑돌아

공화당 8대의원 당선자는 26명이며 김성곤 의원이 탈당하여 의원직을 상실하였지만 보궐선거에서 공화당 박준규 의원이 당선하여 의석 변동은 없었다.

공화당 8대 현역의원 중 임갑수, 강재구, 김병윤, 김봉환, 정진화, 김 인, 고우진, 김창근, 구태회, 이학만, 민병권 의원 등 11명의 의원들은 공천에서 배제됐고 공화당 공천을 받고 출전한 김임식, 정무식, 박숙현, 백남억, 김상년, 박준규, 문태준, 오준석, 권성기, 최세경, 최재구, 김영병, 신동관, 정우식, 엄기표 의원들은 엄기표 의원만 낙선했을 뿐 14명의 의원들은 국회에 재 입성했다.

신민당은 8대 총선 때 23명의 당선자를 냈으며 이번 총선에서 한병채, 김정두, 신진욱, 심봉섭, 이형우, 황은환, 조홍래, 김이권 등 8명의 의원들을 낙천시키고 15명의 의원들을 재 공천했다.

신민당 공천을 받고 출전한 의원 가운데 김응주, 김승목, 조일환, 김기섭 의원들이 낙선하고 정해영, 김상진, 김영삼, 이기택, 박해충, 김창환, 황낙주, 이상신, 박일, 신상우, 최형우 등 11명의 의원들이 당선하여 귀환했다.

또한 신민당 전국구 의원인 정헌주, 채문식, 이상조, 신도환, 이대우 의원들이 출전하여 정헌주, 채문식, 신도환 의원들이 당선되고 이상조, 이대우 의원들은 낙선했다.

공화당 구태회, 민병권, 김봉환 의원들은 공천에서 낙천됐지만 통일주체국민회의 선출로 귀환하여 8대 의원은 31명이 귀환하게 되어 귀환율은 62%수준이었다.

(3) 영남권의 점유율도 32.9%에서 25.7%로 감소

영남권은 부산직할시 4개구, 경북 11개구, 경남 9개구 등 24개구로 전국 73선거구의 32.9%를 점유했다.

수도권은 서울특별시 8개구, 경기 8개구 등 16개구로 21.9%를 점유한 반면 비영남권은 강원 5개구, 충청 12개구, 호남 15개구, 제주1개구 등 33개구 45.2%를 점유했다.

45년이 흐른 2016년 20대 총선에서 수도권의 인구 집중화 현상으로 수도권은 253개 선거구의 48.2%인 122개 선거구를 갖게 됐다.

영남권은 65개 선거구로 25.7%를 점유하여 점유율이 7.2% 하락한 데 비해 비영남권은 66개 선거구로 26.1%를 점유하여 점유율이 무려 19.1%나 급감했다.

이는 영남정권이 장기 집권하면서 수도권과 영남권을 집중개발하고 충청, 호남권을 개발에서 소외시킨 결과의 산물이었다.

2. 영남권 24개 선거구 불꽃 튀는 격전의 현장으로

부산직할시

<중구 – 영도> 영도구민들의 배타성으로 김상진 의원에게 묻지마 투표를 한 결과로 여의도에 입성한 공화당 신기석

신민당 김응주 의원의 지역구와 김상진 의원의 지역구가 통합된 이 지역구는 김응주 – 김상진 의원이 복수공천을 받았다.

공화당에는 지난 총선에서 석패한 부산시장 출신인 김종규, 사무총장 출신인 예춘호 후보와 회사원인 연일수, 회사장인 황활원, 부산상공화의소 부회장인 우병택, 부산시 의원인 김자일 후보들이 공천을 기대했으나 이들을 모두 배제하고 부산대 총장을 지낸 신기석 후보를 영입하여 공천했다. 공화당 공천에서 밀려난 김자일 후보가 무소속으로 등록하여 4파전이 전개됐다.

지난 8대 총선 때 중구에서는 신민당 김응주 후보가 공화당 김종규 후보를 3,522표차로 꺾고 4선의원에 등록했고, 영도에서는 신민당 김상진 후보가 야당바람을 타고 사무총장을 지낸 공화당 예춘호 현역의원을 11,264표차를 꺾는 이변을 연출하고 국회 등원에 성공했다.

공화당 신기석 후보는 부산대 총장을 지낸 관록에 공화당의 조직을 활용하고 있는 게 강점이지만 약한 지연과 강한 야당세 극복이 과제이다.

유리한 고지를 점령한 신민당의 두 현역의원이 각기 상대방 지역구에 상호침식을 않고 어느 정도 협조할 수 있느냐에 이 지역구의 승패가 달려 있다.

3,4대 의원 선거 때 서울 성북에서 출마하여 낙선한 경력을 가진 신기석 후보는 부산대 총장 경력의 이미지를 배경 삼아 "거짓말을 모르는 교육자의 양심에 따라 유신헌법 수행에 앞장서겠다"고 주장했다. 신기석 후보는 낙천자인 예춘호, 김종규의 협조로 조직을 재정비할 시간의 여유 없음을 극복하고자 했다.

4대 총선 때 민주당 공천으로 출전하여 당선된 이후 6대 총선 때에는 공화당 조시형 후보에게 패배했을 뿐 5대, 7대, 8대 총선에서 승리한 김응주 후보는 "정권교체를 바랄 수 없으나 공화당 정권의 독주를 견제하기 위해 신민당을 밀어달라"고 호소했다.

부산시의원 출신인 무소속 김자일 후보는 "정권교체를 바랄 수 없는 이 마당에 정당은 필요가 없으니 때 묻지 않은 나를 뽑아 달라"고 호소했다.

다섯 번째 출전한 신민당 김상진 후보는 부산수산시장 상인 조직과 신민당의 조직으로 기세를 올리면서 영도 토박이라는 이점을 십분 활용하여 유일한 영도출신 후보임을 강조했다.

영도의 유권자가 중구보다 3만 명이나 많은 이점을 살린 김상진 후보가 영도 구민과 젊은 층을 파고들어 지난 총선에서 얻은 3만

9천 표보다 5천여표를 더 얻은 대승을 거두었다.

김응주 후보는 4선의원이라는 관록을 내세워 영도지역을 파고들었으나 지난 8대총선때 중구에서 얻은 득표수를 맴돌았으나 공화당 신기석 후보가 전 공화당지구당 위원장들의 맹활약에 힘입어 2,849표차로 김응주 후보를 따돌리고 은메달을 차지했다.

이는 영도구민들의 배타성으로 김응주 후보를 배척하고 김상진 후보에게 묻지마 투표를 한 결과였다.

영도의 신민당 지지 유권자들이 조그마한 배려심을 발휘했더라면 이 지역구의 승패는 엇갈렸을 것이다.

□ 득표상황

후보자	정당	연령	주요 경력	득표(%)
김상진	신민당	39	8대의원(영도)	44,312 (41.8)
신기석	공화당	64	부산대학총장	27,497 (26.0)
김응주	신민당	62	8대의원(4선)	24,648 (23.3)
김자일	무소속	42	부산시의원	9,465 (8.9)

<서구 - 동구> 지난 8대 총선 때 5만 3천여 표를 득표하여 당선됐지만 김영삼, 박찬종 후보들의 잠식으로 수성에 실패한 김승목

신민당 김영삼 5선의원의 지역구인 서구와 김승목 초선의원의 지역구인 동구가 통합된 이 지역구는 김영삼 - 김승목 의원이 사이좋게 복수공천을 받았다.

공화당은 서구에서 낙선한 변호사 출신인 박찬종, 동구에서 낙선한 동구청장 출신인 유호필, 6대 전국구 의원을 지낸 박규상 후보들이 공천을 향한 각축전을 전개하여 박찬종 후보가 승리를 거머쥐었다.

한국독립당 부산지부장 출신인 이상철 후보가 무소속으로 도전장을 제출했다.

8대 총선 때 서구에서는 신민당 김영삼 후보가 공화당 박찬종 후보를 33,461 표차로 제압하고 5선의원으로 우뚝 솟았고, 동구에서는 신민당 김승목 후보가 공화당 유호필 후보를 24,507표 차로 꺾었다.

8대 총선 때 낙선한 박찬종 후보는 무료변론을 하는 등 줄곧 조직을 다져온 게 강점이지만 서구 표 다지기와 함께 동구의 낙천자인 유호필 후보의 조직을 어느 정도 흡수해서 표로 연결시키느냐가 승패의 열쇠이다.

박찬종 후보는 동구에 사무실을 차려 놓고 공천탈락한 유호필 후보의 측면지원을 받으면서 비선조직과 당조직을 확대하고 있다.

박 후보는 새 인물이라는 이미지를 부각시키면서 지난 선거에서 서구에서 얻은 4만4천표에 2만표를 더 얻기 위해 결사적인 운동을 펼치고 있다.

김영삼 후보는 야당중진으로서 관록과 서구 기반이 강점이지만 박 후보와 경합되어 표의 분산이 불가피하며 재력과 관록이 만만찮은 김승목 후보는 동구 표의 침식을 막고 수성 하는데 고심하고 있다.

부산상고 동창조직을 배경으로 뛰고 있는 김승목 후보는 서구의 신민당 조직을 파고드는 서구공략에 주력하고 있으나 성과는 미미했다.

제3대 총선 때 자유당 공천으로 경남 거제에서 당선됐으나 민주당으로 전향하여 4대 총선 때에는 서구 갑구에 뿌리를 내리고자 했으나 자유당 이상룡 후보에게 패배한 김영삼 후보는 5대, 6대, 7대, 8대 총선 때 연거푸 서구에서 당선을 일궈 냈다.

신민당 정무회의 부의장인 김영삼 후보는 정치적 고향인 서구는 물론 동구에서도 지지를 이끌어 내 압도적인 승리를 엮어 내어 6선 의원이란 금자탑을 쌓았다.

소장 변호사로서 평소 무료 변론을 통해 쌓은 이미지와 공화당 조직 및 경남중 동창조직을 활용한 박찬종 후보가 유호필 전 지구당 위원장의 헌신적인 노력으로 허정, 박순천, 오위영 등 민주당 거물들을 배출시킨 야당세를 뚫고 동구에서 기세를 올려 은메달을 목에 걸고 약관 33세로 국회 등원에 성공했다.

지난 8대 총선 때 동구에서 5만 3천여 표를 득표했던 김승목 후보는 부산상고 동문조직을 동원하여 수성에 안간힘을 쏟았으나 경남고 동문조직을 활용한 김영삼, 경남중과 공화당 조직을 동원한 박찬종 후보에게 동구표를 잠식당하여 국회 재 입성에 실패했다.

한국독립당 부산지부장 출신으로 7번째 출전하고서 "일곱 번 출마하여 고배를 마셨지만 동정표는 찍지 말라"는 통일당 이상철 후보도 동구표의 분산에 일익을 담당했다.

박찬종 후보는 소선거제구가 지속되어 김영삼 후보와 서구에서 맞대결을 펼쳤더라면 항상 낙선자 대열에서 허덕였겠지만 유신으로 인한 중선거제의 채택으로 김영삼 후보와 연속적으로 동반 당선되어 유신의 최대 수혜자의 한 사람으로 꼽게 됐다.

□ 득표상황

후보자	정당	연령	주요 경력	득표(%)
김영삼	신민당	45	8대의원(5선)	83,661 (40.4)
박찬종	공화당	33	변호사	72,999 (35.2)
김승목	신민당	43	8대의원(동구)	42,599 (20.6)
이상철	통일당	48	한독당지부장	7,865 (3.8)

<부산진> 초대 참의원, 7대 의원으로 풍부한 재력을 활용하여 전력투구했으나 통일당 후보의 한계로 분루를 삼킨 정상구

공화당 김임식 의원과 신민당 정해영 의원이 현역의원의 이점을 살려 지난 총선에서 낙선한 최두고, 정상구 후보들을 꺾고 공천을 받았다.

이에 갑구에서 김임식 의원에게 패배한 정상구 후보가 통일당으로 옮겨 출전했다. 지난 총선에 출전했던 강경식, 최상진 후보들의 출전이 예상됐으나 중도에 포기하고 부산여객 전무 출신인 이강룡 후보만이 무소속으로 출전했다.

지난 8대 총선 때 갑구에서는 공화당 김임식 후보가 신민당 정상구 후보를 53,320표 대 53,288표, 32표차 아찔한 승리를 거두고 재선의원이 됐고 국민당 강경식 후보는 4,194 표를 득표했다.

을구에서는 신민당 정해영 후보가 공화당 최두고 현역의원을 35,711표 대 26,856표, 8,855표차로 꺾고 5선의원이 됐고 국민당 최상진 후보는 465표를 득표했다.

김임식 후보는 공화당 기간조직과 자신이 경영하는 동의중·고교 학원조직 등 재력이 강점인 반면, 정해영 후보는 국회부의장을 지낸 관록과 충분한 재력이 강점이다.

정상구 후보는 자신이 경영하는 혜화학원을 중심으로 학원조직과 상대 후보들에 못지 않은 재력이 강점으로 지난 8대 총선 때 부산진 갑구에서 김임식 후보가 정상구 후보를 32표차로 신승하여 재검표 끝에 3표차로 격차가 좁혀졌다.

김임식 후보는 "시골 사돈집에서 쌀을 받아다가 돌을 씹었는데 '사돈 왜 돌이 많소'했더니 사돈 말이 '그래도 쌀이 많소' 했다더라, 공화당이 흠은 있지만 그래도 잘하는 게 더 많다"고 강변했다.

정상구 선생께서 내가 얻은 표를 도로 토해 내라고 해서 혼이 났다면서 선거소송 당시의 고충을 이야기하여 웃음을 자아낸 김임식 후보는 "박 대통령을 중심으로 한 강력한 총화체제(總和體制) 구축을 위해 공화당을 지지해 달라"고 호소했다.

"기능이 약화된 국회이지만 민주주의의 교두보로 신민당 후보를 뽑야야 한다"는 정해영 후보는 이번에는 정치생활을 포기하려 했으나 선진국의 경우도 우리나라와 같은 과정을 밟아 자유민주주의를 되찾은 실례가 있어 자유민주주의를 되찾아 보겠다며 지지를 호소했다.

정해영 후보는 "그동안 당내사정이 시끄러웠던 점을 미안하게 생각한다. 그러나 이것은 시어머니와 며느리와의 싸움처럼 있을 수 있는 일이다. 이런 불화가 있었다고 해서 집을 뛰쳐나가 살던 집을 헐뜯어서야 되겠는가"라고 통일당 정상구 후보를 공격했다.

3대 총선 때 울산 을구에서 자유당 공천으로 당선됐던 정해영 후보는 5대 총선 때에는 무소속으로 울산 을구에서 당선됐지만 6대 총선 때에는 민정당 전국구의원으로 변신했다.

7대 총선에선 신민당 전국구 의원으로 4선 의원이 된 정해영 후보는 8대 총선 때 부산진 을구에서 신민당 공천으로 당선됐다.

6대 총선 이후 세 번째 김임식 후보와 맞대결을 펼쳐 1승 2패를 기록하고 네 번째 대결을 벌이고 있는 정상구 후보는 "신민당 간부들의 부정부패도 단호히 처단되어야 한다"고 주장했다.

"정당인은 소속정당 후보를 지지하고 비정당인은 나 같은 무소속 후보에게 표를 찍어 달라"는 이강룡 후보는 10여년 간에 걸쳐 무보수 교통경찰관을 했다면서 '교통'이라고 쓴 노란 빛깔의 완장과 호각까지 가지고 나와 교통정리 시범을 보여 폭소를 자아냈다.

국회부의장을 지낸 5선의원 경력과 재부(在釜) 울산향우회 조직은 물론 흥국생명과 동의고등 학원재단을 접목한 정해영 후보가 최두고 전 의원의 불출마로 을구 지역을 석권하여 갑구 지역에서 김임식, 정상구 후보들의 이전투구 틈새를 비집고 1위를 차지할 수 있었다.

동의학원 이사장인 김임식 후보는 4번째 출전한 지명도와 공화당 조직을 활용하여 어렵지 않게 2위를 확보할 수 있었다.

초대 참의원 출신으로 7대 총선에서는 승리했으나 8대 총선에서 낙선하고 재검표 결과 3표차로 낙선한 정상구 후보는 혜화학원 이사장으로 학원조직과 풍부한 재력을 활용하여 동분서주했으나 김임식 후보와 지역기반이 중복되고 신생정당 후보라는 한계로 인하여 세 번째 분루를 삼켰다.

□ 득표상황

후보자	정당	연령	주요 경력	득표(%)
정해영	신민당	57	8대의원(5선)	87,384 (38.0)
김임식	공화당	49	8대의원(2선)	82,810 (36.0)
정상구	통일당	47	7대의원(부산진)	49,847 (21.6)
이강룡	무소속	48	부산여객전무	10,212 (4.4)

<동래> 이건일, 박재우 후보들이 지명도나 조직은 물론 재력에서 너무나 뒤져 양찬우, 이기택 후보의 동반당선을 지켜볼 수밖에

갑구의 공화당 양찬우 의원과 을구의 신민당 이기택 의원이 나란히 공천을 받은 이 지역구에 이기택 의원과 함께 7대 신민당 전국구 의원이었던 박재우 후보가 통일당으로, 동래중 교사였던 이건일 후보가 무소속으로 등록했다.

지난 총선 때 을구에서 이기택 의원에게 패배한 임갑수, 동구청장을 지낸 양극필 후보들과의 공천전에서 승리한 양찬우 의원은 내무부 장관과 경남지사 등을 지낸 관록과 평소의 지역사업을 내세우고 갑·을구의 공화당 조직을 최대한 활용하고 있다.

이종화 변호사의 공천 도전을 가볍게 넘어선 이기택 의원은 소장정객으로서의 만만찮은 관록을 과시하며 부산상고 동창회 조직 등을 활용하고 있다.

지난 8대 총선 때 갑구에서는 공화당 양찬우 후보가 신민당 이종화 후보를 꺾었고, 을구에서는 신민당 이기택 후보가 공화당 임갑수 현역의원을 제압하고 전국구 의원에서 지역구에 안착하며 재선의원이 됐다.

경남지사와 내무부장관 경력을 내세운 양찬우 후보는 "남을 모략·중상하는 자는 이 땅에서 몰아내야 하며 유신은 남북통일을 위한 국력배양의 기초작업"이라며 유신체제 옹호에 나섰다.

4·19 당시 고려대 학생회장 출신인 이기택 후보는 "남북회담은 찬

성하나 이를 빙자한 자유의 제한은 반대한다"며 유신체제를 간접적으로 비난했다.

공화당 양찬우 후보는 "이번 선거는 누가 안정된 정권과 힘을 결합해 국가와 지역사회를 위해 일을 많이 할 수 있는가를 결정짓는 선거"라고 규정했고, 신민당 이기택 후보는 "아직도 명맥이 붙어있는 국회를 교두보로 삼고 이 나라 민주주의를 지키겠다"고 역설했다.

통일당 박재우 후보는 "입이 비뚤어져도 사실은 사실로 말해야 되겠다"고 선명야당론을 거론했고, 무소속 이건일 후보는 "동장만이라도 동민이 선거토록 하여 지방자치제의 숨구멍을 띠우겠다"고 공약했다.

양찬우, 이기택 의원의 양강체제에 도전한 무소속 이건일, 통일당 박재우 후보는 지명도나 조직은 물론 재력면에서도 너무나 뒤떨어져 양강의 동반당선을 바라볼 수밖에 없었다.

□ 득표상황

후보자	정당	연령	주요 경력	득표(%)
양찬우	공화당	44	8대의원(동래)	63,081 (42.8)
이기택	신민당	35	8대의원(2선)	57,757 (39.2)
이건일	무소속	28	동래중 교사	17,633 (12.0)
박재우	통일당	54	7대의원(전국구)	8,751 (6.0)

> 경상북도

<대구 중구 – 서구 – 북구> 신민당 공천에서 배제됐으나 무소속으로 출전하여 신민당 후보들을 제압하고 날개를 펼친 한병채

중구(신민당 한병채), 서구(신민당 조일환), 북구(공화당 강재구)가 통합된 이 지역구는 공화당이나 신민당의 공천장을 받기 위해 군웅이 할거했다.

공화당에서는 강재구 의원을 비롯하여 이만섭 전 의원, 박찬 변호사, 김준성 은행장, 박재홍 변호사는 물론 윤덕, 김정섭, 서두영, 양무목 후보 등이 각축전을 전개하여 박찬 후보가 공천을 받은 행운아가 됐다.

신민당에서도 한병채, 조일환 현역의원을 비롯하여 이대우 전국구 의원, 장영모 전 의원, 나학진, 서윤수 후보들이 거론됐으나 조일환 4선의원과 이대우 전국구 의원이 복수공천을 받았다.

양의강 대구시의원, 강철호 경북도의원, 이종왕 대구부시장, 이대환 회사장, 최일 경북도의원, 김충섭 후보들의 하마평이 있었으나 모두 꿈을 접었고 한병채 의원만이 무소속으로 도전하여 정당 후보들과 4파전이 전개됐다.

8대총선 때 중구에서는 신민당 한병채 후보가 공화당 이만섭 현역의원을 7천여표 차로 꺾은 이변을 연출했고, 서구에서는 신민당 조일환 후보가 공화당 박찬 후보를 2천여 표차로 꺾고 4선의원이 됐으며, 북구에서는 공화당 강재구 후보가 신민당 장영모 후보를 2천여 표차로 꺾고 여의도 입성에 성공했다.

청소년 직업훈련학교 설립에 대해 이대우 후보가 "대구 서구에 세운 청소년 직업훈련학교는 8대 국회 때 내가 끌어온 것"이라고 주장하자, 한병채 후보는 "사실은 강재구 씨의 공이 크고 또 내가 국무총리에게 얘기해서 끌어온 것"이라고 주장했다.

조일환 후보도 "강재구씨와 정진화 씨가 서로 자기 지역으로 유치하려고 싸우는 것을 사실은 내가 이곳으로 끌어왔다"고 서로 상반된 주장을 펼쳤다.

대구에 공화당을 창당한 기수임을 자처한 공화당 박찬 후보는 "다른 세 후보는 국회의원을 모두 지냈는데 공화당을 만들어 놓고서도 십 년이 되도록 국회의원 한 번 못했으나 이번에는 목표를 달라"고 호소했다.

신민당 전국구 의원인 이대우 후보는 "어느 때고 국회에 야당이 있어야 되며 야당기능을 살리려면 최소한 임시국회를 소집할 수 있도록 정수의 3분의 1을 뽑아 주어야 한다"고 호소했다.

한병채 후보는 "과거 돈과 막걸리 타락선거를 누가 앞장서서 했는데 이 자리에서 타락선거 근절 운운하는 후보가 있으니 가소롭다"고 공화당 박찬 후보를 비난하고 "나는 반진산 투쟁에 앞장서는 바람에 공천을 받지 못했으니 의회 투쟁사에서 누가 진짜고 누가 가짜라는 걸 유권자들은 잘 알 것"이라고 신민당 후보들을 공격했다.

한 후보는 "장사에는 흥정이 있을 수 있으나 국민의 인명과 재산이 걸려 있는 정치에는 흥정이 있을 수 없다"며 젊은 패기를 앞세웠다.

박찬 후보는 공화당 대구시당 사무처장 출신임을 내세워 공화당 조직을 움직여 전 지역구를 휩쓸며 부동의 1위를 했다.

이는 지난 8대 총선 때 기라성 같은 공화당 이효상, 이만섭, 이원만 후보들을 낙선시킨 반작용 결과의 산물일 지도 모른다.

"반진산의 기수임을 자처하며 진짜가 가짜에게 밀려났다"는 무소속 한병채 후보는 중구에서 31%인 14,915표를 득표하여 서구에서 26%인 22,432표를 득표한 신민당 공천을 받은 조일환 4선의원을 303표차로 제압하고 2위를 차지하는 행운아가 됐다.

조일환 후보는 안방인 서구에서 박찬 후보에게 승리한 경력이 있지만 이번 총선에서는 박찬 후보가 43%인 37,541표를 쓸어 담아가는 조직력에서 밀린 것이 패인이었다.

복수 공천을 받은 이대우 후보는 푸짐한 지역개발 공약을 제시했음에도 지역에 뿌리를 내리지 못하고 모든 구역에서 꼴찌를 면하지 못했다.

신민당이 계파논리가 아니라 지역정서를 감안하여 조일환, 한병채 의원을 공천했더라면 최소한 동반낙선 하지는 아니했을 것이다.

□ 득표상황

후보자	정당	연령	주요 경력	득표(%)
박 찬	공화당	47	변호사	68,151 (39.4)
한병채	무소속	39	8대의원(중구)	41,175 (23.8)
조일환	신민당	56	8대의원(4선)	40,872 (23.6)
이대우	신민당	59	8대의원(전국구)	22,875 (13.2)

<대구 동구 – 남구> 자유당 출신이었지만 혜성처럼 나타나 신진욱 터줏대감을 꺾고 지역의 새로운 주인이 된 신민당 신도환

남구(신민당 신진욱)와 동구(신민당 김정두)의 통합 선거구인 이 지역구는 국회의장을 지낸 이효상 의원의 아성이었다.

공화당은 문양 변호사를 가볍게 제친 이효상 전 의원에게 공천장이 떨어졌고 신진욱, 김정두 현역 의원과 김목일, 정원용 후보들이 각축전을 전개한 신민당은 신도환 전국구 의원이 낙하산을 타고 내려와 공천장을 거머쥐었다.

경북대 문리대 학장인 하기락 후보가 통일당 후보로 출전했고 신민당 공천에서 탈락한 신진욱, 김목일, 정원용 후보들과 박재홍 변호사, 최순복 서울신문 대구지사장들이 출사표를 던졌다.

8대 총선 때 동구에서는 신민당 김정두 후보가 공화당 이원만 현역의원을 9천여 표차로 꺾었고, 남구에서는 신민당 신진욱 후보가 공화당 이효상 국회의장을 1만여 표차로 꺾은 기적을 만들었다.

공화당 이효상 후보는 "아직 늙지 않았으며 지금은 늙은이도 일해야 할 시기니 영세민 자활대책, 복지향상을 위해 많은 예산을 따오겠다"고 공약했다.

이효상 후보는 "지난 8대 국회의원 선거 때 콧대가 높아 낙선했다고 하는데 그 동안 콧대가 아주 납작해졌으니 계속 사랑해 달라"고 호소했다.

신민당 신도환 후보는 "지난 자유당 때의 일을 진심으로 사과한다. 그러나 신민당에 입당한 지 3년 만에 사무총장이 된 것은 그 동안의 오해가 풀린 것 아니겠느냐"고 자유당 시절 반공단장으로 활약한 과거 행적을 사과했다.

자유당 시절의 과오를 사과한 신민당 신도환 후보는 "그것을 거울삼아 이제는 정통야당에 몸 담아 시민 편에서 투쟁하겠다"고 선언했다.

통일당 하기락 후보는 "여생을 민주제단에 바치겠다"고 다짐했고, 무소속 최순복 후보는 "대구의 직할시 승격, 동구청 신설, 대중세 인하에 앞장서겠다"고 공약했다.

대구지검은 활동비 명목으로 금품을 제공하고 호별방문하고 달력을 배포한 무소속 신진욱 후보를 구속하고 선거 운동비 지출에 따른 경리장부 일체를 압수했다.

지난 총선 때 이효상 후보를 꺾고 국회 단상에 오른 신진욱 후보가 구속되어 선거전이 새로운 양상을 띠게 됐다.

신진욱 후보에게 참패를 당했던 이효상 후보는 "이 몸이 다시 나왔다. 유신과업과 새마을 사업을 이 고장에 심기 위해서다"면서 지역 구석구석을 누벼 남구는 물론 동구까지 휩쓸고서 설욕전을 승리로 장식했다.

4대 총선 때에는 자유당 공천으로 대구 갑구에서 당선됐고 4·19혁명 이후 민주당 시절에는 영어의 몸으로 전락했지만 유진산 신민당 총재의 오른팔이 되어 사무총장을 역임하고 8대 전국구 의원으로 활약한 신민당 신도환 후보가 이 지역구의 터줏대감인 신진욱 현역의원을 밀쳐내고 새로운 주인이 됐다.

협성교육재단 이사장으로 지난 총선에서는 기적을 창출했으나 신민당 공천을 빼앗기고 무소속으로 출전한 신진욱 후보가 신도환 후보에게 6,924표차로 무릎을 꿇었다.

신민당 경북도지부 대변인 출신인 김목일 후보와 대구시 중고교육성회 연합회장인 정원용 후보가 무소속의 한계를 극복하고 경북대 문리대학장 출신인 통일당 하기락 후보를 밀쳐내고 4위와 5위를 차지하여 통일당의 위축을 실감할 수 있었다.

명성이 높은 변호사인 박재홍 후보, 언론인으로 활약한 최순복 후보의 성적은 보잘 것 없었다.

☐ 득표상황

후보자	정당	연령	주요 경력	득표(%)
이효상	공화당	67	국회의원(2선)	76,245 (43.1)

신도환	신민당	50	8대의원(2선)	35,105 (19.8)
신진욱	무소속	48	8대의원(대구남)	28,181 (15.9)
김목일	무소속	41	정당인	11,898 (6.7)
정원용	무소속	47	중고교육성회장	10,844 (6.1)
하기락	통일당	61	경북대문리대학장	8,251 (4.7)
박재홍	무소속	50	변호사	3,459 (2.0)
최순복	무소속	46	서울신문지사장	2,997 (1.7)

<포항 – 영일 – 영천 – 울릉> 신민당 복수공천 받은 두 후보가 6만 4천여 표를 득표하여 당선자 권오태 후보를 앞지른 아쉬움만을

포항 – 울릉(공화당 김병윤), 영일(공화당 정무식), 영천(공화당 정진화)이 통합된 이 지역구는 정무식, 김병윤, 정진화 현역의원을 필두로 이성수, 이진우, 권오태, 이창우, 김규택, 하태환, 김장섭, 이원우, 지종호, 김호칠, 조헌수, 권혁중, 권성근 후보 등 전직의원, 교수, 검사, 예비역장성, 육군 헌병감 등 기라성 같은 후보들이 공화당 공천을 놓고 각축전을 전개했다.

신민당도 김상도, 최상희, 문달식, 방무성 후보들이 각축전을 전개했고 공군참모총장인 김성룡 후보도 하마평에 오르내렸다.

포항 – 영일과 영천의 지역 대결이 예상되는 이 지역구에 신민당은 포항 출신으로 포항시장을 지낸 문달식, 영천 출신으로 아세아기술개발사 회장인 조규창 후보를 복수 공천했다.

예비역 육군 소장으로 제2훈련소 부소장 출신으로 진양건설과 해강산업 사장인 권오태 후보가 영천을 기반으로 무소속으로 출전했다.

8대 총선 때 포항 – 울릉에서는 공화당 김병윤 후보가 신민당 최원수 후보에게 대승을 거뒀고, 영일에서는 CIA국장 출신인 공화당 정무식 후보가 신민당 방무성 후보에게 17,710표차로 승리했으며, 영천에서도 공화당 정진화 후보가 신민당 김상도 전 의원을 4,720표차로 꺾고 3선의원 반열에 올랐다.

공화당 정무식 후보는 낙천한 포항 – 울릉의 김병윤, 영천의 정진화 의원들의 전폭적인 지원을 받으며 조직확대에 박차를 가했다.

"포항종합제철로 인한 공해를 없애겠다"는 문달식 후보와 "영천의 지역발전을 책임지겠다"는 조규창 후보는 지역을 분할하여 야당 성향표 규합에 나섰다.

영천에 소재한 제2사관학교 교장을 지낸 무소속 권오태 후보는 영천표 다지기에 승패의 명운을 걸고 돌진했다.

본거지인 영일에서 49%인 37,612표를 득표하고 포항시에서도 36%인 14,524표를 득표한 공화당 정무식 후보가 금메달을, 영천에서 56%인 35,475표를 쓸어 담은 무소속 권오태 후보가 은메달을 확보하여 동반 당선됐다.

미국 오하이오 대학원을 수료한 조규창 후보는 영천에서 23%인 14,501표를 얻어 2위를 했지만 포항시에서는 6천여 표 득표에 머물렀고, 포항시장을 지낸 문달식 후보는 포항에서 30%인 11,997표를 얻어 2위를 했지만 영천에서 4천여 표 득표에 머물러 낙선했다.

두 후보들의 득표는 64,433표로 당선자인 권오태 후보보다 8,479표가 많아 단일후보를 공천했더라면 하는 아쉬움만을 남겼다.

권오태 후보와 조규창 후보의 승패는 고향인 영천에서 판가름 났다. 제2훈련소 부소장으로 오랫동안 영천에 지역기반을 닦은 권오태 후보가 미국에서 맹활약했지만 지역연고가 엷은 조규창 후보를 20,974 표차로 제압할 수 있었고, 문달식 후보는 포항 – 영일에서는 포항시장을 지냈지만 현역의원인 정무식 후보를 꺾고 지역의 맹주로 발돋움할 수 없었던 것이 동반 낙선을 가져왔다.

□ 득표상황

후보자	정당	연령	주요 경력	득표(%)
정무식	공화당	48	8대의원(영일)	65,891 (35.4)
권오태	무소속	46	진양건설대표	55,954 (30.1)
조규창	신민당	47	아시아개발회장	34,281 (18.4)
문달식	신민당	55	포항시장	29,852 (16.1)

<경주 – 월성 – 청도> 현역의원인 심봉섭 의원을 공천했더라면 신민당의 의석은 1석 늘어났을 것이라는 아쉬움만을 짙게 남겨

경주 – 월성(신민당 심봉섭)과 청도(공화당 박숙현)가 통합된 이 지역구는 3대 정당 후보 이외에도 6명의 무소속 후보가 등록하여 전국 최고 경쟁률을 보였다.

박숙현 청도 지역구 의원과 이상무, 염길정 전 의원을 비롯하여 윤영모 원호처장, 김원기 고교교사, 정윤 경주 지청장, 이갑성 옹, 임진출, 정문식, 정해철, 홍영기 후보들이 각축한 공화당 공천은 박숙현 의원에게 돌아갔다.

공천에서 낙천한 동원농예 대표인 정문식, 예비역 소령 출신인 홍영기 후보들이 무소속으로 도전했다.

심봉섭 현역의원과 반재현 전 의원, 박권흠, 박재곤, 이상연, 황윤국 후보들이 신민당 공천에 뛰어 들었으며 예상을 뒤엎고 신민당은 지구당위원장으로 활약한 황윤국 후보를 낙점했고 낙천한 심봉섭 의원은 무소속으로 등록했다.

대양영림사 대표인 김봉만 후보가 통일당으로, 반공청년단 월성군 단장인 손갑호, 대왕제불 대표인 이영표, 중앙방송작가협회 이사인 최풍 후보들도 무소속으로 도전했다.

8대 총선 때 경주 – 월성에서는 신민당 심봉섭 후보가 공화당 이상무 현역의원을 1,984표차로 꺾은 이변을 만들어 냈고, 청도에서는 청와대 비서관 출신인 공화당 박숙현 후보가 국민당 반재현 후보에게 2만 표가 넘는 표차로 대승을 거두고 초선의원이 됐다.

지역적 기반과 재력은 강점이나 지명도가 낮은 신민당의 황윤국 후보는 "정통야당은 신민당"이라는 데 주안점을 두고 선거전을 펼치고 있다.

신민당 공천에서 밀려 난 심봉섭 후보는 "천신만고 끝에 국회에 나갔으나 1년 8개월 밖에 못했다" "돈 없고 불쌍한 나를 뽑아 달라"고 동정표에 호소했다.

방대한 공화당 조직의 위력과 새로운 선거법에 묶인 여덟 후보는 금메달은 엄두를 내지 못하고 은메달을 놓고 도토리 키재기식의 경쟁을 벌였다.

현역의원을 꺾고 신민당 공천을 받은 황윤국, 대한반공청년단 월성군단장인 손갑호, 현역의원인 심봉섭, 재력이 구비된 대왕제불 대표인 이영표, 국회회보 논설위원으로 방송작가인 최풍, 박숙현 의원과 함께 청도 출신임을 내세운 홍영기 후보들이 난형난제를 이뤘다.

이 지역구의 최대 성씨인 경주 최씨(최풍), 월성 이씨(이영표) 문중의 응집력이 당락을 결정할 정도는 못 되었지만 그래도 승패에 지대한 영향을 미쳤다.

공화당의 공천이 청도 출신인 박숙현 후보에게 떨어지자 경주에서는 반발이 없지 않았으나 표면상으로는 평온하지만 최풍, 심봉섭, 황윤국 후보에게 관심이 집중됐다.

후보가 난립되면 집권여당 후보가 절대 유리하다는 철칙을 안고 지역구 주민들로부터 착실하다는 평가를 받고 있는 박숙현 후보는 공화당의 조직을 활용하여 본거지인 청도는 물론 경주 – 월성까지도 우위를 선점했다.

청도에서 62%인 29,503표를 쓸어 담고 경주와 월성에서도 조직표를 동원하여 1위를 한 박숙현 후보가 금메달을 확정했다.

재력을 동원하여 월성에서 15%인 11,032표를 득표한 성적을 디딤돌 삼아 경주와 청도에서 3천여 표를 득표한 이영표 후보가 월성 이씨 문중표를 결집시켜 드라마 작가로 지명도가 높은 최풍 후보를 353표 차로 누르고 귀중한 은메달을 확보했다.

최풍 후보는 월성에서 17%인 12,163표를 득표하여 2위를 차지했으나 청도에서 이영표 후보에게 2,793표가 뒤져 아쉽게 은메달을 놓쳐 버렸다.

천신만고 끝에 국회에 등원한 심봉섭 후보는 신민당 공천에서 낙천한 설움을 이기지 못하고 고향인 경주 – 월성에서는 16,179표를 득표하였으나 조직력이 약한 청도에서 781표에 그쳐 당선권에서 멀어졌다.

정통야당 공천후보임을 내세운 황윤국 후보가 신민당 조직을 활용했음에도 1만 4천여표 득표에 머문 것을 고려하면 불쌍하다는 심봉섭 후보를 재공천 했더라면 신민당의 의석은 1석이 더 늘어났을 것이라는 아쉬움만 남겼다.

□ 득표상황

후보자	정당	연령	주요 경력	득표(%)
박숙현	공화당	48	8대의원(청도)	56,304 (13.5)
이영표	무소속	55	대왕제불대표	20,335 (12.7)
최 풍	무소속	39	방송 극작가	19,982 (12.4)
심봉섭	무소속	43	8대의원(경주)	16,960 (10.6)
황윤국	신민당	36	지구당위원장	14,627 (9.1)

손갑호	무소속	47	국민운동촉진회장	14,330 (7.1)
홍영기	무소속	49	예비역소령	11,427 (7.1)
정문식	무소속	37	동원농예사장	3,430 (2.1)
김봉만	통일당	50	대양영림사대표	3,279 (2.0)

<김천 - 금릉 - 상주> "파리 똥만한 지역에서 김천이고 상주고 가릴 것 없다"고 절규했으나 은메달로 추락하여 수모를 당한 백남억

김천 - 금릉과 상주가 통합된 이 지역구는 공화당 의장을 지낸 관록을 자랑한 김천 - 금릉의 백남억 의원이 경북도지사 출신으로 상주 지역구 의원인 김인, 국무총리 비서관을 지낸 박정수, 자유당 시절 국회의원을 지낸 김철안, 대학교수인 김민하 후보들을 가볍게 제압하고 공화당 공천장을 받아들었다.

임재영, 이기한, 조남극 후보들이 각축전을 전개한 신민당 공천장은 중앙상무위원인 이기한 후보에게 떨어졌으나 선거법 위반으로 입건되어 선거운동이 위축되고 있다.

김천시장을 지낸 조필호 후보가 통일당으로, 이천전기 대표인 김윤하, 상주군수·김천시장·경북도 상공국장을 지낸 박준무, 김천고 교사였던 박희동, 5대 민의원을 지낸 홍정표 후보들이 무소속으로 등록하여 7파전이 전개됐다.

8대 총선 때 김천 – 금릉에서는 대구대학원원장 출신으로 당의장인 백남억 의원이 신민당 조필호 후보를 15,504표차로 꺾고 3선의원의 반열에 올랐고, 상주에서는 경북도지사를 지낸 공화당 김인 후보가 국민당 임재영, 신민당 조남극 후보들을 꺾고 초선의원이 됐다.

공화당 백남억 후보는 "쇠등에 붙은 파리똥 만한 지역에서 김천이고 상주고 가릴 처지가 아니다"고 지역대결을 경계했다.

신민당 이기한 후보는 "중대한 고비에 다다른 민주주의를 사수하기 위해 야당의원을 적어도 73명 이상 국회에 보내야 한다"면서 "공화당 후보는 될 것 같으니 나머지 표는 나에게 달라"고 호소했다.

통일당 조필호 후보는 "공약을 해 보았자 실현하기도 어렵고 선거법은 뒤도 못 보게 되어있으니 이만 물러간다"고 합동유세 중도에 하단했다.

무소속 김윤하 후보는 "나는 상주군민만 믿고 나왔다. 나는 상주군민당이다"이라고 상주군의 애향심을 자극했다.

무소속 박준무 후보는 "오랜 공무원 생활을 해 보니 내 고장을 위해 일하려면 아무래도 정치인이 되어야겠더라"고 주장했다.

무소속 박희동 후보는 "노동자를 찾아 공장에 가고 농군을 찾아 논에 가더라도 어렵고 딱한 사람의 대변자가 되겠다"고 다짐했다.

공화당 당의장이며 3선의원이란 위용으로 백남억 후보가 금메달을 차지하고 신민당 이기한, 통일당 조필호, 무소속 김윤하 후보들이 은메달을 놓고 치열한 경쟁을 벌일 것으로 예상했다.

그러나 일반적인 예상을 뒤엎고 "나는 상주 군민당이니 상주사람만 믿는다"는 무소속 김윤하 후보가 풍부한 재력을 활용하여 상주에서 50%인 40,516표를 쓸어 담고 김천 – 금릉에서도 6천여 표를 득표하여 백남억 후보를 꺾고 금메달을 차지했다.

이는 "쇠등에 붙은 파리똥 만한 지역에서 김천이고 상주고 가릴 것 없다"는 백남억 후보가 상주에서 15%인 11,881표 밖에 득표를 하지 못했고, 5대 총선 때 민주당 공천으로 상주 갑구에서 당선된 홍정표 후보가 상주표를 잠식할 것이라는 예상을 벗어나 5,463표라는 부진한 성적을 거뒀기 때문이다.

백남억 후보는 김천 – 금릉에서는 35%인 30,062표를 득표하여 1위를 굳혔지만, 상주에서 15% 득표율에 머물러 은메달이라는 수모를 겪어야만 했다.

지난 총선에서 낙선한 조필호, 조남극 후보들을 제치고 신민당 공천을 받은 이기한 후보는 제1야당 공천 후보의 위용을 보여주지 못했고, 신민당 공천에서 낙천하자 통일당 공천을 받고 출전한 조필호 후보는 "진짜 야당은 통일당"이라고 선명논쟁을 벌였으나 이전투구로 이기한 후보의 뒷덜미만 잡았을 뿐이다.

상주, 예천, 선산, 영일, 영덕군수와 김천시장은 물론 경북도 상공국장을 섭렵한 박준무 후보는 고향인 상주에서 9,186표를 득표했을 뿐 부진을 면치 못했고, 박희동 후보도 고향인 금릉에서 7,136표를 득표했을 뿐이다.

□ 득표상황

후보자	정당	연령	주요 경력	득표(%)
김윤하	무소속	43	이천전기 사장	46,980 (28.6)
백남억	공화당	58	8대의원(3선)	41,943 (25.5)
이기한	신민당	35	당 중앙상임위원	24,039 (14.6)
조필호	통일당	52	김천시장	19,141 (11.6)
박준무	무소속	47	경북도 상공국장	13,094 (8.0)
박희동	무소속	57	김천중고교사	11,243 (6.8)
홍정표	무소속	57	5대의원(상주)	8,092 (4.9)

<안동시 – 의성 – 안동군> 공화당 김상년 의원과 지역기반이 겹쳐 의성에서 33%의 득표율을 돌리고도 낙선한 신민당 우홍구

안동시 – 군과 의성이 통합된 이 지역구는 안동시 – 군의 신민당 박해충 의원과 의성의 공화당 김상년 의원이 동반당선을 꿈꾸고 있다

김상년 의원은 김익기, 오상직 전 의원들과 권병규, 유돈우, 권대형, 김원국, 김충수 후보들을 어렵게 따돌렸고, 박해충 의원은 7대 의원이었지만 지난 총선 때 김상년 의원에게 패배한 우홍구 후보와 복수 공천됐다.

영남일보 논설위원으로 영남대, 경북대 강사인 김충섭 후보가 통

일당으로, 6대의원이었으나 지난 총선에서 낙선한 권오훈, 건안실업 대표인 김시효 후보들이 무소속으로 도전했다.

안동과 영천의 지역대결이 펼쳐진 이 지역구는 안동의 박해충, 권오훈, 김충섭 후보와 의성의 김상년, 우홍구 후보들의 각축장이 됐다.

8대 총선 때 안동에서는 신민당 박해충 후보가 공화당 김대진 후보를 17,137표차로 꺾고 재선의원이 됐고, 의성에서는 공화당 김상년 후보가 신민당 우홍구 후보를 무려 22,537표차로 꺾고 국회에 등원했다.

한국사회사업연합회 중앙회장인 공화당 김상년 후보는 본거지인 의성군에서 44%인 29,065표를 득표하고, 안동시 - 군에서 17%인 16,803표를 득표하여 금메달을 차지했고, 신민당 지도위원인 박해충 후보는 본거지인 안동시 - 군에서 40%인 38,978표를 득표하고, 의성군에서 9%인 6,116표를 득표하여 은메달을 목에 걸고 동반당선 됐다.

복수 공천을 받은 신민당 정무위원인 우홍구 후보는 고향인 의성에서는 33%인 22,022표를 득표했음에도 안동시 - 군에서 5%수준인 4,496표 득표에 그쳐 연거푸 패배했다.

6대 총선 때 공화당 공천으로 안동에서 당선됐던 무소속 권오훈 후보는 안동 권씨 문중표를 겨냥하여 안동시 - 군에서는 20% 인 19,147표를 득표했으나, 의성에서 부진하여 당선권에서 멀어졌고, 영남일보 논설위원인 통일당 김충섭 후보는 선명야당의 가치를 내걸고 동분서주했으나 신생정당의 한계를 절감했다.

안동 김씨 문중표를 겨냥한 건안실업 대표인 무소속 김시효 후보는 1만표 이상을 득표하여 다음 총선을 기약하게 됐다.

□ 득표상황

후보자	정당	연령	주요 경력	득표(%)
김상년	공화당	44	8대의원(의성)	45,868 (28.4)
박해충	신민당	44	8대의원(안동)	44,914 (27.8)
우홍구	신민당	44	당 정무의원	27,018 (16.8)
권오훈	무소속	46	6대의원(안동)	22,519 (14.0)
김충섭	통일당	49	경북대 강사	10,633 (6.6)
김시효	무소속	43	건안실업대표	10,364 (6.4)

<달성 – 경산 – 고령> 현역의원을 공천해도 당선이 오락가락한 지역에 신민당 복수공천을 받고 4위와 7위를 기록한 신민당 후보들

김성곤(달성 – 고령)의원의 당적이탈로 인한 의원자격 상실로 보궐선거에서 당선된 박준규 의원이 7대의원이었으나 지난 총선 때 낙선한 박주현, 관세청 차장이었던 최운지, 서울 국토관리청장이었던 윤영탁 후보를 비롯하여 신광순, 김상명, 김용현 후보들을 제압하고 당선증과 다름없는 공화당 공천장을 받아 들었다.

이형우 지역구 의원, 이상조 전국구 의원, 곽태진 2대와 5대의원, 국회의원 비서관이었던 김종기 후보들이 혼전을 전개한 야권은 고령출신인 곽태진, 경산출신인 이상조 후보들이 신민당 복수공천으로, 경산출신인 이형우 의원이 통일당 공천으로 출전하여 이전투구를 벌였다.

백설유업 대표인 달성출신인 김문조, 경산출신으로 7대의원을 지낸 박주현, 달성 출신으로 대구 고법판사를 지내고 법조인으로 인망이 높은 조성기 후보들이 무소속으로 등재했다.

지난 8대 총선 때 달성 – 고령에서는 공화당 김성곤 후보가 신민당 현해봉 후보를 45,061표차로 꺾고 4선의원 반열에 올랐고, 경산에서는 신민당 이형우 후보가 공화당 박주현 현역의원을 6,073표차로 꺾어 버린 이변을 연출했다.

4선의원인 공화당 박준규 후보는 "아무리 밥에 돌이 많이 섞여도 밥알이 돌보다는 많은 것과 같이 집권당이 시행착오로 잘못한 것이 없지는 않지만 잘한 것도 많다"고 역설했다.

재선의원인 신민당 곽태진 후보는 "울며 겨자 먹기로 일단은 유신체제를 받아들이지만 통일을 성취 못하면 민주역사에 오점을 남긴다" 며 유신체제를 비판했다.

서울신문과 동화통신부사장으로 활약하다 신민당 전국구 의원으로 복수공천을 받는 이상조 후보는 "내 관상을 보면 배짱이 있는 것을 알 수 있지 않소. 한번만 보아 주이소" 라고 읍소했다.

현역의원이지만 신민당 공천에서 배제되어 통일당 공천으로 출전한 이형우 의원은 "시집살이 1년만에 쫓겨났다" 며 억울함을 호소했다.

"유신시대에는 여야가 없다" 면서 무소속후보도 지역개발을 할 수 있다고 강조한 박주현 후보는 "지난날 나더러 콧대가 세다고 그랬는데 명주 고름처럼 부드럽기 한이 없다"며 낙선을 딛고 재도전했음을 호소했다.

공화당 박준규 후보는 지난 5대 총선 때에는 민주당 공천으로 달성에서 당선됐으나 5·16 혁명 이후 공화당으로 변신하여 6대와 7대 총선 때에는 서울 성동 을구에서 당선됐으나 8대 총선에서는 낙선했다. 그러나 김성곤 의원의 의원직 상실에 따른 보궐선거에서 공화당 공천을 받고 당선되어 4선의원이 됐다.

박준규 후보는 "황소 뒤에 똥이 약간 묻었지만, 그렇다고 소를 팔아 폐농할 수 없지 않겠느냐" 고 유신정권을 옹호하면서 고향인 달성에서 35%인 18,524표를 득표한 것을 바탕으로 경산과 고령에서도 공화당 조직을 동원하여 1위를 차지했다.

지난 총선에서는 현역의원이라는 이점을 안고도 패배한 무소속 박주현 후보가 경산에서 36%인 22,031표를 득표하여 신민당 공천에서 탈락하자 통일당으로 출전하여 15.228표(15%) 득표에 그친 이형우 의원을 제치고 지난 총선에서의 패배를 설욕하며 은메달을 확보했다.

2대 총선 때에는 민주국민당 공천으로 당선되고 5대 총선 때에도 민주당 공천으로 당선됐던 신민당 곽태진 후보가 고향인 고령에서는 31%인 7,849표를 득표하고 달성에서도 15%인 8,086표를 득표하여 선전했으나 유권자가 많은 경산에서 부진하여 4위로 밀려났다.

달성 출신인 김문조 후보와 대구고법 판사 출신인 조성기 후보는 달성에서만 선전했을 뿐 경산과 고령에서 부진하여 당선권에서 멀어졌다.

서울신문 부사장 출신으로 신민당 전국구 의원으로 복수공천을 받은 이상조 후보는 경산에서 10%에도 미치지 못한 6,067표를 득표했을 뿐 어디에서도 제1야당 공천 후보의 면모를 보여주지 못했다.

신민당이 현역의원을 공천해도 당선이 보장되지 않는 지역구에 잊혀진 인물이거나 지역에 뿌리가 전혀 없는 후보들을 복수공천하는 어처구니 없는 패착을 저질렀다.

□ 득표상황

후보자	정당	연령	주요 경력	득표(%)
박준규	공화당	47	8대의원(4선)	34,559 (25.2)
박주현	무소속	50	7대의원(지역구)	29,709 (21.7)
이형우	통일당	51	8대의원(경산)	19,382 (14.2)
곽태진	신민당	55	국회의원(2선)	18,282 (13.4)
김문조	무소속	41	백설유업사장	13,033 (9.5)
조성기	무소속	47	대구고법판사	11,833 (8.6)
이상조	신민당	57	8대의원(전국구)	10,119 (7.4)

<칠곡 – 군위 – 성주 – 선산> 군위와 선산에서 1위를 차지했지만 고향인 군위 유권자가 적어 연거푸 낙선한 무소속 김현규

성주 – 칠곡, 군위 – 선산 등 4개군이 통합된 이 지역구는 부흥부 장관을 지낸 공화당 신현확 후보와 현역의원인 김창환 의원이 동반당선을 선점한 가운데 국회 공무원 출신인 통일당 배재연, 조선일보 기자 출신인 김윤환, 지난 8대 총선때 공화당 김봉환 의원에게 991표 차로 석패한 김현규, 성주 원예협동조합장인 정경택 후보들이 무소속으로 뛰고 있다.

자유당 시절 부흥부 장관과 쌍용양회 사장을 지낸 공화당 신현확 후보는 군위 – 선산 출신으로 3선의 김봉환 현역의원을 어렵게 공천경쟁에서 따돌렸다.

송한철, 신동욱 전 의원, 장동식 치안국장과 윤천주, 마달천, 반기언, 김정수, 이우택, 김윤환, 박재홍 후보들도 공화당의 공천을 기대했고 김현규와 유성근 후보는 김창환 의원에게 신민당 공천을 놓고 야멸차게 도전했고 도진희 전 의원의 출전설도 나돌았다.

지난 8대 총선 때 선산 – 군위에서는 공화당 김봉환 후보가 신민당 김현규 후보에게 991표 차로 어렵게 승리하고 3선의원 반열에 올랐고, 성주 – 칠곡에서는 신민당 김창환 후보가 공화당 송한철 현역의원을 17,497표차로 꺾은 기적을 이뤄냈다.

공화당 신현확 후보는 "출세나 명예를 위해 출마한 것이 아니고 박 대통령의 신임을 얻어 고향의 개발을 위해 출마한 것이니 지역개발을 위해 지지해 달라"고 호소했다.

신민당 김창환 후보는 "국토통일을 위해 30대의 젊은 총각이 나가서 국토통일과 복지국가 건설을 위해 일할 수 있는 기회를 달라"고 호소했고, 무소속 김현규 후보는 "파벌을 조성하고 있는 신민당을 떠나서 출마했으니 공화당의 신현확 후보와 나를 지지해 달라"고 호소했다.

4대 김동석 의원의 아들인 무소속 김윤환 후보는 "선친의 유지를 이어받기 위해 출마했다"면서 부친이 설립한 학교조직을 토대로 득표 활동을 전개했다.

선거전은 칠곡의 공화당 신현확, 군위의 무소속 김현규, 성주의 신민당 김창환, 선산의 무소속 김윤환 후보의 대결로 압축됐다.

칠곡에서 40%가 넘는 20,630표를 쓸어 담고 다른 군에서도 공화당의 조직표를 활용한 공화당 신현확 후보가 금메달을 차지했다.

성주에서 36%인 15,012표를 득표하고 지난 총선에서 압도적 지지를 받은 칠곡에서 36%인 18,472표를 득표한 신민당 김창환 후보가 현역의원의 이점과 신민당원들의 지지로 은메달을 차지했으나 군위와 선산에서는 1,700표, 2,829표 등 저조한 성적을 올렸다.

무소속 김현규 후보는 고향인 군위에서는 50%가 넘는 15,553 표를 쓸어 담고 선산에서도 30%가 넘는 13,150표를 득표하여 1위를 했지만 군위군의 유권자가 적어 성주 출신인 김창환 후보에게 4,463표가 모자라 국회 등정에 실패했다.

선산출신으로 조선일보 동경, 워싱턴 특파원을 지낸 무소속 김윤환 후보는 선산에서는 30%인 12,683표를 득표했지만 다른 군에서의 실적이 저조하여 당선권에서는 멀어졌다.

□ 득표상황

후보자	정당	연령	주요 경력	득표(%)
신현확	공화당	52	부흥부장관	45,330 (28.5)
김창환	신민당	37	8대의원(성주)	38,103 (23.9)
김현규	무소속	36	정당인	33,640 (21.1)
김윤환	무소속	40	조선일보기자	18,521 (11.6)
정경택	무소속	45	성주원예조합장	14,572 (9.2)
배재연	통일당	40	국회 행정관	9,036 (5.7)

<영덕 – 청송 – 울진> 고향인 청송에서 부진으로 복수 공천된 문태준, 오준석 의원들의 당선을 바라만 볼 수밖에 없는 황병우

이번 총선에서는 울진 – 영양 지역구가 해체되어 울진군이 영덕 - 청송에 편입되어 공화당 내에서는 오준석 의원과 문태준 의원의 공천혈투가 예상됐으나 공화당은 경북 북부의 오지에서의 공화당의 조직력을 감안하여 황위섭, 문찬홍, 최순열, 남재한, 정세환, 주상삼, 심광택 후보들의 공천기대를 져 버리고 두 의원을 복수공천했다.

신민당은 박종길, 황병우 후보가 혼전을 전개했으나 중앙상무위원인 황병우 후보를 공천하자 3, 4, 5대 의원으로 지난 총선에서도 울진 - 영양에 도전했으나 패배하고 이번 총선에서도 무소속으로 재도전한 박종길 후보는 등록무효로 꿈을 이루지 못했다.

울진출신인 울진주조 대표인 김용식 후보와 영덕 출신인 한국운수창고 대표인 신순휴 후보가 무소속으로 도전했다.

8대 총선 때 영덕 - 청송에서는 공화당 문태준 후보가 신민당 황병우 후보를 25,159표차로 꺾고 재선의원이 됐고, 울진 - 영양에서는 공화당 오준석 후보가 신민당 박종길 후보를 18,592표차로 꺾고 재선의원이 됐다.

오준석 의원과 문태준 의원은 월경금지 신사협정을 체결함에 따라 유권자가 90,527명과 51,031명으로 문태준 의원이 절대적으로 유리한 가운데 영양 출신으로 3선의원인 박종길 후보의 등록무효로 청송 출신인 신민당 황병우 후보가 변수로 떠올랐다.

또한 대한청년단 간부로서 울진주조(酒造) 대표인 김용석 후보와 한국운수창고 대표로 영덕 출신인 신순휴 후보의 고향 표 잠식도 승패의 갈림길이 될 수 있게 됐다.

영덕에서 신순휴 후보의 잠식에도 46%인 20,976표를 득표한 문태준 후보가 지지기반인 청송에서도 35%인 10,413표를 득표하여 1위를 차지했고, 울진에서 김용석 후보의 잠식에도 불구하고 48%인 19,698표를 득표한 오준석 후보가 2위를 차지하여 공화당 후보들이 동반 당선됐다.

월경금지 협약에도 불구하고 문태준 의원은 울진에서 4,236표를 득표한데 반해 오준석 의원은 영덕 - 청송에서 8,329표를 득표했다.

지난 총선에서 패배하고 설욕전을 펼친 신민당 황병우 후보는 고향인 청송에서도 32%인 9,741표를 득표하여 2위에 머물고 영덕에서는 문태준, 신순휴 후보에게, 울진에서는 오준석, 김용식 후보에게 뒤쳐진 3위를 함으로써 연패할 수밖에 없었다.

무소속 김용식 후보는 울진에서 19%인 7,850표를, 무소속 신순휴 후보는 영덕에서 17%인 7,884표를 득표했을 뿐 당선권과는 인연이 없었다.

영덕의 문태준, 울진의 오준석, 청송의 황병우의 군 대항전은 김용식, 신순휴 후보들의 잠식이 있었음에도 영덕, 울진의 승리요, 청송의 패배로 선거전이 막을 내렸다.

이는 유권자들의 많고 적음에도 많은 영향이 있었다.

□ 득표상황

후보자	정당	연령	주요 경력	득표(%)
문태준	공화당	45	8대의원(2선)	35,625 (33.2)
오준석	공화당	45	8대의원(2선)	28,027 (26.1)
황병우	신민당	41	당 중앙상임위원	20,703 (19.3)
김용식	무소속	54	울진주조대표	11,528 (10.8)
신순휴	무소속	45	운수창고 대표	11,333 (10.6)
박종길	무소속	48	국회의원(3선)	등록무효

<영주 - 영양 - 봉화> 자유당 조직부장 출신이지만 고향인 영주에서 55%를 쓸어 담아 예상을 뒤엎고 1위에 등극한 신민당 박용

만

영주군, 봉화군은 물론 영양군이 통합된 이 지역구는 영주의 김창근 의원과 봉화의 권성기 의원의 공화당 공천 혈투는 불가피했다.

여기에 김중위, 박성만, 민병기, 황윤경, 조수영, 신동식, 강동호 후보까지 끼어들어 혼전을 전개했으나 공화당은 총무처 차관, 농림부 차관을 역임한 권성기 의원의 손을 들어줬다.

자유당 출신으로 영주에서 6대 총선이래 김창근 의원과 세 번 대결하여 차점으로 세 번이나 낙선했던 박용만 후보가 최영두 전 의원과 강여원 후보들을 제압하고 신민당 공천을 받아 냈다.

공화당 중앙상임위원인 권호연, 중앙정보부 감찰실장을 지낸 김해영, 봉화군 산림조합장인 박장수 후보들이 무소속으로 등록하여 5파전이 전개됐다.

지난 8대 총선 때 영주에서는 공화당 대변인을 지낸 김창근 후보가 신민당 박용만 후보를 22,259표차로 꺾고 3선의원 반열에 올랐고, 봉화에서는 농림부 차관 출신인 권성기 후보가 신민당 최영두 후보를 11,339표 차로 꺾고 초선의원이 됐다.

선거전은 영주의 신민당 박용만, 무소속 김해영 후보, 봉화의 공화당 권성기, 무소속 박장수 후보의 군별대항 4파전이 전개되면서 무주공산인 영양군 표의 향배에 따라 당락이 좌우될 것으로 예상됐다.

그러나 총무처와 농림부 차관을 지낸 현역의원인 권성기 후보가 공화당 조직을 활용하여 선두를 달리고, 지난 총선에서 패배했지만 대군(大郡)인 영주 출신인 신민당 박용만 후보가 추격전을 전개할 것으로 예상됐다.

여기에 박장수 봉화군 산림조합장과 김해영 중앙정보부 감찰실장의 봉화, 영주표의 잠식도 메달 결정의 변수로 작용할 것으로 보였다.

공화당원으로 활동한 박장수 후보는 출생지인 영양과 성장한 봉화표를 겨냥하여 산악지대 개발사업을 공약으로 내걸었다.

무소속 김해영 후보는 순수한 이미지를 더욱 빛낸다며 무소속으로 출마한 취지를 밝히면서 의성 김씨 문중을 파고들었다.

김해영 후보는 중앙정보부 감찰실장, 서울 분실장을 역임하여 군인과 제대군인들의 기대를 걸고 있으며 국민생활 평준화, 정치풍토 개선, 유신과업 완수를 캐치프레이즈로 내걸었다.

자유당 조직부장 출신이지만 신민당으로 전향한 박용만 후보가 예상을 뒤엎고 고향인 영주에서 55%인 34,210표를 쓸어 담고 신민당원들의 헌신적인 도움으로 영양과 봉화에서 선전하여 1위를 차지했다.

공화당 권성기 후보는 고향인 봉화에서 40%인 17,154표를 득표하고 무주공산인 영양에서도 35%인 8,108표를 득표하여 1위를 차지했지만 영주군의 응집력으로 박용만 후보에게 무려 18,750표 뒤진 2위에 머물렀다.

중앙정보부 감찰실장과 국방대 교수인 김해영 후보는 무소속 후보라는 한계로 영주에서 24%인 14,188표를 득표했지만 영양과 봉화에서 부진하여 3위에 머물렀다.

봉화, 영양지역을 훑은 박장수 후보는 표의 확장성에 한계를 실감했고, 공화당 상무위원 출신으로 옛날 조직의 복원을 기대한 권호연 후보의 득표력도 기대 이하였다.

□ 득표상황

후보자	정당	연령	주요 경력	득표(%)
박용만	신민당	48	지구당위원장	53,041 (42.1)
권성기	공화당	64	8대의원(봉화)	34,281 (27.2)
김해영	무소속	49	국방대 교수	23,684 (18.8)
박장수	무소속	37	봉화산림조합장	7,881 (6.2)
권호연	무소속	52	공화당 상무위원	7.213 (5.7)

<문경 – 예천> 문경과 예천을 사이 좋게 양분하여 장유길 파수꾼을 따돌리고 동반 당선된 신민당 채문식, 공화당 황재홍

공화당은 문경의 고우진 현역의원을 제치고 예천제사 대표로서 한국생사수출조합 이사장인 황재홍 후보를 공천했다.

황재홍 후보는 손영율 전매청장, 채원식 치안국장은 물론 권일, 유선우, 권상하 후보들과의 공천경쟁에서 어려운 승리를 엮어 냈다.

신민당은 채문식 전국구 의원이 지난 총선에 예천에 출전했던 반형식 후보를 제치고 공천장을 받아 냈다.

영주군수 출신으로 국민당으로 당선된 조재봉 의원이 출전을 포기한 가운데 재진상사 대표로 문경출신인 장유길 후보가 통일당 공천으로 출전했고, 예천농협장 출신인 김기수 후보가 무소속으로 등록했으나 등록이 무효되어 3파전 양상이 됐다.

문경의 신민당 채문식 의원과 예천의 공화당 황재홍 후보가 동반 당선의 확신을 갖고 있는 가운데 통일당 장유길 후보가 험난한 추격전을 전개하고 있을 뿐이다.

지난 8대 총선 때 문경에서는 공화당 고우진 후보가 신민당 장유길 후보를 6,431표차로 꺾고 국회에 등원했고, 예천에서는 영주군수 출신인 국민당 조재봉 후보가 공화당 정진동, 신민당 반형식 후보들을 가까스로 제압하고 전국에서 유일한 국민당 당선자가 됐다.

중앙선관위는 선관위원 사퇴원을 제출했으나 선관위 간사가 부재하여 간사 책상 서랍에 사직원을 넣어 두어 법정기일 내 사직원 접수가 되지 않았다는 이유로 김기수 후보의 등록을 무효화시켜 싱거운 선거전이 펼쳐졌다.

예천보다 유권자가 4,454명이 많은 문경에서 64%인 38,309표를 쓸어 담은 신민당 채문식 후보가 예천에서 59%인 30,414%를 득표한 공화당 황재홍 후보와 사이 좋게 동반 당선됐다.

통일당 장유길 후보는 추격전을 전개했으나 문경에서는 12%인 7,393표를, 예천에서도 12%인 6,146%를 득표했을 뿐 추격다운 추격전을 전개하지도 못했다.

□ 득표상황

후보자	정당	연령	주요 경력	득표(%)
채문식	신민당	48	8대의원(전국구)	49,933 (47.1)
황재홍	공화당	41	예천제사대표	42,543 (40.1)
장유길	통일당	32	재진상사대표	13,539 (14.7)
김기수	무소속	37	예천군농협장	등록무효

경상남도

<마산 - 진해 - 창원> "경남도청을 유치하겠다"는 공약으로 야당의 텃밭에서 야당 후보들을 꺾고 1위로 당선된 공화당 이도환

지난 8대 총선 때에는 집권 여당세가 전멸했던 이 지역구에서 공

화당은 김봉재, 최수룡 전 의원과 김성은, 권오병 전 장관, 박경환 전 대학장, 권경석 국회 사무차장, 하광호 전 진해 – 창원 위원장, 조정제 변호사 등 기라성 같은 후보들을 제치고 부산지검 차장검사와 중앙정보부 국장을 지낸 이도환 후보를 내세웠다.

이도환 후보는 검사 · 변호사 등을 지낸 법조인으로 공화당 조직을 활용할 수 있는 강점이 있으나 외지에 오래 머물러 선거구가 다소 생소한 데다 거센 야당세를 어떻게 다스리느냐가 관건이다.

신민당은 황은환(마산), 황낙주(진해 – 창원) 의원을 놓고 저울질하다 황낙주 의원을 낙점했다.

 황낙주 의원은 자신이 설립한 진해 충무의 학원 조직, 마산상고 동창조직 등 사조직이 견고하고 야당세를 탈 수 있다는 게 강점이나 현역 의원으로 낙천한 황은환 의원의 기반 흡수 여부가 승패의 갈림길이다.

신민당 운영위원이었던 김형돈 후보가 통일당으로, 공화당 공천에서 낙천한 6대 총선에서 민정당 공천으로 당선된 최수룡 후보가 무소속으로 도전했다.

지난 8대 총선 때 마산에서는 신민당 황은환 후보가 공화당 박경환 후보를 1,971표차로 어렵게 꺾었고, 진해 – 창원에서도 신민당 황낙주 후보가 공화당 하광호 후보를 3,858표 차로 꺾고 국회 입성에 성공했다.

공화당 이도환 후보는 "유신체제 아래서의 정당은 집권 투쟁을 하는 것이 아니기 때문에 국회는 국가와 민족을 위한 토론의 광장일 뿐"이라며 "지역개발과 경남도청 유치에 노력하겠다"고 공약했다.

신민당 황낙주 후보는 "까마귀도 고향 까마귀가 반가운 것"이라고 지연을 강조하며 "8대의원에 당선됐으나 1년 2개월 만에 쫓겨난 기구한 운명"이라고 울먹이면서 다시 한 번 뽑아줄 것을 호소했다.

황낙주 후보는 "여당 후보의 도청유치 공약은 감언이설"이라고 반박하고서 "정부를 잘 감시하기 위해 야당 후보를 찍어 달라"고 당부했다.

통일당 김형돈 후보는 "통일당만이 선명야당이며 나머지는 모두 한 편" 이라고 세 후보를 모두 공격했다.

"10월 유신을 지지하며 지역개발에 앞장서겠다"는 무소속 최수룡 후보는 "정당인사보다는 마산 수출 자유지역 등 지역발전에 전력을 쏟을 수 있는 나를 밀어달라"고 호소했다.

부산지검 차장검사, 중앙정보부 국장을 지낸 공화당 이도환 후보가 야당세를 극복하고 마산에서 42%인 29,307표를 득표하고, 창원에서도 38%인 22,771표를 득표하여 1위 당선을 확정지었다.

진해 출신으로 신민당 도당위원장을 맡고 있는 황낙주 후보는 진해에서 54%인 17,359표를 득표했으나 3·15 부정선거 궐기의 진원지인 마산에서 34%인 24,107표 득표에 머물러 2위 당선에 만족할 수밖에 없었다.

서울세관장, 서울시 관재국장 출신으로 6대 총선 때 진해 – 창원에서 민정당 공천으로 당선됐던 최수룡 후보는 고토의 회복을 기대했으나 옛날 조직의 복원이 이루어지지 않아 소기의 성과를 거두지 못했다.

□ 득표상황

후보자	정당	연령	주요 경력	득표(%)
이도환	공화당	47	중앙정보부7국장	62,150 (38.7)
황낙주	신민당	44	8대의원(진해)	59,680 (37.2)
최수룡	무소속	51	6대의원(창원)	23,496 (14.6)
김형돈	통일당	48	신민당운영위원	15,237 (9.5)

<진주 – 삼천포 – 진양 – 사천> 진주 – 진양과 삼천포 – 사천의 지역대결에서 110표차로 승리한 삼천포 – 사천의 신민당 정헌주

진주 – 진양 현역의원인 구태회, 삼천포 – 사천 현역의원인 최세경 의원이 혈전을 전개한 공화당 공천경쟁에 회사대표인 주동준, 검사 출신 변호사인 정해규, 병원장인 김기훈, 회사대표인 송지순 후보들이 뛰어들었다.

공화당은 정책위의장 출신인 구태회 의원을 낙천시키고 최세경 의원을 공천하여 구태회 의원의 향배가 이 지역구 승패에 큰 영향을 미치게 되었다.

신민당은 지난 총선에 진주 – 진양에 출전하여 낙선한 박영식, 4선 의원인 정헌주, 부산일보 기자인 안병규, 삼천포 – 사천에서 낙선한 최응섭 후보들이 경합하여 정헌주 의원이 낙점을 받았다.

사천, 산청, 하동, 김해군수 출신으로 3대와 5대 의원을 지낸 황남팔 후보가 노악장을 과시하며 통일당으로 출전하여 공화당·신민당 후보가 모두 삼천포 – 사천 출신으로 서둘러 진주 – 진양 표의 흡수에 총력을 경주했다.

공화당 공천에서 낙천한 정해규, 주동준 후보와 선명여상 교장인 강명찬 후보들이 무소속으로 출전하여 진주– 진양 표 잠식에 들어갔다.

지난 8대 총선 때 진주 – 진양에서는 공화당 구태회 후보가 신민당 박영식 후보를 5,490표차로 제압하고 4선의원이 됐고, 삼천포 – 사천에서는 부산일보 사장인 공화당 최세경 후보가 신민당 최응섭 후보를 28,085표차로 제압하고 초선의원이 됐다.

공화당 최세경 후보는 "유신으로 강력한 지도체제를 만들어 남북통일을 이룩하자"고 호소하고, 신민당 정헌주 후보는 "후보자와 유권자의 소통을 꽁꽁 막아 놓은 선거법 아래서 유권자들이 선택할 대변자가 벙어리인지 귀머거린지 언청인지 어떻게 알고 표를 찍으란 말인가"라고 개정 선거법의 불합리성을 비난했다.

통일당 황남팔 후보는 "유신정치는 곧 민주정치를 뜻하므로 이를 찬성한다"고 화답했다.

무소속 정해규 후보는 "유신헌법 아래서의 여당은 이빨 빠진 호랑이요, 야당은 기둥서방 잃은 기생"이라며 "비정당원인 국민회의 대의원이 대통령을 선출하므로 정권획득이 최종목적인 정당의 존립가치가 없어졌다"고 정당의 무의미를 설파했다. 무소속 강명찬 후보는 "나는 죽더라도 비석에 국회의원이라는 직함을 써넣지 말라고 유언하겠다"며 국회의원은 벼슬이 아니라고 주장했다.

"사천은 양항(良港)의 조건을 구비하고 있으며 그곳이 항구로 발전되면 진주의 번영도 틀림없다"고 삼천포항 개발을 강조한 사천 출신인 최세경 후보는 막강한 집권여당 조직, 현역의원이란 이점을 안고 사천에서 44%인 14,090표를 득표하였을 뿐 아니라 삼천포에서 6,044표(32%), 진주에서 9,286표(20%), 진양에서도 9,766표(22%)를 득표하면서 1위를 차지하여 금메달을 확정지었다.

다섯 후보가 은메달을 놓고 경쟁을 벌인 선거전은 신민당 공천을 받은 정헌주 후보와 진주에서 변호사 사무실을 개설하고 무료변론 등으로 기반을 닦은 무소속 정해규 후보의 혈투가 전개됐다.

2대 총선 때에는 무소속으로 진출하여 4대, 5대 총선 때에는 민주당 공천으로 사천에서 당선됐으나 6대와 7대 국회 진출에 실패하고 8대에는 신민당 전국구에 안착한 정계원로인 정헌주 후보는 진주와 진양에서는 정해규 후보에게 17,299표 대 14,077표로 3,222표 뒤졌으나 삼천포 – 사천에서 11,142표 대 7,810표로 3,332표 앞서 110표차로 아찔한 승리를 안게 됐다.

공화당 서울 성북병구 위원장을 하다가 낙향한 한도실업대표인 무소속 주동준 후보와 3대 총선 때 자유당 공천으로 진양에서 당선됐으나 민주당으로 전향하여 4대 총선 때에는 자유당 구태회 후보에게 패배하고 5대 총선 때 기사회생한 황남팔 후보도 선전했으나 공화당과 신민당의 양당체제를 부수기에는 역부족이었다.

이리하여 삼천포 – 사천 출신들이 진주 – 진양 출신들을 누르고 국회의원 두 석을 독식했다.

□ 득표상황

후보자	정당	연령	주요 경력	득표(%)
최세경	공화당	49	8대의원(사천)	39,186 (27.8)
정헌주	신민당	57	국회의원(4선)	25,219 (17.9)
정해규	무소속	37	변호사	25,109 (17.8)
주동준	무소속	43	한도실업대표	19,502 (13.8)
황남팔	통일당	67	국회의원(2선)	18,106 (12.9)
강명찬	무소속	52	선명여상교장	13,720 (9.8)

<충무 – 통영 – 거제 – 고성> 81% 응집력을 보인 거제와 68%의 응집력을 보인 고성에서만 의원들을 배출하고 충무 - 통영은

정책위부의장과 한일협력위 사무총장을 지낸 관록과 재력을 구비한 거제 출신 김주인 후보와 고성표만 다지면 당선된다는 고성 출신 최재구 의원이 복수공천을 받은 가운데 충무 – 통영 출신인 김기섭 의원이 신민당 공천으로 출전하여 시·군 대항전을 전개했다.

공화당은 거제의 이학만 현역의원과 충무 – 통영의 김종길 변호사를 제치고 6,7대 총선 때 거제에서 당선됐던 김주인 후보와 고성의 최재구 현역의원을 복수 공천했고, 신민당은 김봉조(거제), 김수명(고성) 후보들을 제치고 충무 – 통영의 김기섭 의원을 내세웠다.

8대 총선 때 충무 – 통영에서는 신민당 김기섭 후보가 공화당 김종길 후보를 3,620표차로 제압했고, 거제에서는 공화당 이학만 후보가 국민당 윤병한 후보를 28,664표차로 꺾었고, 고성에서는 공화당 최재구 후보가 신민당 김수명 후보를 5,557표차로 꺾고 초선의원이 됐다.

선거 등록 전에는 거제 출신인 이학만 현역의원, 노철용 언론인, 김종길 변호사, 장영택 외환은행 관리역, 박평문 대학강사, 김수명, 김봉조 후보들의 출마설이 나돌았으나 모두 꿈을 접어 세 후보의 각축전으로 변모했다.

건설공제조합 이사장 출신인 공화당 최재구 후보는 "국내외의 사정이 어려운 이 때 용기와 정열이 넘치는 젊은 사람이 국회에 나가야 한다"고 호소했다.

신민당 김기섭 후보는 "우리 김씨의 선조는 낙향하여 처음 고성에 살았다" "젊다고 좋은 것이 아니라 온갖 풍상을 다 거쳐 나이가 지긋지긋 하는 것이 좋다"며 지지를 호소했다.

공화당 김주인 후보는 "국회의원 하겠다는 사람들이 내 고장, 네 고장 찾는 것은 쩨쩨하다. 경험도 있고 정열도 있는 늙지도 않고 젊지도 않은 내가 꼭 알맞다"고 지지를 당부했다.

유권자 68,025명인 충무 – 통영, 유권자 59,902명인 고성, 유권자 56,693명인 거제의 치열한 지역대결을 펼친 선거전은 거제에서 81%의 득표율로 38,963표를 득표한 김주인 후보와 고성에서 68%의 득표율인 31,812표를 득표한 최재구 후보가 동반 당선됐다.

현역의원이라는 이점과 지역적 이점 그리고 유일한 야당이라는 이점을 가진 김기섭 후보는 충무에서는 53%인 13,156표, 통영에서는 41%인 10,552표를 득표하여 1위를 차지했지만 표의 응집력에서 떨어져 낙선의 고배를 마셨다.

이 지역구의 선거전은 고향 유권자들의 응집력 싸움으로 응집력에 따라 금, 은, 동메달의 색깔이 결정됐다.

□ 득표상황

후보자	정당	연령	주요 경력	득표(%)
김주인	공화당	57	국회의원(2선)	53,627 (37.8)
최재구	공화당	42	8대의원(고성)	48,457 (34.2)
김기섭	신민당	56	8대의원(충무)	39,717 (28.0)

<울산 – 울주 – 동래> 공화당에 우호적인 지역정서와 정통야당의 현역의원의 이점으로 공화당·신민당 후보들이 동반당선

양산 – 동래구가 해체되어 동래군이 울산 – 울주에 편입된 이 지역구는 언양잠사, 대원어업 대표인 공화당 김원규 후보와 울산 – 울주 현역의원인 최형우 의원, 신민당 공천에서 낙천한 대동병원장인 무소속 김재호 후보가 팽팽한 대결을 펼쳐 막상막하의 불꽃 튀는 접전을 전개했다.

김원규 후보는 공화당 기존 조직과 어업으로 상당한 재력을 확보하여 조직과 자금의 우위를 확보하여 선두권을 선점했고, 의사 출신인 김재호 후보는 평소 무료진료를 해 주는 등 인술을 통한 사조직을 꾸준히 다져왔다.

이거락 전 서울 마포경찰서장, 노재필 전 의원, 김정오 전 울산부시장, 김해두 전 경남부지사, 차경규, 서영수, 박원주, 이규정 후보들도 공화당 공천을 노크했고, 이정숙, 이종수, 최현규, 김성탁 후보들도 출마 하마평이 나돌았으나 모두 꿈을 접었다.

지난 8대 총선 때 울산 – 울주에서는 신민당 최형우 후보가 공화당 박원주 후보를 10,457표 차이로 꺾었고, 양산 – 동래에서는 신민당 신상우 후보가 공화당 노재필 현역의원을 1,822표차로 꺾고 초선의원이 됐다.

동래는 유권자가 34,745명에 불과하여 출마자가 없어 울산출신들의 잔치가 된 선거전은 울산공업단지 건설로 집권여당인 공화당에 우호적인 정서가 반영되어 울산 – 울주는 물론 동래까지도 무명의 김원규 후보가 석권했다.

울산 – 울주의 현역의원이라는 강점을 지니고 정통야당의 기수임을 자처한 신민당 최형우 후보는 오랫동안 의료사업으로 기반을 닦은 무소속 김재호 후보에게는 너무나 버거운 옹벽이었다.

공화당 김원규 후보는 "청진 앞바다에서 고기를 잡고 대동강에서 낚시질하며 금강산에 등산하고 싶은 분은 나에게 표를 찍어 주시오"라고 남북통일에 대한 환상으로 표를 낚아 금메달을 차지했다.

신민당 최형우 후보는 "상놈은 발 덕분에 산다는 옛 속담처럼 하루 3백리를 걸으면서 유권자들과 악수하다 보니 손바닥에 온통 못이 박혔다"고 다소 엉뚱한 화두로 선거전의 고충을 털어 놓았으나 동반 당선의 기쁨을 누렸다.

□ 득표상황

후보자	정당	연령	주요 경력	득표(%)
김원규	공화당	47	대원어업대표	66,652 (46.2)
최형우	신민당	37	8대의원(울산)	59,395 (41.2)
김재호	무소속	52	대동병원장	18,138 (12.6)

<의령 – 함안 – 합천> 5대 국회에 입성했으나 6, 7대 총선에서 낙선하고 8대 총선 때 고토를 회복하고서 연승한 신민당 이상신

함안 – 의령 조홍래 의원과, 합천 이상신 의원의 신민당 공천혈투는 이상신 의원의 승리로 막을 내렸고, 공화당은 우후죽순처럼 출사표를 내던진 군웅 가운데 의령 교육감을 지낸 이상철 후보를 낙점하고 하마평에 오르내린 후보들이 꿈을 접어 무투표 당선 지역구가 됐다.

공화당에서는 김창욱, 변종봉, 방성출, 김삼상 전 의원, 검사 출신인 조정제, 훈련원 교수인 박강수, 언론인인 박환수 후보 등은 물론 김승일, 권해옥, 이중섭, 이순기, 이종국, 안호상, 배원효, 정용택,

박동종 후보들이 자천·타천으로 몰려 들었고 이영희 전 의원과 신성헌, 하성관 후보들의 출마설이 나돌았으나 아무도 용기를 내지 아니했다.

지난 8대 총선 때 함안 – 의령에서는 신민당 조홍래 후보가 공화당 전달수 현역의원을 965표차로 제압했고, 합천에서는 신민당 이상신 후보가 공화당 권해옥 후보를 8,787표차로 제압하고 재선의원이 됐다.

신민당 이상신 의원은 5대 총선 때 민주당 공천으로 당선됐으나 산청과 통합된 6대와 7대 총선 때에는 공화당 변종봉, 공화당 김삼상 후보들에게 패배했으나 지난 8대 총선 때 고토를 회복하여 이제 4선의원의 반열에 올랐다.

유권자들은 "선거에서 의좋게 싸우지 않고 당선된 이들이 낙후된 서부 경남의 발전을 위해 어떻게 일해 나갈 지 두고 보아야겠다"는 입장을 밝혔다.

□ 득표상황

후보자	정당	연령	주요 경력	득표(%)
이상철	공화당	51	의령교육감	무투표
이상신	신민당	44	8대의원(2선)	무투표

<밀양 - 창녕> 신민당 박일 후보는 밀양의 대표주자가, 공화당 성낙현 후보는 창녕의 대표주자가 되어 어깨동무하며 동반당선

밀양과 창녕이 통합된 이 지역구는 공화당 후보들에게는 무주공산으로 공정식, 성낙현 전 의원들을 비롯하여 김진규, 구자호, 김형덕, 박상훈, 김정수, 조경규, 이훈헌, 최재만, 이우홍, 백창현, 최성웅, 김용오, 성우근, 이중헌, 윤쾌준 후보들이 구름같이 몰려들었다.

공화당은 신민당 후보로 당선됐으나 3선 개헌에 동참하여 의원직을 잃은 7대 의원인 성낙현 후보를 보은차원에서 낙점했다.

성낙현 후보는 공화당 조직을 업고 뛰는 이점은 있으나 이 지역의 공화당 낙천자가 자그마치 15명이나 되어 이들의 향배가 적잖은 영향을 미칠 것으로 보인다고 우려했다.

신민당은 밀양의 박일 의원과 창녕의 김이권 의원을 놓고 막판까지 저울질하다가 박일 의원을 낙점하자 김이권 의원이 반발하다가 끝내 승복했다.

통일당으로 이한두 후보가 거명되고 하봉원, 이종희, 이이두, 양태석, 신춘식 후보들도 뜻을 두고 동분서주했으나 모두 꿈을 접었다.

공화당 공천에서 낙천한 기업가인 김형덕 후보와 계전상사 대표인 신재기 후보가 무소속으로 도전하여 4파전이 전개됐다.

신재기 후보는 육사출신으로 승승장구했으나 윤필용 수도경비사령관의 불경죄에 연루되어 예편되고 수감됐었다.

지난 8대 총선 때 창녕에서는 신민당 김이권 후보가 공화당 성낙현 현역의원을 2,331표차로 꺾었고, 밀양에서는 신민당 박일 후보가 공화당 공정식 현역의원을 2,084표차로 제압했다.

밀양과 창녕의 군 대항전에서 밀양의 신민당 박일, 무소속 김형덕 대 창녕의 공화당 성낙현, 무소속 신재기 후보의 싸움은 누가 밀양과 창녕의 대표가 되느냐의 싸움이었다. 유권자는 밀양이 96,899명으로 창녕보다 23,991명이 많아 밀양이 유리한 상황이다.

밀양에서는 54%인 38,816표를 득표한 신민당 박일 후보가 1위, 창녕에서는 53%인 27,362표를 득표한 공화당 성낙현 후보가 1위를 차지하여 사이 좋게 동반 등원했다.

당선된 성낙현 후보는 재임중 여중생 성추행 사건으로 의원직을 사퇴하고 정계에서 사라졌다.

밀양에서 22%인 15,779표를 득표한 김형덕 후보가 3위를 차지했고, 창녕에서 44%인 12,117표를 득표한 신재기 후보가 4위를 차지했다. 득표율은 높았으나 유권자 숫자에서 밀린 탓이다.

□ 득표상황

후보자	정당	연령	주요 경력	득표(%)
박 일	신민당	45	8대의원(밀양)	46,108 (38.2)
성낙현	공화당	49	7대의원(창녕)	38,243 (31.7)
김형덕	무소속	57	회사대표	19,631 (16.3)
신재기	무소속	42	계전상사사장	16,661 (13.8)

<김해 – 양산> 유권자가 28%인 양산 출신임에도 신민당의 조직표와 야권성향표를 결집시켜 금메달을 차지한 신상우

김해의 공화당 김영병 의원과 양산 – 동래의 신민당 신상우 의원이 동반하여 공천을 받고 선두를 달린 이 지역구는 7대 국회에서 공화당 원내총무를 지낸 김택수 전 의원이 8대 총선에 이어 이번에도 낙천하여 유권자들의 궁금증을 자아냈다.

대한일보 부산지국장인 김용관 후보가 통일당으로, 경남도의원을 지낸 김환기 후보가 무소속으로 도전하고 있으나 승패가 일찍부터 판명되어 선거전이 흥미를 잃어갔다.

공화당에서 외대교수인 유정열, 향군지부장인 박병규, 도경국장이었던 최찬택, 경남도의원을 지낸 양해종, 변호사 이수상 과 더불어 조규택, 박강덕, 이인호, 황영선, 안종석 후보들이 공천에 도전해 보았으나 무위에 그쳤고, 신민당에서도 윤복영, 김용관 후보들이 신상우 의원에게 도전했으나 도전에 머물렀다.

지난 8대 총선 때 김해에서는 공화당 김영병 후보가 신민당 윤복영 후보를 12,012표차로 제압했고, 양산 – 동래에서는 신민당 신상우 후보가 공화당 노재필 현역의원을 꺾고 당선됐다.

김해와 양산의 유권자는 105,296명과 29,312 명으로 김해가 3배 이상 많으며 이번 총선에서도 김해에서는 김영병, 김용관, 김환기 후보들이 출전했으나 양산에서는 신상우 후보가 유일하게 출전했다.

신민당 신상우 후보가 양산에서 67%인 14,141표를 쓸어 담고 김해에서 신민당의 조직표와 야권 성향표를 결집시켜 20,414표를 득표하여 금메달을 차지했고 "선거라는 생각을 가지면 과열하기 쉬우니 아예 선거라는 관념을 버리고 당세확장기간으로 생각하라"고 당원에게 시달한 공화당 김영병 의원이 김해에서 42%인 29,633표를 득표하여 은메달을 확보하고 동반 당선됐다.

한강건설 부사장인 무소속 김환기 후보는 "돼지 꿈을 꾸었다. 출마도 네 번째, 기호도 네 개, 돼지발도 네 개이니 이번에는 꼭 당선된다"고 큰소리쳤으나 1만여 표 득표에 머물러 3위를 턱걸이했다.

□ 득표상황

후보자	정당	연령	주요 경력	득표(%)
신상우	신민당	35	8대의원(양산)	34,555 (38.2)
김영병	공화당	44	8대의원(김해)	34,117 (37.8)
김환기	무소속	42	경남도의원	11,228 (12.4)
김용관	통일당	39	대한일보 지국장	10,473 (11.6)

<남해 - 하동> 하동에서는 엄기표 의원에게 21표 뒤졌으나 남해의 야권 성향표에 힘입어 727표차로 승리한 신민당 문부식

남해의 공화당 신동관 의원과 하동의 공화당 엄기표 의원이 복수

공천을 받은 가운데 지난 총선에서 3천여 표차로 석패한 신민당 문부식 후보가 도전하여 3파전을 전개하고 있다.

여기에 남해, 창녕, 거제, 함안 군수를 역임한 박희수 후보가 남해 표를 염두에 두고 무소속으로 도전하여 네 후보가 각축전을 전개했다.

그러나 공화당 두 의원 간에는 절대 월경 침식을 않기로 약속하였고 이것이 지켜질 경우 두 현역의원이 절대 유리한 상황이다.

이 지역구는 최치환, 김용순 전 의원들의 재기가 점쳐졌으나 끝내 이뤄지지 않았고 신민당에서도 김동재, 김금석, 최종태 후보들이 도전했으나 문부식 후보의 벽을 넘지 못했다.

지난 8대 총선 때 남해에서는 청와대 경호실 차장을 지낸 공화당 신동관 후보가 신민당 김동재 후보를 30,832표차로 대승을 거뒀고, 하동에서는 공화당 엄기표 후보가 신민당 문부식 후보를 8,583표차로 제압했다.

무소속 박희수 후보는 "8대 국회가 해산된 것은 국회의원들이 잘못을 저지른 탓이다" "남해대교는 7대의원인 최치환 씨가 대통령에게 건의하여 착공된 것"이라고 공화당 후보들을 비난했다.

공화당 신동관 후보는 "1년 반짜리 국회의원이 부정을 했단 말이냐, 남해대교가 앞당겨 준공토록 한 것은 바로 본인이다"고 반박했다.

공화당 엄기표 후보는 "엄정한 기표를 해 달라"고 호소했고, 신민당 문부식 후보는 "공화당에서 남해, 하동에서 둘 다 국회의원을 내겠다고 욕심을 부리고 있으나 공화, 신민당 의원이 사이 좋게 귀향 보고 할 기회를 달라"고 호소했다.

대통령 경호실 차장 출신인 공화당 신동관 후보가 남해에서 64%인 31,540표를 쓸어 담고 적지인 하동에서도 6%인 3,207표를 득표하여 금메달을 확보했다.

은메달 경쟁을 놓고 하동에서 혈투를 전개한 공화당 엄기표 후보와 신민당 문부식 후보의 대결은 44%인 22,799표를 득표한 엄기표 후보가 22,778표를 얻은 문부식 후보를 21표 차로 제압했다.

그러나 신민당의 조직을 활용한 문부식 후보가 남해에서 6% 수준인 2,810표를 득표하여 2,062표를 득표한 엄기표 후보에게 748표 앞서 727표 차로 꿈에 그린 국회 등원에 성공했다.

남해, 창녕, 거제, 함안 군수를 역임한 박희수 후보는 고향인 남해에서 24%인 11,908표에 머물러 신동관 후보의 뒷덜미를 낚아채거나 따라잡지 못하고 최하위를 차지했다.

□ 득표상황

후보자	정당	연령	주요 경력	득표(%)
신동관	공화당	43	8대의원(남해)	34,747 (35.3)
문부식	신민당	44	경남도당부위원장	25,588 (26.0)
엄기표	공화당	48	8대의원(하동)	24,861 (25.2)
박희수	무소속	52	남해군수	13,323 (13.5)

<거창 – 산청 – 함양> 산청에서 61%를 득표한 공화당 정우식, 거창에서 34%를 득표한 신민당 김동영 후보가 동반 당선

산청 출신으로 제주지사를 지낸 공화당 정우식 의원이 거창 – 함양 지역구인 3선의 거물 정객인 민병권 의원을 제압하고 공화당 공천을 받았고, 국회 전문위원인 김동영 후보가 지난 총선에 출전하여 낙선한 신중하, 정영모 후보들을 제압하고 신민당 공천을 받아 선두권에 진입했다.

산청 출신인 공화당 정우식 후보는 거창 – 함양은 다소 생소해서 여기서 오는 지역의식의 극복이 과제이고, 신민당 김동영 후보는 거창 출신으로 거창에 지역기반이 강하고 평소 거창, 함양 쪽에 공을 들였다는 것이 강점이나 통일당 신중하 후보와 지역적으로 상충된 것이 약점이다.

경남도의원과 5대의원을 지낸 신중하 후보가 통일당 공천으로 재도전했고, 4대와 6대 의원을 지낸 김재위 후보도 무소속으로 도전했다.

공화당 공천에서 낙천한 구미전자 대표인 노인환 후보와 국회의원 비서관을 지낸 김진석 후보가 무소속으로 도전했다.

공화당 공천에서 낙천한 민병권, 임채홍, 이희대, 김재연, 김창수, 이찬수, 정병해, 도석균 후보와 신민당 공천에서 낙천한 이용곤, 하마평에 오르내린 송봉재, 오한기 후보들은 꿈을 접었다.

지난 8대 총선 때 거창 – 함양에서는 공화당 민병권 후보가 신민당 신중하 후보를 18,401표차로 제압하고 3선의원이 됐고, 산청에서는 제주도지사 출신인 공화당 정우식 후보가 신민당 정영모 후보를 10,661표차로 꺾고 국회에 등원했다.

3개군의 군대항전은 유권자가 5만 8천여 명인 거창은 신민당 김동영, 통일당 신중하 후보의, 유권자가 5만 3천여 명인 함양은 무소속 노인환, 무소속 김진석 후보의, 유권자 4만 8천여 명인 산청은 공화당 정우식, 무소속 김재위 후보의 지지기반이다.

산청에서 61%인 22,550표를 득표하고 집권여당인 공화당의 조직을 동원하여 함양에서 8,928표(22%), 거창에서 10,721표(21%)를 고르게 득표한 공화당 정우식 후보가 부동의 1위를 차지했다.

거창에서 34%인 17,405표를 득표하고 정통야당인 신민당원들의 지원을 받아 산청에서 4,104표(11%), 함양에서 7,086표(17%)를 득표한 김동영 후보가 은메달을 확보하여 동반 당선됐다.

유솜기획관 출신으로 구미전자 대표인 노인환 후보는 함양에서 38%인 16,026표를 득표했으나 산청과 거창에서 부진하여 3위로 밀려났고, 5대 총선 때 거창에서 민주당 공천으로 당선됐던 신중하 후보는 거창에서는 25%인 12,888표를 득표했으나 산청, 함양에서 부진하여 당선권에서 멀어졌다.

4대 총선 때 자유당 공천으로 산청에서 당선됐고 6대 국회에는 자민당 전국구 의원으로 활동했던 김재위 후보는 산청에서도 12% 수준인 4,504표 득표로 잊혀진 인물이 되어 국회의원 비서관 출신으로 동산산업 대표와 삼양라면 중역인 무소속 김진석 후보에게도 득표에서 뒤졌다.

□ 득표상황

후보자	정당	연령	주요 경력	득표(%)
정우식	공화당	51	8대의원(산청)	42,199 (33.0)
김동영	신민당	36	국회전문위원	28,595 (22.3)
노인환	무소속	40	구미전자대표	20,841 (16.3)
신중하	통일당	54	5대의원(거창)	16,522 (12.9)
김진석	무소속	48	동산산업대표	11,538 (9.0)
김재위	무소속	51	국회의원(2선)	8,274 (6.5)

제3장 양대정당의 당선이 쉽지 않은 비영남권

1. 통일당이나 무소속 후보들이 14명이나 당선
2. 비영남권 33개 선거구 불꽃 튀는 격전의 현장으로

1. 통일당이나 무소속 후보들이 14명이나 당선

(1) 비영남권의 점유율은 45.2%에서 26.1%로 급감

전국에서 수도권과 영남권을 제외한 비영남권은 강원 5개구, 충북 4개구, 충남 7개구, 전북 6개구, 전남 10개구, 제주 1개구 등 33개 선거구로 전국 73개 선거구의 45.2%를 점유하고 있다.

지난 8대 총선에서도 강원 9개구, 충북 8개구, 충남 15개구, 전북 12개구, 전남 22개구, 제주 2개구 등 68개 선거구로 전국 153개 선거구의 44.4%를 차지했었다.

2016년 20대 총선에서는 강원 8개구, 충청권 27개구, 호남권 28개구, 제주 3개구 등 66개 선거구로 전국 253개 선거구의 26.1%로 급감했다.

점유율이 45.2%에서 26.1%로 급감한 것은 43년이 흘러온 동안 선거구가 42%가 줄어 들었다는 것을 의미하며 이는 그 동안 이 지역은 개발에서 소외되어 인구가 서울, 인천등 수도권과 부산, 대구 등 영남권으로 집중되었다는 것을 보여주고 있다.

(2) 신민당 후보들의 당선율은 63.6%에 불과

8대 총선 때 비영남권의 의석분포는 공화당이 70%가 넘는 48석을 차지했고 신민당이 20석을 차지했을 뿐 소수정당이나 무소속은 한 석도 없었다.

이번 총선을 맞이하여 강원도의 9개구는 5개구로, 충북의 8개 구는 4개구로, 충남의 15개구는 7개구로, 전북의 12개구는 6개 구로, 전남의 22개구는 10개구로, 제주의 2개구는 1개구로 통폐합됐다.

이번 총선에서 공화당은 50%에도 미치지 못한 31석에 머물렀고 신민당은 32%인 21석을 차지했을 뿐 통일당과 무소속 후보들이 14명이나 당선됐다.

무소속 후보들의 당선자가 수도권 2명, 영남권 5명에 비하면 상대적으로 많은 숫자다.

공화당은 강원도 영월 – 정선 – 평창, 충북의 충주 – 중원 – 제천 – 단양, 전남의 장흥 – 강진 – 영암 – 완도 등 3개 구에 복수 공천하여 36명을 공천했다.

공화당은 충주 – 중원 – 제천 – 단양에서는 두 후보 모두 당선됐으나 복수 공천한 이우현(영월 – 정선 – 평창), 정간용 (장흥 – 강진 – 영암 – 완도) 후보와 박완교(서산 – 당진), 전휴상 (진안 – 무주 – 장수), 이정우(임실 – 남원 – 순창)후보 등 5명의 후보들이 낙선했다.

신민당은 33개 지역구에 33명의 후보를 공천했으나 정성태, 임종기, 김준섭, 김종호, 최 극, 김선우, 김태룡, 은종숙, 김상흠, 박용구, 조대환, 강보성 등 12명의 후보들이 낙선했다.

낙선한 공화당과 신민당 후보들의 자리를 통일당의 김녹영(광주), 김경인(목포 – 무안 – 신안), 무소속의 홍창섭(춘천 – 춘성 – 화천 – 양구 – 철원), 김인기(속초 – 고성 – 양양 – 인제), 이용희(보은 – 옥천 – 영동), 임호(대전), 한영수(서산 – 당진), 김광수(진안 – 무주 – 장수), 손주항(임실 – 남원 – 순창), 김탁하(정읍 – 김제), 진의종(고창 – 부안), 강길만(순천 – 구례 – 승주), 박귀수(해남 – 진도), 양정규(제주 – 북제주 – 남제주) 후보들이 메꾸었다.

(3) 8대 의원의 재당선률은 56% 수준에 불과

공화당은 8대 총선 때 68개 선거구에서 강원, 충청권에서 25명, 호남, 제주권에서 23명 등 48명이 당선되어 70%의 당선율을 자랑했다.

이번 총선에서 공화당은 강원, 충청권에서 불출마를 선언한 한병기 의원을 비롯하여 최돈웅, 이교선, 김재순, 김진만, 정구중, 이정석, 최종성, 장영순, 박성호, 이상익, 박승규, 김세배 의원 등 13명을 낙천시키고 12명을 재 공천했다.

이 가운데 복수공천을 받은 이우현 의원만 낙선하고 김용호, 장승태, 민기식, 육인수, 김원태, 김용태, 김종철, 김제원, 이병주, 김종익, 장영순 등 11명은 당선되어 국회에 재 입성했다.

공화당 전국구 의원인 정일권 의원은 지역구에 안착했다.

공화당은 호남, 제주권에서도 길병전, 김중태, 고재필, 박준호, 윤재명, 정판국, 오중열, 박종진, 손재형, 현오봉 의원 등 10명을 공천에서 배제하고 13명을 재공천했다.

재공천을 받은 전휴상, 이정우, 정간용 의원들이 낙선하고 유기정, 이병옥, 장경순, 김상영, 문형태, 신형식, 길전식, 임충식, 윤인식, 홍병철 의원 등 10명 만이 귀환했다. 박 철 전국구 의원은 지역구에 안착했다.

그리고 통일주체국민회의 선출로 김진만, 현오봉, 김재순, 고재필 의원 등이 귀환하여 8대 공화당 의원 27명이 9대 국회에 재입성했다.

신민당 8대 의원 20명 중 조연하 의원은 구속되고 박병배, 강근호, 유갑종, 김녹영, 김경인 의원들은 탈당하여 통일당 공천으로 출전했고 홍창섭, 최병길, 이택희, 진의종, 나석호 의원들은 자의반 타의반으로 공천에서 탈락하여 9명의 의원들만 신민당 공천으로 출마했다.

김한수, 정성태, 임종기 의원들이 낙선하여 한건수, 유제연, 이철승, 김현기, 양해준, 이중재 의원들만 귀환했다.

그러나 홍창섭 의원은 무소속으로, 김녹영, 김경인 의원들은 통일당으로 당선됐고 유진산, 김윤덕 전국구 의원들은 지역구에서 당선됐다.

김준섭 의원은 신민당으로, 강필선 의원은 통일당으로 지역구의 문을 두드렸으나 지역구의 문은 열리지 않았다.

그리하여 비영남권역에서 8대 의원 중 38명이 당선되어 56%의 귀환율을 보였다.

비영남권의 38명에다 수도권 22명, 영남권 31명을 포함하면 91명의 8대 의원들이 귀환했다.

여기에 공화당 전국구 의원인 김종필, 백두진, 권일, 이도선, 김성두, 이해랑 의원과 신민당 전국구 의원인 김용성 의원도 박정희 대통령의 추천으로 국회입성에 성공했다.

2. 비영남권 33개선거구 불꽃튀는 격전의 현장으로

강원도

<춘천 - 춘성 - 철원 - 화천 - 양구> 지역구 현역의원이라는 이점을 살린 무소속 홍창섭 후보가 신민당 공천을 받은 김준섭 후보를 밀쳐 내고 공화당 손승덕 후보와 동반 당선

춘천 – 춘성과 철원 – 화천 – 양구가 통합되어 5개시·군을 관할하게 된 이 지역구는 공화당과 신민당의 공천경쟁이 치열했다.

공화당은 김재순 4선의원, 신철균 전 춘천시장, 손승덕 강원도지부 사무국장, 김영관 전 해군참모총장, 이수복, 장호진 후보들을 저울질 하다가 원내총무를 지낸 김재순 의원을 낙천시키고 손승덕 후보를 내세웠다.

신민당은 춘천 – 춘성의 지역구 의원인 홍창섭, 화천 출신으로 전국구 의원인 김준섭, 당 선전부장인 양건주, 민주당 강원도 선전부장을 지낸 홍종남 후보를 놓고 막판까지 저울질하다 김준섭 의원을 낙점했다. 이에 반발하여 춘천시장을 지낸 3선의원인 홍창섭 의원과 6, 7대 총선에 입후보했던 홍종남 후보가 무소속으로, 양건주 후보가 통일당으로 옮겨 출전했다.

하마평에 오른 박영석 후보는 꿈을 접었으나 독학으로 행정·사법 양과를 합격하고 강원도 지방과장을 지낸 황석명 변호사가 무소속으로 출전했다.

지난 8대 총선 때에는 춘천 – 춘성에서는 강원도지사를 지낸 신민당 홍창섭 후보가 공화당 신철균 후보를 큰 표차로 따돌리고 3선의원이 됐고, 철원 – 화천 – 양구에서는 공화당 김재순 후보가 신민당 이상준, 국민당 박영석 후보들을 제압하고 4선의원이 됐다.

김재순 의원이 뇌혈전증으로 조직의 인수인계는 제대로 이뤄지지 않았지만 공화당 강원도지부 사무국장 출신인 손승덕 후보는 자유당 이래 친여적인 색채가 제일 강한 것으로 정평이 나 있는 지역정서와 공화당 조직을 동원하여 선거 초반부터 선두권을 질주했다.

손승덕 후보는 "나도 여러분과 같은 서민출신"이라며 유권자들에게 친근감을 갖고 접근했다.

지난 5대 총선 때에는 민주당 공천으로 화천에서 당선됐고 8대 총선 때에는 신민당 전국구 의원으로 활동한 김준섭 후보는 "6·25 격동기에 이곳에서 여러분과 같이 호흡을 했으니 나를 잊지 말아 달라"고 춘천지역 유권자들에게 접근했다.

김준섭 후보는 "강원도는 역대 선거에서 친여성을 보여왔는데 이번에는 심기일전해서 민주역량을 과시토록 하자"고 호소했다.

화천 – 양구 신민당 지구당위원장인 이상준 씨가 홍창섭 후보에 대한 의리로 지구당을 해체하여 김준섭 후보를 당황케 했다.

이에 김준섭 후보는 "춘천지구당을 홍창섭 씨가 족벌당으로 만들어 놔서 재건부터 해야겠으며 믿는 것은 신민당의 공천과 지역구민들의 높은 정치수준 뿐"이라고 호소했다.

"나의 조직은 살아있다"면서 "신민당의 공천에 대한 시민의 심판을 받기 위해 출마했다"는 홍창섭 후보는 "나보고 늙었다고 하는데 외국의 국회의원들은 거의가 백발이 성성한 늙은이와 대머리들로 국사를 정력 있게 다루고 있다"고 항변했다.

통일당 양건주 후보는 "국회가 양로원인가, 옛날 신민당 때 우리가 함께 뽑아주었는데 양보도 없이 또 출마하다니 무슨 짓인가"라고 "이당 저당으로 지조 없이 왕래하는 늙은이는 물러 나야 한다"고 홍창섭 후보를 공격했다.

무소속 홍종남 후보는 "20년간 야당 생활을 했으나 유신구현에 힘쓰겠다"고 선언했고, 무소속 황석명 후보는 "막국수집에서 밀가루를 섞은 가짜 메밀국수를 놓고 순메밀 국수라고 씨부리고 있듯이 나는 그런 위장전술로 돈을 써 가지고 공천 받으러 서울 가는 일도 없었고 이날까지 정당에 가입한 사실도 없는 순메밀 국수다"라고 주장했다.

친여정서가 짙은 지역정서와 공화당 조직을 활용한 손승덕 후보가 5개 시·군에서 1위를 하여 압승으로 금메달을 확보했고, 신민당 김준섭, 무소속 홍창섭, 황석명 후보들이 은메달을 놓고 각축전을 전개했다.

춘천시장을 지내고 3선의원으로 춘천 – 춘성의 지역구 의원인 무소속 홍창섭 후보가 사전 선거운동 혐의로 입건됐음에도 불구하고 춘천 – 춘성에서 19,621표를 득표하여 9,713표 득표에 그친 신민당 김준섭 후보를 9,908표 앞선 것이 밑거름이 되어 철원 – 화천에서 9,678표 대 5,979표로 3,699표 뒤진 것을 극복하고 은메달을 확보했다.

무소속 황석명 후보가 행정과 고시 양과를 합격했다는 명성과 강원도 과장을 지낸 경력이 돋보여 4위로 발돋움했다.

□ 득표상황

후보자	정당	연령	주요 경력	득표(%)
손승덕	공화당	52	도당 사무국장	48,626 (36.6)
홍창섭	무소속	67	8대의원(3선)	28,740 (21.7)
김준섭	신민당	50	8대의원(2선)	21,797 (16.4)

황석명	무소속	43	변호사	19,102 (14.4)
홍종남	무소속	42	도당 선전부장	8,018 (6.1)
양건주	통일당	33	중앙당 선전부장	6,408 (4.8)

<원주 – 홍천 – 횡성 – 원성> 강원도지사를 지낸 명성을 발판 삼아 원주 · 원성을 넘어 홍천과 횡성까지 석권하고 지난 총선에서의 패배를 설욕한 신민당 박영록

원주 – 원성 지역구에 홍천 – 인제 지역구의 홍천과 횡성 – 평창 지역구의 횡성을 병합하여 혼합선거구가 된 이 지역구는 원주 – 원성의 김용호, 홍천 – 인제의 이교선, 횡성 – 평창의 이우현 의원 간의 공천경쟁이 불가피했다.

여기에 강원일보 사장인 함재훈, 강원도 교육감을 지낸 김병렬, 장관보좌관을 지낸 이재석 후보까지 끼어들어 혼전양상을 띠었다.

공화당은 강원도 내무국장 출신으로 재선 의원인 김용호 후보를 내세우자 신민당도 양덕인 5대의원을 뿌리치고 강원도지사를 지낸 재선의원이지만 지난 총선에서 낙선한 박영록 후보를 내세웠다.

이에 양덕인 후보가 통일당으로 옮겨 출전하여 두 후보의 무투표 당선을 막아섰다.

 내무부장관을 지낸 장석윤, 병원을 운영하고 있는 문창모 후보의 출마설이 나돌았으나 풍문에 머물렀다.

지난 8대 총선 때에는 원주 – 원성에서는 공화당 김용호 후보가 신민당 박영록 후보를 1,952표차로 꺾고 재선의원이 됐고, 횡성 – 평창에서는 공화당 이우현 후보가 신민당 조치환 후보를, 홍천 – 인제에서는 공화당 이교선 후보가 신민당 장원준 후보를 꺾고 재선의원이 됐다.

신민당 박영록 후보는 "유신은 꼭 해야 하나 유신을 하려면 큰 재벌들의 연체자금은 제쳐 두고 몇 푼 안 되는 농자금에 가차없이 딱지를 붙이는 모순부터 유신해야 하므로 야당을 뽑아 유신을 해야 한다"고 주장했고, 통일당 양덕인 후보는 "지난 18년간 횡성사람이 국회의원에 당선된 일이 없으니 횡성출신인 나를 밀어주지 않으면 적어도 30년 동안 횡성 출신 국회의원은 없을 것"이라고 지연에 매달렸다.

공화당 김용호 후보는 "이제부터 여야는 없고 원내 제 1, 2, 3당 만이 있을 뿐이므로 평화통일을 성취할 수 있는 공화당 후보를 지지해 달라"고 호소했다.

"10년이면 강산도 변하는데 10년간을 꾸준히 야당을 지킨 내가 진짜 야당이 아니면 누가 야당인가"라고 선명논쟁을 벌인 양덕인 후보를 반격한 박영록 후보는 강원도지사를 지낸 명성을 발판삼아 원주 – 원성을 뛰어넘어 홍천과 횡성에서 김용호 후보를 크게 앞질러 금메달을 차지했다.

횡성 출신인 양덕인 후보는 "횡성과 홍천이 단합해서 원주를 물리치자"고 지역감정에 불을 붙였으나 횡성에서도 24%인 8,425표 득표에 머물러 최하위를 기록했다.

5대 의원인 양덕인 후보가 6, 7대 의원인 박영록, 7, 8대 의원인 김용호 후보의 적수가 되지 못했다.

□ 득표상황

후보자	정당	연령	주요 경력	득표(%)
박영록	신민당	51	국회의원(2선)	87,978 (58.6)
김용호	공화당	52	8대의원(2선)	45,877 (30.6)
양덕인	통일당	63	5대의원(횡성)	16,231 (10.8)

<강릉 - 명주 - 삼척> 태생은 울진이지만 부인이 강릉 최씨임을 내세워 강릉 출신들을 제치고 공천을 받고 당선된 신민당 김명윤

충북과 경남 도지사, 석탄공사 총재를 역임한 김효영 후보가 당 재정위원장으로 5선 중진의원인 김진만 의원과 경월주조 회장으로 지역구의 최대 성씨인 강릉 최씨 문중을 배경으로 한 최돈웅 의원을 누르고 공천장을 받아 냈다.

삼척 김씨 문중표의 결집을 기대한 김효영 후보는 공천후유증 없이 여당 성향표를 결집시키느냐가 승패의 관건이었다.

울진 출신이지만 강릉에서 검사생활을 했고 강릉 최씨가 처족이라는 이점을 안고 5대 총선에서 민주당 공천으로 당선됐던 김명윤 후보가 최경식, 김기현, 최용근 등 토박이 출신들을 제치고 신민당 공천장을 받아들고 동반 당선을 향해 질주했다.

대학강사인 함영주, 강릉지원 판사를 지낸 조건묵 후보들이 무소속으로, 무명의 황재호 후보가 통일당 공천으로 출전했다.

공화당 김효영 후보는 "늙은이에게 행복을, 젊은이에게 희망을 주는 공화당원으로 일하겠다"면서 삼척 김씨 문중표와 공화당 조직표 동원에 나섰다.

신민당 김명윤 후보는 "나를 보고 객지사람이라고 하지만 강릉에서 검사생활을 했고 여러분이 찍어준 표로 국회의원도 한 번 지냈으며 처가 강릉 출신이기 때문에 고향 못지않게 이 고장을 사랑한다"고 출신지 희석에 나섰다.

김명윤 후보는 "현 정부의 시책은 너무 성급해 설사병을 만난 사람과 같다"며 정부를 공격했다.

춘천지법 강릉지원장 출신으로 강릉시 체육회장으로 활동하고 있는 무소속 조건묵 후보는 "정당에서 강릉사람을 모두 탈락시키고 다른 지역 사람을 공천했기 때문에 이 지방 사람들의 뜻을 받들어 무소속으로 출마했다"고 출마 사유과 지역정서를 자극했다.

"강릉 출신을 공천하지 않은 것은 강릉을 푸대접하는 것"이라며 "나는 강릉에서 나서 강릉에서 공부한 사람으로 강릉 푸대접을 시정하기 위해 출마했다"고 강릉 출신임을 거듭 강조한 조건묵 후보는 "누가 가장 이 고장을 사랑하는 사람이냐, 신민당은 싸움만 하고 있어 무소속만이 여당 독주를 견제할 수 있다"고 주장했다.

"강릉을 위해 일하다가 강릉을 위해 죽을 사람"이라는 함영주 후보는 "정치학을 전공한 야심적인 젊은이를 뽑아 달라"고 호소했다.

통일당 황재호 후보는 "신민당은 공화당의 출장소냐, 대리점이냐, 낮에는 서로가 모르는 체하면서 밤에는 타협하고 있는 것이 신민당이다"라고 신민당을 주공격했다.

공천에서 낙천되자 김진만 의원은 "단합해서 공천을 받은 김효영 후보를 밀어주라"고 지시하며 조직인계에 들어갔으나 심상민 부위원장이 개인적인 친분 때문에 조건묵 후보 선거사무장을 맡아 혼선을 빚기도 했다.

낙천한 최돈웅(강릉 – 명주), 김진만(삼척) 의원들의 조직을 순조롭게 인수 받은 김효영 후보가 삼척에서 62%인 56,399표를 쓸어 담고, 명주에서도 28%인 23,978표를 득표하여 굳건하게 1위를 지켜냈다.

태생은 울진이지만 이곳에서 검사생활을 했고 강릉 최씨 문중과 결혼했다는 점을 들어 강릉 최씨와 강릉 김씨 문중들의 지지를 얻은 김명윤 후보가 강릉 – 명주에서 김효영 후보와 비슷한 28%인 23,9 10표를 얻어 삼척에서 20%인 18,830표를 득표했지만 은메달을 확정했다.

대학강사 출신인 함영주 후보가 강릉지원장 출신인 조건묵 후보와 무소속 후보의 대결에서 5,975차로 승리했다.

지난 총선에서도 삼척에 출전하여 1,102표를 득표한 통일당 황재호 후보는 삼척에서 8%인 7,902표를 득표했지만 강릉 – 명주에서 부진하여 탈꼴찌를 면하지 못했다.

□ 득표상황

후보자	정당	연령	주요 경력	득표(%)
김효영	공화당	49	석탄공사총재	80,377 (45.2)
김명윤	신민당	48	5대의원(강릉)	42,740 (24.1)
함영주	무소속	33	교육공무원	23,768 (13.4)
조건묵	무소속	57	강릉지원장	17,793 (10.0)
황재호	통일당	42	정당인	12,913 (7.3)

<속초 – 인제 – 고성 – 양양> 공화당에서 신민당으로 변절한 원죄로 재선의원의 위용을 살리지 못하고 낙선한 김종호

속초 – 고성 – 양양 지역구에 인제군이 편입된 이 지역구는 박정희 대통령의 사위인 한병기 의원이 불출마를 선언한 가운데 박경원 전 강원도지사와 6대, 7대 의원을 지낸 김종호 후보가 공천 경쟁에 뛰어 들었으나 공화당은 정일권 전 국무총리를 공천했다.

함경도 출신으로 월남한 정일권 후보는 속초 인구의 45%가 월남인이라는 강점과 2만 5천 명에 달하는 당원조직을 활용하면서 "이번 선거에 나와보니 인생 공부를 다시 하는 느낌" 이라면서 "높은 자리에 앉아 브리핑만 들을 게 아니다"라고 실토하면서 "당락에 관계 없이 일할 수 있도록 공장을 세우는데 힘쓰겠다"고 다짐했다.

신민당은 지난 총선 때 속초 – 양양 – 고성에서 낙선한 함종윤,

홍천 - 인제에서 낙선한 장원준 후보를 뒤로하고 6, 7대 국회에서 공화당 의원으로 활약한 김종호 후보를 양양출신이라는 이유를 내세워 공천했다.

속초 토박이로 서울지법 부장판사를 지낸 김인기 후보가 무소속으로 출전하여 이번 선거는 여야관계가 아닌 중화(中和)되고 무의미(無意味)한 선거전이라고 절규했다.

김인기 후보는 "나는 꼭 당선되기 위해 나온 것 보다는 이곳이 무투표 당선지구로 확정돼 선거구민이 주권행사도 못 할 것 같아 이를 막기 위해 나왔다"고 이색적인 선거운동을 전개했다.

신민당 공천을 받은 김종호 후보는 "과부가 시집을 가도 40세 전에 가야 한다. 나는 지금 55세인데 이제 또다시 당을 옮길 나이도 아니다. 신민당이 좋은 당이 되든 나쁜 당이 되든 운명을 같이하겠다"면서 개가론(改嫁論)을 펼쳤다.

무소속 김인기 후보는 "신민당 김종호 후보는 공화당에서 신민당으로 시집가 내가 공천심사에서 막판에 떨어졌는데 시집갈 때 청첩장도 안 내고 갈 수 있느냐"고 항의했고, 김종호 후보는 "내 나이가 54세인데 40대 과부라면 누가 데려가겠지만 늙은 과부 송장 치르려고 다시 데려가겠느냐"고 개가론을 거듭 제기했다.

김종호 후보는 "공화당에 처녀 시집가서 잘못 없이 쫓겨나 신민당으로 마지막으로 과부 신접을 차렸으니 불쌍히 여겨서 잘 살수 있도록 해달라"고 호소하자, 김인기 후보는 "시집을 가려면 약혼을 하고 청첩장도 내야 한다. 이것은 시집을 간 게 아니라 서방질을 한 것이다. 후에 신민당에서 소박 맞으면 다시 공화당으로 갈 것이다"라고 질책했다.

공화당 간부들은 "정일권 후보는 1백 50만 당원의 거울과 같은 존재이므로 전국 1위의 득표율을 올려야겠다"고 70% 득표율 고지를 설정하고 표 다지기 운동을 전개했다.

정일권 후보는 실향민이 많은 속초에서 61%인 16,850표를 득표하는 등 공화당 대표위원에 걸맞게 전 지역구에서 고르게 1위 득표하여 부동의 금메달을 확보했다.

공화당에서 신민당으로 옮겨 변절 시비에 휘말린 김종호 후보가 인제에서만 2위를 했을 뿐 모든 지역에서 김인기 후보에게 2위 자리를 넘겨 낙선할 수밖에 없었다.

지난 8대 총선 때에는 속초 – 양양 – 고성에서는 공화당 한병기 후보가 신민당 함종윤 후보를 8,448표 차로 이겼고, 홍천 – 인제에서는 공화당 이교선 후보가 신민당 장원준 후보를 큰 표차로 따돌리고 재선의원이 됐다.

지난 총선에서 낙선하고 이번 총선에서도 신민당 공천에서 낙천한 함종윤 후보는 박 대통령의 야당에 대한 배려로 통일주체국민회의 선출 의원으로 3선의원 반열에 올랐다.

☐ 득표상황

후보자	정당	연령	주요 경력	득표(%)
정일권	공화당	57	국무총리	57,994 (64.0)
김인기	무소속	50	서울지법판사	18,491 (20.4)

김종호	신민당	53	국회의원(2선)	14,086 (15.6)

<영월 – 평창 – 정선> 어렵게 공화당의 복수공천을 받았지만 고향인 평창에서도 26% 득표율로 3위로 낙선한 이우현

횡성 – 평창 지역구가 해체되어 평창이 영월 – 정선 지역구에 편입되어 형성된 이 지역구는 횡성 – 평창 지역구 의원인 이우현 의원과 영월 – 정선 지역구의 장승태 의원이 도경국장인 손계천을 비롯하여 이창호, 이기호, 김철홍, 전승표, 김낙범 후보들을 제치고 집권여당인 공화당의 복수공천을 받았다.

신민당은 한일회담 대표단으로 활약했던 엄영달 후보가 신인우 전 의원과 원성희, 정봉철, 조경환 후보들을 제압하고 공천을 받아냈다.

엄정주 전 의원의 출마설이 나돌았으나 강원도청 서울연락소장을 지낸 정규태 후보가 통일당으로, 배재학원 이사장인 김익로 후보가 무소속으로 등록했다.

군별 대항전이 펼쳐지고 있는 선거전에서 이우현, 김익로 후보는 평창, 엄영달 후보는 정선, 장승태 후보는 영월에 기반을 두고 자기 출신 군의 표 지키기에 열중이었다.

다만 김익로 후보가 선거법 위반 혐의로 입건되어 무소속 후보의 핸디캡과 아울러 고전이 예상되고 있다.

지난 8대 총선 때 영월 – 정선에서는 공화당 장승태 후보가 신민당 엄영달 후보를 1만 표가 넘는 표차로 꺾고 4선의원이 됐고, 횡성 - 평창에서는 공화당 이우현 후보가 신민당 조치환 후보를 꺾고 재선의원이 됐다.

공화당 후보끼리 상호 월경금지가 되어 있는 이 지역에서 공화당이 각기 자기 출신지역의 표를 최대한 지키면서 무주공산인 정선군 지역에 대한 침투에 안간힘을 쏟았다.

이우현 후보는 합동연설회에서 "공화당 공천 1번입니다"를 강조하자, 장승태 후보는 "공화당 공천은 가나나 순으로 1,2번이 된 것이다"라는 해명에 진땀을 흘렸다. 장승태 후보는 "서로 월경(越境)하지 않기로 했는데 운동을 너무 심하게 하는 것이 아니냐"면서 이우현 후보가 접촉한 19명의 명단을 제시하며 "이들을 만난 것이 사실 아니냐"고 따지자, 이우현 후보는 대체로 시인했다.

영월 엄씨 5천표와 광산촌 야당 표를 집중 공략한 신민당 엄영달 후보가 고향인 영월에서 49%인 20,880표를 득표하였을 뿐 아니라 지지기반이 있는 정선은 물론 적지인 평창에서도 34%인 11,470표를 득표하여 대승을 거두었다.

공화당 장승태 후보가 고향인 영월에서 30% 수준인 12,686표를 득표하여 부진을 보였으나 무주공산인 정선에서 38%인 17,849표를 쓸어 담아 2위를 턱걸이할 수 있었다.

공화당 이우현 후보는 고향인 평창에서도 26%인 8,755표에 머물고 정선에서도 9%인 3,643표 득표로 낙선의 멍에를 벗어날 수 없었으며 영월 출신들의 독주를 바라볼 수밖에 없었다.

영월 정씨 문중표 4천표에 기대하면서 사꾸라 논쟁을 전개한 통일당 정규태 후보는 배재학원 이사장인 무소속 김익로 후보에게도 4천여 표 뒤진 5위에 머물렀다.

☐ 득표상황

후보자	정당	연령	주요 경력	득표(%)
엄영달	신민당	45	한일회담 대표단	50,199 (44.4)
장승태	공화당	51	8대의원(영월)	32,751 (29.0)
이우현	공화당	49	8대의원(평창)	16,563 (14.6)
김익로	무소속	55	배재학원 이사장	8,518 (7.5)
정규태	통일당	42	강원도 서울소장	5,134 (4.5)

충청북도

<청주 - 청원> 현역의원을 제치고 신민당 공천을 받아 들고서 동반당선의 행운과 함께 고토까지 회복한 이민우

육군참모총장 출신으로 재선인 민기식 의원이 정태성 전 의원과 장덕진 전국구 의원, 김종고 후보들을 제치고 공화당 공천을 받고 조직점검에 나서자, 신민당은 청주시의회 부의장 출신으로 4, 5대

의원을 지내고 지난 7대 국회에서는 전국구 의원으로 활약한 이민우 후보가 청주의 최병길 지역구 의원을 제치고 공천장을 받아 들고 12년 만에 표밭 점검에 나섰다.

신민당 청원지구당 위원장을 지낸 김현수 후보가 통일당 공천으로, 4대 민의원과 초대 참의원을 지낸 오범수 후보가 무소속으로 뛰어들어 4파전이 전개됐다.

지난 8대 총선 때에 청주에서는 변호사출신인 신민당 최병길 후보가 공화당 정태성 현역의원을 꺾었고, 청원에서는 공화당 민기식 후보가 신준의 신민당 후보를 꺾고 재선의원이 됐다.

육군참모총장 출신이라는 중량감, 여당후보를 선호하는 친여적인 지역정서가 어울러진 이 지역구는 공화당 민기식 후보와 신민당 중진의원으로 성장하여 현역의원을 밀쳐 내고 공천을 받은 이민우 후보의 동반당선에 이상기류는 감지되지 않았다.

4대 총선 때에는 청원 갑구에서 자유당 공천으로 당선되고 5대 국회에서는 참의원으로 활동한 오범수 후보가 "여당 1백명이 있어야 대통령에게 말 한마디 못할 것이고 야당은 집안 싸움 때문에 그렇고 대통령에게 건의할 수 있는 사람은 무소속 의원뿐이다"라고 무소속 예찬론을 제기하며 추격전을 전개했다.

"우리 한국에 맞는 민주주의 하자는데 신민당이 독재 운운하는 것은 잠꼬대 같은 소리다"라고 큰소리 친 공화당 민기식 후보가 공화당의 조직을 활용하여 청주와 청원에서 부동의 1위를 하여 당선을 확정 지었고, 이민우 후보도 야당세가 강한 청주에서 29%인 17,131표를 득표하여 청원에서는 무소속 오범수 후보에게 뒤졌지만 2위로 턱걸이 당선을 일궈냈다.

청주시의회 부의장 출신인 이민우 후보는 4대, 5대, 7대 의원을 지낸 3선의원으로 신민당 사문(査問)위원장을 지냈다.

오범수 후보는 청원에서 23%인 17,070표를 득표하여 2위를 차지했지만 청주지역에서 부진하여 국회등원에 실패하였고, 통일당 김현수 후보를 제치고 통일당 공천으로 뛰었더라면 하는 아쉬움만 남겼다.

□ 득표상황

후보자	정당	연령	주요 경력	득표(%)
민기식	공화당	51	8대의원(2선)	50,521 (39.0)
이민우	신민당	57	국회의원(3선)	33,699 (26.0)
오범수	무소속	53	4대의원(청원)	26,629 (20.5)
김현수	통일당	35	지구당위원장	18,820 (14.5)

<충주 – 중원 – 제천 – 단양> 영동지구당 위원장을 공천하는 신민당의 실착을 틈타 동반당선의 축배를 든 공화당 이종근과 이해원

충주 – 중원에서 지난 총선에서는 낙선했던 이종근 후보가 7대 의

원으로 장관을 지낸 김유택 후보를 제치고 성균관대 교수 출신으로 제천 – 단양의 이해원 현역의원과 복수 공천을 받았다.

영동지구당위원장 출신인 최극 후보가 이우태 전 의원과 김진억 후보를 제치고 신민당 공천을 받고서 피선거권을 상실하여 출마할 수 없는 이택희 의원을 선거사무장으로 옹립하여 추격전을 전개하고 있고, 4대와 5대 의원을 지냈지만 몇 차례 낙선의 고배를 마신 조종호 후보가 통일당 공천을 받아 재기를 다짐하고 있다.

지난 8대 총선 때에는 충주 – 중원에서는 신민당 이택희 후보가 공화당 이종근 현역 재선의원을 1,707표차로 꺾은 이변을 연출했고, 제천 – 단양에서는 성균관대 교수인 공화당 이해원 후보가 신민당 이우태, 국민당 조종호 후보들을 제치고 국회 등원에 성공했다.

이철승 공천심사위원장과 각별한 이택희 의원의 재기를 위한 배려라고 할 지라도 영동지구당 위원장을 내려 꽂는 것은 신민당이 아예 선거를 포기한 것 그 자체였다.

신민당 최 극 후보는 "신민당이 충주사람을 푸대접한다"는 지역정서에 곤욕을 치르며 "1석은 공화당에 주더라도 1석은 야당에 돌려달라"고 외쳤지만 공허 그 자체였다.

또한 이 지역은 고립성으로 보수적인 기질을 가진 데다 정체적 시국관으로 통일당 당세가 상대적으로 미약한 가운데 통일당 공천을 받은 조종호 후보는 지난 총선 때 제천 – 단양에 출전하여 14%인 6,922표를 득표한 성적으로 당선권을 넘나들 수 없었다.

그리하여 이 지역구에서는 복수공천을 받은 이종근 후보와 이해원 후보의 메달 색깔 경쟁이었을 뿐 당락은 관심권을 벗어 났다.

104,744명의 유권자를 가진 충주 – 중원과 114,522명의 유권자를 가진 제천 – 단양의 지역대결에서 충주 – 중원에서 70%가 넘는 62,112표를 쓸어 담고 제천 – 단양에서 13%인 11,208표를 득표한 이종근 후보가 지난 총선에서의 낙선의 아픔을 딛고 대승을 거두고 국회에 재 입성했다.

복수 공천된 이해원 후보는 고향인 제천에서는 43%인 24,455표를 득표했지만 충주 – 중원에서 부진하고 단양에서도 28%인 8,435표 득표에 그쳐 아찔한 승리를 엮어 냈다.

재선의원으로 윤보선 전 대통령 비서실장을 지낸 통일당 조종호 후보는 고향인 단양에서 46%인 13,754표를 쓸어 담았지만 충주 – 중원은 물론 제천에서 부진하여 이해원 의원에게 3,930표차로 아쉽게 무릎을 꿇었지만 지난 총선과 비교하면 3만 4천여 표를 득표한 것은 매우 선전한 셈이다.

□ 득표상황

후보자	정당	연령	주요 경력	득표(%)
이종근	공화당	49	국회의원(2선)	73,320 (42.9)
이해원	공화당	42	8대의원 (제천)	38,001 (22.3)
조종호	통일당	51	국회의원(2선)	34,071 (20.0)
최 극	신민당	40	중앙당 유세부장	25,307 (14.8)

<보은 – 옥천 – 영동> 유권자가 3천명이나 많은 영동군은 지역 출신 후보들에게 55%를 투표했는데 비해 이 지역 출신인 육인수, 이용희 후보에게 94%를 투표하여 동반당선 시킨 옥천군 유권자들

옥천 – 보은의 육인수, 영동의 정구중 8대 현역 의원, 6대 의원을 지낸 이동진 후보들이 각축한 공화당의 공천은 육영수 여사의 오빠인 옥천 출신 육인수 의원에게 돌아갔다.

지난 8대 총선 때 옥천 – 보은에서 낙선한 이용희, 영동에서 낙선한 최 극 후보 외에도 5대의원을 지낸 박기종 후보들이 혈투를 전개한 신민당은 자유당 출신으로 3, 4대 의원을 지낸 김선우 후보를 공천하고 최 극 후보는 충주 – 중원 – 제천 – 단양에 원정 출전시켰다.

청주 적십자병원장인 이원형 후보가 통일당 공천으로, 공천에서 밀려난 6대 의원인 이동진, 5대 의원인 박기종 후보들은 무소속으로 도전했다.

대양제사 사장인 성백준 후보와 지난 총선에서 낙선하고 이번 총선에서 낙천한 이용희 후보도 무소속으로 도전했다.

군별대항전이 펼쳐지고 있는 이 지역구는 육인수, 이용희 후보는 옥천, 김선우, 박기종, 이원형 후보는 보은, 성백준, 이동진 후보는 영동으로 나뉘었다.

지난 8대 총선 때에 옥천 – 보은은 공화당 육인수 의원이 신민당 이용희 후보를 7,383 표차로 제치고 3선 의원이 됐고, 영동에서는 대한중석 사장을 지낸 공화당 정구중 후보가 5,463표차로 신민당 최극 후보를 제압하고 국회등원에 성공했다.

공화당 조직을 활용하고 3선의원으로서의 지명도로 선두권을 내달린 육인수 후보는 "나는 공화당 내의 야당으로서 모든 부정을 뿌리째 뽑아 내는데 앞장서고 있다"고 자랑했다.

자유당 공천으로 보은에서 3대와 4대 국회에 진출했던 김선우 후보가 지난 총선에서 신민당 후보로 뛰었던 이용희, 최극 후보들을 제치고 신민당 공천을 받은 흑막이 알려지지 않았고 공천을 받은 김선우 후보는 선거를 포기하여 주민들의 궁금증을 자아냈다.

무소속 이용희 후보는 "나를 국회에 보내 주면 우선 야당을 통합시키는데 노력하겠다"고 공언했다. 무소속 박기종 후보는 "정부에서 중농정책이랍시고 펴고 있는데도 섣달 그믐날 농협 빚에 쪼들리는 농민들의 딱한 실정을 보지 못했느냐"고 정부의 농업정책을 비난했다.

무소속 성백준 후보는 "정계 개편의 주역이 될 나를 국회로 보내 달라"고 호소했고, 통일당 이원형 후보는 "이번 국회에는 보은군 사람을 보내자"고 지역정서에 매달렸다.

7명의 주자들이 사자후를 뿜으며 나를 국회로 보내 달라고 호소하고 있지만 3개군의 군별대항전이 어느 지역구 못지않게 펼쳐져 고향 주민들을 다독이고 다른 지역의 표를 문중, 학연, 정당조직을 동원하여 뺏어 오는 전략 외에는 없었다

공화당 육인수 후보는 고향인 옥천에서 48%인 19,792표를 득표하고 거대한 공화당의 조직을 동원하여 영동에서 11,971표(25%), 보

은에서 12,082표(34%)를 득표하여 대승을 거두었다.

2위 자리를 놓고 52,595명의 유권자를 가진 영동의 이동진, 49,023명의 유권자를 가진 옥천의 이용희, 48,137명의 유권자를 가진 보은의 박기종 후보가 각축전을 전개했다.

충북도의회 의장을 지낸 이용희 후보가 고향인 옥천에서 육인수 의원과의 경쟁에서는 밀렸지만 40%인 16,587표를 득표하고 충북도의원 시절과 신민당 충북도지부 부위원장 시절의 인연과 지난 총선에서 낙선했지만 보은에서 얻은 지명도로 보은과 영동에서 7,396표를 득표하여 아슬아슬하게 턱걸이로 은메달을 차지할 수 있었다.

영동에서 6대 국회의원에 당선됐던 이동진 후보는 육인수 의원을 제치고 영동에서는 45%인 21,305표를 쓸어 담았으나 선거운동 기간이 너무 짧아 보은과 옥천에서 1,612표 득표에 그쳐 아쉽게 566표차로 금뱃지를 이용희 후보에게 넘겨줬다.

무소속 박기종 후보는 5대 국회 때 민주당 공천으로 당선된 보은에서 16,337표(43%)를 득표하여 1위를 차지했지만 영동과 옥천에서 3,073표 득표에 그쳐 3천여 표차로 당선권에서 멀어졌다.

무소속 성백준 후보는 영동에서 5,070표(11%)를 득표하여 이동진 후보의 뒷덜미를 잡았고, 보은에서 재선을 일군 김선우 후보는 제1야당 공천후보임에도 보은에서 5.5% 수준인 2,130표를 득표하는 이해할 수 없는 선거를 치렀다.

옥천군 유권자의 94%가 육인수, 이용희 후보에게 투표하여 당선자를 독식했으며 유권자가 3천 명이나 많은 영동군 유권자들은 이동진, 성백준 후보들에게 55%인 26,375표만 투표하여 낙선자만을 배출했다.

□ 득표상황

후보자	정당	연령	주요 경력	득표(%)
육인수	공화당	53	8대의원(3선)	44,845 (35.6)
이용희	무소속	41	충북도의회의장	23,483 (18.7)
이동진	무소속	41	6대의원(영동)	22,917 (18.2)
박기종	무소속	61	5대의원(보은)	19,410 (15.4)
성백준	무소속	38	대양제사사장	6,442 (5.1)
김선우	신민당	57	국회의원(2선)	6,241 (5.0)
이원형	통일당	52	법무부 의무관	2,489 (2.0)

<진천 – 괴산 – 음성> 진천에서 15,247표(54%), 음성에서 17,858표(46%)를 득표하여 금메달을 차지한 신민당 이충환

안동준 4선의원, 김사달 국회 전문위원, 오원선 전 보사부 장관, 이정석 진천 – 음성의 3선의원을 제압하고 괴산의 김원태 의원이 공화당 공천을 받아 냈다.

지난 총선에서 진천 – 음성에서 낙선한 이충환 후보가 괴산에서 낙선한 김태욱 후보를 제치고 신민당 공천을 받았다.

내무부 차관을 거쳐 4대, 8대 의원과 무임소 장관을 지낸 김원태 의원과 2, 3, 5, 6대 의원을 지낸 이충환 후보가 괴산과 음성을 기반으로 당선권을 선점했다.

4·19동지회 부회장인 오성섭 후보가 통일당 공천을 받아 출전했고 3, 5, 6, 7대 의원과 국제관광공사 총재를 지낸 안동준 후보가 무소속으로 등록하여 4파전을 이끌고 있다.

그리하여 진천(유권자 37,305명)은 이충환, 괴산(유권자 68,636명)은 김원태, 안동준 후보와 음성(유권자 53,761명)은 오성섭 후보들의 군별대항전이 펼쳐졌다.

농림부 차관과 내무부차관을 지내고 무임소 장관으로 활약했으며 4대 국회에는 자유당, 8대 국회에는 공화당 공천으로 당선된 백전노장인 김원태 후보는 "60이 넘은 노장이지만 국회에 보내주면 분골쇄신, 지역발전을 위해 일하겠다"고 다짐했다.

2대 국회에서는 무소속, 3대 국회에서는 자유당, 5대 국회에서는 민주당, 6대 국회에서는 민정당 공천으로 당선된 이충환 후보는 "무소속이 야당과 여당을 중간에서 조정한다고 하지만 세계에서 무소속이 판치는 국회를 본 일이 있느냐"고 안동준 후보를 겨냥했다.

3대 국회에서는 자유당, 5대 국회에서는 무소속, 6대와 7대 국회에서는 공화당 공천으로 당선된 안동준 후보는 "예부터 음성의 물이 흘러 괴산으로 흘러 강을 이루고 있다" "유신국회는 여당과 야당도 필요하지만 무소속 의원도 절대 필요하니 국회에 보내 달라"고 호소했다.

사단법인 4·19 동지회 상근부회장 출신인 오성섭 후보는 "전직

의원, 전직장관 아무 소용없다. 그 사람들이 잘못했으니까 국회가 해산되고 새 헌법을 만든 것이 아니냐"며 새 인물이 새 시대를 이끌어 가야 한다고 주장했다.

괴산에서 39%인 21,621표를 득표하고 공화당 조직을 활용하여 진천 – 음성에서 19,311표를 득표한 김원태 집권여당 현역의원을 밀쳐 내고 신민당 이충환 후보가 고향인 진천에서 15,247표(54%), 정치적으로 기반이 있는 음성에서 17,858표(46%)를 득표하고 괴산군에서도 야당 성향표를 결집시켜 14,655표(26%)를 득표하여 금메달을 차지했다.

안동준 후보는 고향인 괴산에서는 15,684표를 득표하여 이충환 후보를 따돌리고 2위를 차지했지만 진천과 음성에서 부진하여 3위로 밀려났다.

통일당 오성섭 후보는 고향인 음성에서도 8%수준인 3,295표 득표로 철저한 외면을 받아 부진을 면치 못했다.

□ 득표상황

후보자	정당	연령	주요 경력	득표(%)
이충환	신민당	55	국회의원(4선)	47,760 (39.4)
김원태	공화당	63	8대의원(2선)	40,932 (33.8)
안동준	무소속	53	국회의원(4선)	24,093 (19.9)
오성섭	통일당	33	4·19회 부회장	8,286 (6.9)

충청남도

<대전> 8대 총선 때 자웅을 겨룬 네 후보가 재 대결을 펼쳐 임호 후보가 당선됐으나 재검표로 통일당 박병배 후보가 당선

지난 총선에서 공화당과 신민당 공천을 받고서 갑, 을구에서 혈투를 전개했던 네 숙적이 통합된 지역구에서 리턴 매치를 펼치고 있다.

을구에서 당선된 김용태 의원이 갑구에서 낙선한 임 호 후보를 누르고 공화당 공천장을 받았고, 을구에서 낙선한 김태룡 후보가 갑구에서 당선된 박병배 의원을 누르고 신민당 공천을 받고 양강체제를 확립했다.

공화당 공천에서 낙천한 임 호 후보는 무소속으로, 신민당 공천에서 배제된 박병배 의원은 통일당 공천으로 출전하여 4강체제를 출범시켰다.

임 호 후보가 특권정치를 없애야 한다고 공격의 화살을 공화당에 퍼부었고, 박병배 후보는 "나를 1등으로 당선시켜주고 나머지 1명은 공화당을 뽑아도 좋다"고 여유를 보였다.

김태룡 후보는 "당 간부임을 미끼로 대여 흥정을 한 사람에겐 공천을 안 줬다"고 박병배 후보의 행적을 비난했다.

지난 8대 총선 때에는 갑구에서는 신민당 박병배 후보가 공화당

임 호 후보를 242표차로 꺾고 4선의원이 됐고, 을구에서는 공화당 김용태 후보가 신민당 김태룡 후보를 6,869표차로 꺾고 3선의원이 됐다. 갑구에서는 송재호 후보가, 을구에서는 송천영 후보가 국민당 공천으로 출전하여 각각 3위를 했다.

"진산이 야당을 오죽 잘 이끌었으면 대전시민이 사랑하는 박병배가 당을 뛰쳐 나왔겠는가"라고 박병배 후보는 신민당을 탈당하고 통일당에 합류한 심경을 밝혔다.

공화당 초대 원내총무를 지낸 김용태 의원은 중진의원이라는 명성을 내세워 을구에서는 42%인 33,085표를 석권하고 갑구에서도 31%인 21,123표를 득표하여 부동의 1위 자리를 굳혔다.

무소속 임 호 후보는 통일당원들을 활용하여 조직표를 동원한 박병배 의원에게 을구에서는 2,799표 뒤졌으나 설욕전을 전개한 갑구에서 2,868표 앞서 48표차로 아찔한 승리를 거머쥐고 여의도 입성에 성공했다.

그러나 재검표를 실시한 결과 임 호 후보가 38,623표, 박병배 후보가 38,647표로 24표차로 역전되어 뒤늦게 박병배 후보가 국회에 등원했다. 이로써 신민당은 51석이 되고 통일당은 3석이 됐다.

설욕전을 벼르던 신민당 김태룡, 무소속 임 호 후보가 3선의원인 공화당 김용태, 4선의원인 통일당 박병배 후보의 옹벽을 넘지 못하고 또다시 주저앉았다.

□ 득표상황

후보자	정당	연령	주요 경력	득표(%)
김용태	공화당	48	8대의원(3선)	54,208 (37.6)
임 호	무소속	52	국민대 재단이사	38,572 (26.7)
박병배	통일당	55	8대의원(4선)	38,524 (26.7)
김태룡	신민당	39	대전시 당위원장	12,967 (9.0)

※ 재검표 결과 김용태 54,440표, 박병배 38,647표, 임 호 38,623표, 김태룡 13,076표로 당락이 뒤바뀜

<천안 – 아산 – 천원> 아산에서 대승을 거두어 강필선 의원을 여유있게 따돌리고 아산의 대표주자가 되어 당선된 신민당 황명수

아산의 김세배 의원을 제치고 공화당 공천을 받은 천안 – 천원의 김종철 의원, 천안의 박동인 후보를 제치고 신민당 공천을 받은 아산의 황명수, 6대에는 민정당, 7대에는 신민당 후보로 출전하여 낙선하고 8대에는 전국구 17번으로 당선된 강필선 의원이 통일당 공천을 받고 출전하여 3파전이 형성됐다.

4대에는 천안 을구에서 자유당으로 당선됐으나 공화당에 합류하여 7대, 8대 의원을 지낸 충남도당 위원장인 김종철 의원은 막강한 재력과 집권여당의 조직을 활용하여 뿌리깊은 기반을 굳혀 놓고 여

유있는 선거운동을 펼치고 있다.

지난 총선에서 공화당 김세배 후보에게 3천여 표차로 낙선한 황명수 후보는 재력가인 강필선 현역의원과 아산 표밭을 놓고 일전일퇴를 거듭하고 있다.

8대 총선 때 천안 – 천원에서는 공화당 김종철 후보가 신민당 이상돈 후보를 15,123표 차로 꺾고 3선의원이 됐고, 아산에서는 대검찰청 수사국장 출신인 공화당 김세배 후보가 신민당 황명수 후보를 3,558표 차로 꺾고 국회에 등원했다.

당선을 확신한 김종철 후보는 "유신과업을 완수하기 위해 출마했다"면서 "국가의 안녕질서를 위해 유신국회를 만들자"고 호소했다.

신민당 황명수 후보는 "나는 정치를 직업으로 20년간 야당에 몸담아 투쟁해 왔으나 다른 후보들은 돈과 사업체가 많은 기업가이니 정치가 직업인 나를 뽑아 달라"고 호소했다.

"이번엔 돈 없는 나를 찍어 달라"는 황명수 후보는 "철새처럼 선거 때가 되면 후보 공천을 받으려고 애쓰다 안 되니까 분당을 했다"고 통일당 강필선 후보를 공격했다.

"선명야당을 만들기 위해 안간힘을 써왔으나 실패해 신민당을 탈당했다"는 통일당 강필선 후보는 "공화당에서 1명, 통일당에서 1명씩 뽑아 달라"고 호소하면서 "국회에 나가면 정부가 폐지할 계획인 안성선(安城線) 존속을 위해 힘쓰겠다"고 주장했다.

천안 – 천원에서 55%가 넘는 47,146표를 득표한 김종철 후보가 아산에서도 공화당원들의 활약으로 24%가 넘는 14,572표를 쓸어 담아 금메달을 확정 지었다.

지난 총선에서 석패했지만 지명도를 한껏 부풀린 황명수 후보가 아산에서 51%가 넘는 30,543표를 휩쓸어 23%인 13,701표에 그친 통일당 강필선 후보를 여유 있게 따돌리고 은메달을 확보했다.

천안시와 천원군에서도 신민당원들의 조직적인 활동으로 황명수 후보는 20,424표를 득표하여 강필선 후보에게 3,637표를 앞섰다.

□ 득표상황

후보자	정당	연령	주요 경력	득표(%)
김종철	공화당	52	8대의원(3선)	61,718 (43.2)
황명수	신민당	42	지구당위원장	50,967 (35.6)
강필선	통일당	55	8대의원(전국구)	30,288 (21.2)

<금산 – 대덕 – 연기> '사꾸라 정치인'이라는 치명적이고 부정적인 이미지가 고향에서는 정치적 거물로 포장되어 대승을 거둔 유진산

경향신문 사장 출신으로 대덕 – 연기의 김제원 의원이 금산의 박성호 의원, 구자윤 농협조합장, 김홍빈 후보들을 꺾고 공화당 공천을 받은 가운데 신민당은 김지복, 김정신, 김제만 후보들의 꿈을

저버리고 6선 의원으로 대표 최고위원을 지낸 유진산 의원이 낙향하여 출전하여 전국의 이목을 집중시키고 있다.

지난 총선에서 신민당 공천으로 대덕 - 연기에서 낙선한 송좌빈 후보가 통일당으로, 중앙화학과 동양목장 대표인 최경수 후보가 무소속으로 출전하여 4강체제를 형성했다.

지난 8대 총선 때 대덕 - 연기에서는 공화당 김제원 후보가 신민당 송좌빈 후보를 9,879표차로 꺾고 국회 등원에 성공했고, 금산에서도 공화당 박성호 후보가 신민당 김정신 후보를 9,779표차로 꺾고 농촌지역은 여당세가 강하다는 것을 보여줬다.

경향신문사, 신진자동차라는 기업체를 배경으로 공화당 조직을 최대한 활용하고 있는 김제원 후보는 "우리 정치인의 잘못으로 1년 8개월 만에 다시 여러분 앞에 나서게 됐다"면서 "한국적 민주주의의 꽃을 피우고 열매를 맺게 하려면 공화당에 안정세력을 주어야 한다"고 주장했다.

6선 의원으로 야당가를 주름잡던 유진산 후보는 진산 전국구 파동을 일으킨 장본인으로 이번에도 정치적 고향인 영등포를 버리고 12년 만에 고향인 금산으로 내려와 공천파동을 재연함으로써 대표직을 사퇴하고 통일당이 분당되는 사태의 중심축을 이뤘다.

지난날 야당가의 갖가지 이합집산과 정치파동으로 얼룩진 정치이력서에 대한 심판 성격을 갖는 선거전에서 '이 지방의 거물정치인'이라는 관심의 대상이 되어 한 인물에 대한 평가가 전국적인 면과 지역적인 면에서 상반될 수 있다는 것을 여실히 보여줬다.

 통일당 송좌빈 후보는 "신민당의 유진산 씨가 금산으로 피해 내려왔기 때문에 유씨와 함께 국민의 심판을 받겠다는 김홍일 의원이 따라올 수 없게 되어 내가 대신 나왔다" 면서 선명논쟁에 불을 붙였다.

이에 유진산 후보는 "누가 선명야당인지 양일동 씨나 김홍일 씨하고 텔레비전이나 신문을 통해 공개토론 할 것을 제의한다" 면서 "당명에 따라 고향에서 입후보한 게 무슨 시비 거리인가. 과거 유석(維石)도 필요에 따라 대구나 공주 같은 곳에서 출마한 일이 있지 않은가"라고 반박했다.

통일당 양일동 총재는 "자유당 때 만송 이기붕이 서대문구를 버리고 경기도 이천으로 낙향하여 입후보 한 결과 무투표 당선되었으나 말로가 어떻게 되었는가"라면서 유진산 정계은퇴와 입후보 포기를 요구했다.

이에 유진산 후보는 "당수 안된다고 다른 당 만들어 나간 사람이 선명 운운하는 것은 가소(可笑)롭다"고 반박하면서 "당수 경쟁하다 떨어져 나간 사람들이 통일당을 만들었다"고 비난했다.

그리고 유 후보는 "통일당이 주장하는 바가 떳떳하다면 텔레비전이나 라디오에 정정당당히 나와 국민 앞에 시비를 밝히려 하지 않느냐"고 반문하며 공개토론을 거듭 제의했다.

이에 양일동 총재는 "마치 현장에서 잡힌 범인이 죄의 유무는 재판소에 가봐야 알 것 아니냐 면서 발악하는 거와 똑같은 헛소리"라고 유진산 후보를 비난했다.

양일동 대표는 "국민으로부터 지탄받은 당사자와는 공개토론 할 가치조차 없다" "유씨가 그렇게 자신이 있다면 왜 대표 권한대행을 두고 자신이 위원장으로 있던 영등포 갑구를 버리고 금산 – 대덕 - 연기구로 내려갔는가" "그의 입으로부터 선명 운운함은 가소로운 일"이라고 반격했다.

통일당 송좌빈 후보는 "선명야당을 국회에 보내 견제세력을 구축해야 독선, 독주를 막는다"고 호소했고, 무소속 최경수 후보는 "농민의 아들을 뽑아 농촌을 잘 살수 있게 하자"고 읍소 했지만 김제원, 유진산 후보들의 적수가 되지 못했다.

"정치인이 고향에서 출마한다는 것은 너무나 당연하지 않은가"라는 역선전공세를 펼친 신민당 유진산 후보가 "유진산이라는 사람이 어떻게 생겼는지 보자"는 유권자들의 절대적인 지지로 고향인 금산에서는 66%인 28,983표를 쓸어 담고 김제만 전 지구당위원장을 상주시킨 대덕 – 연기에서도 30%가 넘는 25,687표를 득표하여 대승을 거두었다.

이것은 서울에서는 치명적일 수도 있는 이미자가 지방에서는 정치적 거물로 포장되어 관심의 대상이 되었고 그것이 표로 연결될 수 있다는 것을 보여줬다.

공화당 김제원 후보는 대덕에서 35%인 16,887표를, 연기에서도 45%인 16,799표를 득표하여 1위를 했지만 금산에서 부진하여 은메달에 만족해야만 했다.

□ 득표상황

후보자	정당	연령	주요 경력	득표(%)

유진산	신민당	67	8대의원(6선)	54,670 (43.4)
김제원	공화당	59	8대의원(대덕)	44,123 (35.1)
송좌빈	통일당	48	8대입후보	18,208 (14.5)
최경수	무소속	37	동양목장 대표	8,882 (7.0)

<공주 – 논산> 초대 충남도의원과 재선의원 출신이지만 3선개헌 반대로 공화당에서 제명당하고 고향에서도 버림받은 김달수

공주와 논산이 자존심 대결을 펼치고 있는 이 지역구는 이병주 의원이 최준문 동아그룹 회장, 양순직 3선의원, 윤덕병 한전이사들을 제치고 공화당 공천을 받았고, 지난 총선에서 낙선했지만 6대 의원인 박찬 후보가 김한수 지역구 의원, 이세규 전국구 의원을 제치고 신민당 공천을 받고 양강 체제를 구축했다.

3대와 7대 의원을 지낸 김달수 후보는 통일당으로, 서울의대 강사인 김인영, 군법무관 출신인 박종배, 한미산업 대표인 오수득 후보가 무소속으로 출전하여 6파전이 전개됐다.

이병주, 박찬, 김달수 후보는 공주 출신이고 김인영, 박종배, 오수득 후보는 논산 출신으로 군별 3각편대가 형성됐다.

지난 8대 총선 때 공주에서는 공화당 이병주 후보가 신민당 박찬 후보를 7,146표 차로 꺾고 재선 의원이 됐고 국민당 윤완중 후보는 1,353표 득표에 머물렀다.

그러나 논산에서는 대한일보 논설위원인 신민당 김한수 후보가 공화당 양순직 중진의원을 12,389표차로 꺾은 이변을 연출하고 국회 등원에 성공했다.

그러나 이번 총선에서는 공주 출신인 이병주, 박찬 후보에게 공화당과 신민당의 공천을 빼앗기고 김한수, 양순직 후보들은 정치적 방랑길을 걷게 됐다.

그리하여 논산의 유권자들을 달래기 위해 공화당 이병주 후보는 "공주보다 논산 일에 치중하겠다"고 사탕발림하고, 신민당 박찬 후보는 "김한수 의원이 출마하지 못하고 내가 나온 것은 여러분은 잘 알고 있을 것"이라고 위무하며 김한수 의원의 지지기반인 광산 김씨 문중 표의 지지를 호소했다.

성애학원 이사장 출신으로 6대 총선 때에는 민정당 공천으로 당선됐으나 7대 총선 때에는 공화당 김달수, 8대 총선 때에는 공화당 이병주 후보에게 패배하여 낙선한 박찬 후보가 고향인 공주에서 44%인 27,544표를 쓸어 담고 논산에서도 김한수 의원을 지지했던 신민당 조직표를 규합하여 20%인 16,313표를 득표하여 금메달을 차지하는 기쁨을 누렸다.

김종필 국무총리와 공주고 동문으로 절친한 이병주 후보는 집권여당의 현역의원이란 이점을 안고도 공주에서 역전패하여 2위를 차지했지만 논산에서도 집권여당의 조직표를 활용하여 2위를 확보함으로써 은메달을 차지할 수 있었다.

한국산업 대표, 원미섬유 부사장인 무소속 오수득 후보는 고향인 논산에서 27%인 22,713표를 득표하여 1위를 차지했지만 공주에서

3천여 표 득표에 머물러 당선권에서 멀어졌다.

사법고시에 합격하고 군법무관 생활을 거친 무소속 박종배 후보는 변호사로서 명성을 되살렸으나, 초대 충남도의원 출신으로 3대 국회에는 공주 을구에서 자유당 공천으로 당선되고 7대 국회에서도 공주에서 공화당 공천으로 당선됐으나 3선 개헌에 반대하다가 공화당에서 제명당한 김달수 후보는 고향인 공주에서 철저하게 외면당한 7% 수준인 4,560표를 득표하는데 그쳤다.

서독 후라이부르크대 박사학위 소지자로 서울의대 강사인 김인영 후보는 "강경 출신으로 강경을 위해 일하겠다"고 호소했으나 명성에 걸맞지 않게 최하위를 벗어나지 못했다.

□ 득표상황

후보자	정당	연령	주요 경력	득표(%)
박 찬	신민당	48	6대의원(공주)	43,857 (30.9)
이병주	공화당	61	8대의원(공주)	42,088 (29.6)
오수득	무소속	57	한국산업대표	26,038 (18.3)
박종배	무소속	38	변호사, 군법무관	12,342 (8.7)
김달수	통일당	55	국회의원(2선)	11,866 (8.3)
김인영	무소속	44	서울의대 강사	5,960 (4.2)

<부여 – 서천 – 보령> "내가 낙선해도 좋으니 공명선거를 하라"는 지시와 부여 유권자들의 결집이 부족하여 2위로 당선된 김종익

부여의 김종익, 서천의 이상익, 보령의 최종성 세 현역의원과 윤세민 병원장이 각축전을 전개한 공화당 공천장은 김종필 국무총리의 형인 김종익 의원에게 떨어졌고, 지난 총선에서 낙선한 권영길(부여), 김옥선(서천), 신준희(보령)의 패자 부활전은 김옥선 후보가 낙점을 받았다.

방일홍, 김종갑 전 의원들과 이원범, 권영길, 조중연 후보들의 출마설이 나돌았으나 지난 총선 때 낙선한 신준희 후보가 통일당으로, 4대 의원과 초대 참의원을 지낸 한광석 후보가 무소속으로 출전했다.

지난 8대 총선 때 부여에서는 공화당 김종익 후보가 신민당 권영길 후보를 21,977표차로 꺾고 재선의원이 됐고, 서천에서는 공화당 이상익 후보가 신민당 김옥선 후보를 8,625표차로 꺾고 여촌야도를 실감케 했고, 보령에서도 공화당 최종성 후보가 신민당 신준희 후보를 8,754표차로 꺾어 공화당의 관할 구역에 편입됐다.

공화당 김종익 후보는 "내가 낙선해도 좋으니 공명선거를 하라"고 당원단합대회에서 지시하고 있지만 차점 당선될 경우 창피를 당한다는 점과 손에 잡히지 않는 일반유권자들의 성향 때문에 신경을 곤두세우고 있다.

신민당 김옥선 후보는 "국회의원이 이제 75만원짜리 월급쟁이란 말이 있는데 월급쟁이가 아닌 자유민주주의를 수호할 국회의원이 되게 나를 뽑아 달라" "선거법이 엄격하지만 사발통문으로 옆구리를 꾹꾹 찔러 선거운동을 해 달라"고 주문했다.

통일당 신준희 후보는 "유진산씨 때문에 신민당을 떠날 수밖에 없었다"고 탈당의 배경을 설명하자, 김옥선 후보는 "전통야당은 신민당"이라고 반박했다.

4대 총선 때는 부여 갑구에서 자유당 공천으로 당선된 후 5대 국회에서는 참의원 의원으로 활동했던 무소속 한광석 후보는 "이번 선거에 공화당에 가야 할 표가 못 가는 표와 야당이 갈리며 야당에 못 찍을 표가 많다니 이 표가 나를 지지해 줄 것"을 기대했으나 기대만큼의 성과를 거두지 못했다.

남장 여장부로 알려진 신민당 김옥선 후보가 고향인 서천에서 50%인 30,442표를 쓸어 담아 1위를 했고, 김종필 국무총리의 형인 김종익 후보가 고향인 부여에서 53%인 39,034표를 득표하여 우려했던 차점을 했으나 당선자 대열에 합류했다.

고향인 보령에서 37%인 19,542표를 득표한 신준희 후보가 3위를 차지했는데 이는 고향의 유권자들의 응집에 따라 순위가 결정됐다. 보령 유권자들은 집권여당인 공화당의 김종익 후보에게 14,559표를, 제1야당인 신민당 김옥선 후보에게 15,140표를 나눠 주어 지역구 국회의원을 만들어 내지 못했다.

□ 득표상황

후보자	정당	연령	주요 경력	득표(%)

김옥선	신민당	38	당 지도위원	70,644 (41.1)
김종익	공화당	54	8대의원(2선)	67,248 (39.3)
신준희	통일당	38	당 대변인	27,159 (15.8)
한광석	무소속	54	4대의원(부여)	6,766 (4.0)

<청양 – 홍성 – 예산> 양당 수석부총무가 피차 상대방을 건드리지 않기로 신사협정을 체결하고 동반 당선된 장영순과 한건수

이 지역구는 청양 출신인 공화당의 장영순 의원과 예산 출신인 신민당 한건수 의원이 선두권을 달리고 있는 상황에서, 홍성출신인 무소속 정달선 후보가 추격전을 전개하고 있는 가운데 1971년 대선 때 김대중 후보 선거운동을 하며 닦아 놓은 사조직을 동원하고 있는 김성식 후보가 통일당 공천으로 비집고 들어섰다.

검찰총장과 법무부 장관을 지내고 7대와 8대 총선 때에는 청양 – 홍성에서 당선된 장영순 의원은 집권여당의 조직과 개인적 신망으로 선두권을 달리고 있다. 국회 전문위원 출신으로 6대와 8대 총선에서 당선된 한건수 의원도 예산군 표를 발판으로 확고한 지지 기반을 확보하여 당선권을 넘나들고 있다.

장영순 의원은 정달선, 윤규상, 고기영, 정남진, 한인수 후보들을 공화당 예선전에서 제압했고, 한건수 의원은 복진풍, 채원식 후보들을 신민당 예선전에서 꺾었다.

지난 8대 총선 때 청양 – 홍성에서는 공화당 장영순 후보가 신민당 복진풍 후보를 무려 24,503표 차로 꺾고 재선의원이 됐고, 예산에서는 신민당 한건수 후보가 공화당 윤택상 후보를 2,762표 차로 꺾고 재선의원이 됐다.

장영순, 한건수 의원들은 양당 수석부총무가 대결하는 자리에서 모범선거가 안되면 곤란하니 피차 상대방을 건드리지 않기로 신사협정을 체결했다.

서울신문 사회부장 출신인 무소속 정달선 후보는 "과거의 국회의원이나 정치인은 나라 걱정은 않고 사리사욕과 협잡질만 했기 때문에 그 따위 인물에게 국사를 맡겨서는 안되겠다는 데서 국회가 해산됐다" 면서 "이번에는 나같이 참신하고 깨끗한 어느 정파에도 속하지 않은 사람을 국회에 보내 달라"고 호소했지만 성과는 미미했다.

고향인 홍성에서 43%인 24,201표를 득표하고 정치적 기반이 있고 후보자가 아무도 없는 청양에서 56%인 19,037표를 득표한 장영순 후보가 금메달을, 고향인 예산에서 51%인 28,550표를 득표하고 청양 – 홍성에서도 선전한 한건수 후보가 은메달을 차지하여 동반 당선됐다.

예산에서 6,274표를 득표하고 홍성에서도 4,417표를 득표한 통일당 김성식 후보가 홍성에서 6,722표를 득표한 무소속 정달선 후보를 꺾고 의미 없는 동메달을 목에 걸었다.

□ 득표상황

후보자	정당	연령	주요 경력	득표(%)
장영순	공화당	49	8대의원(2선)	60,112 (41.8)
한건수	신민당	51	8대의원(2선)	58,651 (40.8)
김성식	통일당	34	지구당위원장	13,401 (9.3)
정달선	무소속	41	서울신문사회부장	11,553 (8.1)

<서산 – 당진> 서산과 당진의 군별대항전에서 응집력에서는 떨어졌으나 유권자가 4만명이 많아 1위와 3위를 차지한 서산 출신들

서산 출신으로 조양기업 대표인 박완교 후보가 박승규 서산지역의 현역의원, 원용석 무임소 장관을 지낸 전 의원, 김두현 당진군 7대 의원, 이상희 서산군 7대 의원, 차의영 최고위원 출신으로 전 충남 도경국장, 이명휘 대형출판사 대표, 송두섭 회사대표 등을 제압하고 예상을 뛰어넘어 공화당 공천장을 받아냈다.

지난 총선 때 당진에서 당선된 유제연 의원도 한영수, 명화섭, 이두연, 배연근 후보들을 제압하고 신민당 공천을 받고 박완교 후보와 함께 선두권을 선점했다.

경기, 전남, 충남 도경국장을 지낸 차의영 후보와 지난 총선 때에는 국민당 후보로 서산지역에 출전하여 낙선한 한영수 후보가 낙천에 반발하여 무소속으로 출전한 가운데 중도일보 정치부장 출신인 박희정 후보가 통일당 공천으로 출전했다.

지난 8대 총선 때 서산에서는 보건사회부 장관 출신인 공화당 박승규 후보가 국민당 한영수 후보를 11,675표 차로 제압했고 신민당 조봉찬 후보는 13,506표를 득표했다.

당진에서는 신민당 유제연 후보가 예상을 뒤엎고 공화당 김두현 현역의원을 14,895표 차로 꺾는 이변을 연출했다.

공화당 박완교 후보는 "공화당 공천자 중 오랫동안 당직생활을 한 당료파는 나 밖에 없다" 면서 당원들을 결속시키는 한편 "이번에 서산군에서 국회의원을 못 내면 변두리지역 사람들이라는 소리를 듣는다"는 지역정서를 여론화시켰다.

이 지역구의 선거전은 같은 동네에서 같은 국민학교 출신인 서산의 공화당 박완교, 무소속 한영수 후보와 당진의 현역의원인 유제연, 군사정부시절 최고위원 출신으로 경기·충남·전남 경찰국장을 두루 섭렵한 무소속 차의영 후보의 군별대항전이 펼쳐졌다.

젊은 패기를 앞세워 똑똑하다는 평가를 받은 무소속 한영수 후보가 고향인 서산에서 51%인 49,522표를 쓸어 담아 당진에서는 3% 수준인 2,005표 득표에도 불구하고 금메달을 차지했다.

현역의원이라는 이점을 안고 있는 신민당 유제연 후보가 고향인 당진에서 43%인 26,062표를 득표하고 신민당원들의 눈물겨운 활동으로 서산에서도 9%인 9,109표를 득표하여 턱걸이 당선을 일궈냈다.

공화당 박완교 후보는 고향인 서산에서 28%인 27,734표를 득표하고 공화당원들의 조직적인 활동에도 불구하고 당진에서 10% 수준인 6,274표 득표에 머물러 신민당 유제연 후보에게 1,163표 밀려 전국에서 공화당 공천을 받고도 낙선한 7명의 후보자에 합류했다.

무소속 차의영 후보는 고향인 당진에서 40%가 넘는 24,580 표를 득표하고도 4위로 밀려났다.

서산군에서는 한영수, 박완교 후보에게 79%인 77,256표를 투표한 반면 당진군에서는 유제연, 차의영 후보에게 83%인 50,642표를 투표하여 응집력에서는 앞섰으나 유권자가 4만명이나 모자라 2위와 4위를 차지했다.

□ 득표상황

후보자	정당	연령	주요 경력	득표(%)
한영수	무소속	38	8대총선출마	51,527 (33.1)
유제연	신민당	38	8대의원(당진)	35,171 (22.6)
박완교	공화당	49	조양기업대표	34,008 (21.8)
차의영	무소속	46	충남 경찰국장	31,366 (20.2)
박희정	통일당	40	중도일보 기자	3,580 (2.3)

전라북도

<전주 – 완주> 4선의원으로 신민당 공천심사위원장으로서의 명성으로 50% 득표율로 철옹성임을 확인한 4선의원 이철승

전주의 현역의원인 신민당 이철승 의원과 완주의 현역의원인 공화당 유기정 의원이 자웅을 겨루는 가운데 재일교포거류민단 부단장 출신으로 진안에서 4대 의원에 당선됐던 이옥동 후보가 통일당 공천으로 출전하여 3파전을 전개하고 있으며 이들은 모두 전주국민학교 동기동창이다.

여기에 정읍, 고창, 완주군수를 지내고 공화당 후보로 7대 총선 때 당선됐던 유범수 후보가 무소속으로 등록하여 혼전을 부채질했다.

삼화인쇄소 대표로서 자수성가한 입지전적 인물인 유기정 후보는 전주는 생소하지만 집권여당의 조직을 활용하여 추격전을 전개하고 있으며, 3대 국회에 처음 진출하여 4선의원으로 신민당 공천심사위원장으로 활약했던 이철승 후보는 4선의원이라는 전주 터줏대감의 명성으로 선두권을 굳게 지키고 있다.

8대 총선 때 전주에서는 신민당 이철승 후보가 공화당 김용진 후보를 39,577표 차로 제압하고 4선의원이 됐고, 완주에서는 공화당 유기정 후보가 신민당 임성희 후보를 3,250표 차로 어렵게 꺾었다.

"전주, 군산, 이리 등 3개시를 연결하는 공장을 건설하여 실업자 구제에 앞장설 것이며 낙후된 전북건설에 최선을 다하겠다"고 역설하고 있는 공화당 유기정 후보는 "지역개발을 위해 여러분의 머슴살이를 더 하게 해달라"고 호소했다.

신민당 이철승 후보는 "이번 선거는 시베리아 벌판에서 썰매를 타고 툰드라 지방을 달리는 기분"이라며 "야당재건은 원폭을 맞은 히로시마의 상태에서 다시 출발하는 것"이라고 비유하며 항상 국민의 편에 서서 민권투쟁을 하는 것이 자신의 사명이라고 밝혔다.

이철승 후보는 "대들보가 무너지면 집안살림도 다 부서지는데 다리를 놓아준다는 등의 선거공약이 무슨 소용이 있느냐"면서 "민주주의 수호를 위해 전통야당인 신민당 후보를 지지해달라"고 호소했다.

이철승 후보는 유기정 후보와 체구도 대조적이고 당도 여야로 갈리고 취미도 다르지만 40년 간의 우정은 변함이 없다면서 "선거결과야 어찌 되든 집안끼리의 대결은 보기가 딱하다"고 유 청 의원을 대신하여 출전한 유범수 후보를 힐난했다.

통일당 이옥동 후보는 "태생지는 진안이나 전주에서 학교를 다녔고 전주 이씨이기 때문에 인연이 깊다"면서 "진짜 야당은 선명야당인 통일당"이라고 지지를 호소했다.

무소속 유범수 후보는 "유기정 후보가 다하지 못한 지역개발을 고스란히 인계 받겠으니 나를 국회에 보내 달라"고 읍소했다.

"나는 구세대의 막둥이요, 신세대의 맏형으로 이 나라 민주주의를 재건하는 역사적 임무를 지니고 출마했다"는 4선 의원인 신민당 이철승 후보는 연고권이 있는 전주에서는 56%인 5만 1천여 표를 득표하였을 뿐 아니라 연고권이 없는 완주에서도 37%인 2만 2천여 표를 득표하고 1위를 확보하여 전주는 아성임을 천하에 알렸다.

완주가 기반인 유기정 후보는 완주에서 32%인 1만 9천여 표뿐 아니라 야당세가 강한 전주에서도 공화당 조직을 활용하여 24%인 2만 2천여 표를 득표하여 동반당선을 이룰 수 있었다.

완주군수 출신인 무소속 유범수 후보가 완주에서 선전하여 3위를 차지할 수 있었지만 자유당 출신으로 선명야당을 부르짖은 통일당 이옥동 후보가 전주 이씨를 강조하면서 선명야당의 가치를 내걸었지만 소기의 성과를 거두지 못했다.

□ 득표상황

후보자	정당	연령	주요 경력	득표(%)
이철승	신민당	50	8대의원(4선)	73,803 (49.6)
유기정	공화당	51	8대의원(완주)	41,726 (28.0)
유범수	무소속	45	7대의원(완주)	23,148 (15.6)
이옥동	통일당	50	4대의원(진안)	10,103 (6.8)

<군산 – 이리 – 옥구 – 익산> 차라리 양일동 대표가 낙향하여 출전했더라면 1석은 건져 올릴 수 있었다는 아쉬움만을 남긴 통일당

군산 – 옥구의 신민당 강근호 의원이 통일당으로 옮겨 상경한 상

황에서 2, 4, 5대 의원으로 단국대 학장, 문교부 장관을 지낸 윤택중 후보가 통일당 공천으로 출전했다.

지난 총선에서 이리 – 익산에서 당선됐던 김현기 의원이 신민당 공천으로, 낙선했던 채영철 후보가 공화당 공천으로 출전하여 세 후보의 지지기반이 모두 이리 – 익산이다.

전북일보 사장을 지낸 공화당 채영철 후보는 농지개량조합장 채영석, 7대 의원 차형근과 고병만, 서정강, 이응구, 박노선 후보들을 꺾고 어렵게 공천을 받아냈고 김현기 의원은 군산 – 옥구의 강근호 현역의원, 조규완 후보들을 꺾고 공천장을 받았다.

김득수, 이원석 후보들의 출마설이 나돌았으나, 옥구, 익산군수는 물론 군산시장을 지낸 채기묵 후보가 무소속으로 등록하여 정당 후보들과 한판 승부를 벼르고 있다.

8대 총선 때 군산 – 옥구에서는 신민당 강근호 후보가 공화당 고병만 현역의원을 1,585표 차로 따돌렸고, 이리 – 익산에서도 신민당 김현기 후보가 공화당 채영철 현역의원을 10,723표로 제압하고 재선의원이 됐다.

"30년을 내다보는 사람은 사람을 심는다. 그러니 나를 뽑아 달라"는 채영철 후보는 익산 출신인 김현기, 윤택중 후보들의 이전 투구에 어부지리를 기대하게 됐다.

채영철 후보는 군산 출신으로 공화당 공천에서 고배를 마신 채영석, 차형근 후보들의 조직표를 공화당 조직을 활용하여 흡수함으로써 지난번 총선에서의 패배를 설욕할 수 있을 것을 기대했다.

7대와 8대 의원을 지내면서 구비한 조직력에다 그 동안 지역사업과 주민들의 취직 실적으로 호평을 받고 있는 신민당 김현기 후보는 "신민당 이야말로 인촌, 해공, 유석의 얼을 이어받은 정통야당이다"라고 주장했다.

2, 4, 5대 의원으로 3선 의원이며 문교부 장관을 지낸 윤택중 후보는 양일동 대표와 강근호 대변인의 군산 – 옥구 지역에서의 선전을 기대했다.

윤택중 후보는 "될성 부른 나무는 떡잎부터 알아보고 낳은 지 단 하루라도 아들인지 딸인지 분별할 수 있으며 인촌, 유석 등 선현들이 오늘날의 신민당 꼴을 보셨다면 호되게 꾸짖고 개탄했을 것이요, 낮에는 야당, 밤에는 여당 행세를 하는 신민당의 타락상을 보고 구천에서 울고 계실 것"이라고 선명야당을 강조했다.

군산 – 옥구 표를 모으는 데 지역적 이점을 안고 있는 채기묵 후보는 군산시장을 지낸 관록과 7천여 호에 달하는 평강 채씨 문중 표에 기대를 걸었다.

공화당 채영철 후보는 지난 총선에서 낙선한 이리 – 익산에서 야권 후보들의 분열의 틈새를 비집고 50%인 4만 6천여 표를 득표하여 석권하고, 군산 – 옥구에서도 공화당 조직을 활용하여 32% 수준인 3만여 표를 득표하여 1위를 확정 지었다.

7대 국회에서는 순위 19번으로 전국구 의원직을 승계하고 8대 총선 때 이리 – 익산에서 당선된 김현기 후보는 이리 – 익산에서 33%인 3만 1천여 표를 득표하고 군산 – 옥구에서도 2만 2천여 표를 득표하여 턱걸이 당선을 일궈 냈다.

통일당 윤택중 후보는 군산 – 옥구에서 양일동 대표의 후광으로 34%인 3만 3천여 표로 1위를 확보했지만 3선을 일궜던 고향인 이리 – 익산에서 10% 수준인 9천여 표 득표에 머물러 당선권에서 멀어졌다.

선명논쟁을 벌였던 신민당 김현기 후보에게 이리 – 익산에서 2만 2여표 뒤져 선거판을 도저히 뒤집을 수 없었다.

그리하여 군산 – 옥구에서 선전한 무소속 채기묵 후보에게 3위 자리마저 내어주는 수모를 겪었다.

차라리 낙향하여 양일동 대표가 출전했더라면, 아니면 강근호 의원이 출전했더라면 상황은 바뀌었을 것이라는 아쉬움만을 남겼다.

□ 득표상황

후보자	정당	연령	주요 경력	득표(%)
채영철	공화당	46	전북일보사장	77,140 (41.7)
김현기	신민당	48	8대의원(2선)	53,972 (29.2)
채기묵	무소속	53	군산시장	29,960 (16.2)
윤택중	통일당	59	국회의원(3선)	23,801 (12.9)

<진안 – 무주 – 장수> 군별 대항전에서 장수, 무주 군민들의 응집력이 최성석, 김광수 후보들의 당선을 가져왔고 유권자가 가장 많은 진안 출신인 전휴상, 김봉관 두 후보들이 3, 4위로 밀려 낙선

유권자가 4만 4천인 진안, 3만 4천인 장수, 3만 1천인 무주가 통합된 이 지역구는 진안의 전휴상 4선 의원이 장수 – 무주의 길병전 의원은 물론 전정구 전국구 의원, 김광수 대한교과서 사장 등을 꺾고 공화당 공천을 받았다.

신민당은 정규헌 조직국장 출신으로 전국구 의원, 김덕규 송원영 의원 비서관 들을 물리치고 연전 연패한 최성석 후보가 신민당 공천을 받고서 동정 무드를 타고 설욕의 기회를 엿보고 있다.

공화당 공천에서 낙천한 김광수, 무주, 진안 등 7개군 경찰서장을 지낸 김봉관, 무주, 장수 등 3개 군 경찰서장을 지낸 김현모 후보들이 무소속으로 도전했다.

무주는 김광수 후보의 독무대지만, 진안은 전휴상, 김봉관 후보가, 장수는 최성석, 김현모 후보가 쟁패전을 벌이고 있다.

8대 총선 때 진안에서는 공화당 전휴상 후보가 신민당 이현기 후보를 8,312표차로 꺾고 4선의원에 올라섰고, 장수 – 무주에서는 공화당 길병전 후보가 신민당 최성석 후보를 431표 차로 어렵게 꺾었다.

진안과 무주 – 장수가 통합되어 선거구의 면적이 전북 전체의 4분에 1이 될 만큼 넓으면서 산골이라 공화당의 강세가 예상되고 있는 특수한 지역구이다.

제5대 민의원 선거 때 진안에서 무소속으로 전국 최연소 당선자로, 혜성처럼 등장한 전휴상 의원은 5·16 군사 쿠데타 이후엔 집권세력인 군부에 의탁하여 6대와 7대에는 진안 – 장수 – 무주에서 공화당 공천으로 대승을 거두었다.

선거구가 진안과 장수 – 무주로 분구된 지난 8대 총선에서도 공화당 공천을 받고 출전하여 신민당 이형기, 통일당 문희동, 민주당 박재우, 국민당 최팔용 후보들을 꺾고 3선의원이 되어 국회 농림수산위원장으로 활약했다.

진안 출신인 전휴상 의원은 장수 – 무주 지역도 6대와 7대 총선 때 관할구역으로 압도적인 승리는 따 놓은 당상으로 여기며 공화당 조직을 재점검하고 있을 뿐이다.

오랫동안 야당 지킴이로 활약해 온 신민당 최성석 후보는 지난 8대 총선 때 장수 – 무주에서 신민당 공천을 받고 출전하여 25,137표를 득표했으나 공화당 전북도 사무국장 출신인 길병전 후보에게 421표 차로 아쉽게 패배했다.

이번 총선에서 최성석 후보는 고향인 장수는 물론 무주와 진안의 신민당 조직을 재점검하며 설욕을 다짐하고 있다.

전북은행 이사 출신으로 대한교과서 주식회사 대표이사인 김광수 후보는 무주 출신으로 무주를 기반으로 오랫동안 뜻을 두고 관리하여 온 사조직을 총출동시켜 등용문 통과를 기대하고 있다.

김광수 후보는 "새 솥에 새 밥을 짓는 기분으로 때 안 묻고 양심적인 사람을 뽑아야 한다. 새 솥은 장만됐으니 깨끗한 쌀로 맛있는 밥을 지어 달라"고 호소했다.

부안, 고창, 임실, 남원, 무주, 진안, 순창 등 7개군 경찰서장과 전북도경 통신과장을 지낸 김봉관 후보는 공화당 공천에서 탈락하자 무소속으로 출전하여 낙천에 대한 울분을 토로하고 있다.

고향인 진안에서는 공화당 전휴상 후보와 자웅을 겨루면서 경찰서장시절 맺은 인연을 찾아 장수지역에서도 게릴라 작전을 전개하고 있다.

중앙정보부 전북지부 총무과장 출신으로 무주, 임실, 장수 경찰서장을 지낸 김현모 후보도 무소속으로 도전하고 있으나 장수 출신으로 최성석 후보의 발목을 잡는다는 따가운 눈총을 받고 주민 속으로 파고들기에 어려움을 겪고 있다.

3개군의 군별 대항전에서 신민당 최성석 후보는 고향인 장수에서 50%가 넘는 16,974표를 득표하고 신민당원들의 조직표와 동정표를 모아 진안과 무주에서도 12,780표를 쓸어 담아 연전연패의 늪에서 빠져나왔다.

무소속 김광수 후보는 고향인 무주에서 58%가 넘는 15,978표를 쓸어 담고 풍부한 재력과 사조직을 동원하여 진안과 장수에서 8,913표를 득표하여 은메달을 차지했다.

4선의원인 공화당 전휴상 후보는 집권여당의 중진으로서 여유로움과 그 동안 쌓아 온 명성이 식상함으로 돌변하여 의외의 낙선으로 연결됐다.

고향인 진안에서도 진안 경찰서장 출신인 김봉관 후보에게도 뒤진 2위에 머물렀고, 무주와 장수의 공화당원조차 지역출신인 김광수, 최성석 후보 지원에 나섰다.

무소속 김봉관 후보는 고향인 진안에서 34%인 13,000표를 득표하여 1위를 차지했지만 무주와 장수에서 3,177표에 그쳐 당선권에서 멀어졌고, 김현모 후보는 고향인 장수에서조차 8% 수준인 2,152표에 머물러 최하위를 벗어날 수 없었다.

선거결과는 장수군과 무주군 유권자들의 응집력과 단결력이 최성석, 김광수 후보들의 당선을 가져왔고 유권자가 가장 많은 진안군 표를 반분한 전휴상, 김봉관 후보들이 3, 4위로 밀러 낙선했다.

□ 득표상황

후보자	정당	연령	주요 경력	득표(%)
최성석	신민당	40	지구당위원장	29,654 (32.2)
김광수	무소속	47	대한교과서사장	24,891 (27.0)
전휴상	공화당	39	8대의원(4선)	17,629 (19.1)
김봉관	무소속	49	진안경찰서장	16,177 (17.6)
김현모	무소속	47	무주경찰서장	3,752 (4.1)

<임실 - 남원 - 순창> 현역의원에 대한 실망감과 7년 동안 달력을 배포한 동정론이 어울려 대승을 거둔 무소속 손주항

임실 - 순창은 전북도지사 출신으로 현역인 공화당 이정우 의원과 남원의 신민당 양해준 의원이 지역구를 양분한 가운데 4대의원으로 5대와 6대 총선에서 낙선한 안균섭 후보는 통일당으로, 10여 년 동안 임실 - 순창 지역에 캘린더를 보내는 등 적공을 쌓은 전북도의원 출신인 손주항 후보가 무소속으로 등록하여 4파전이 전

개됐다.

이정우 의원은 유광현, 한상준, 양영주 전 의원들을 물리치고 4대와 5대 낙선에 따른 지명도를 활용하여 어렵게 공천을 받았고 양해준 의원도 5대, 6대, 7대 총선에서 차점 낙선하고 8대에 기사회생한 저력으로 손주항 후보를 어렵게 따돌렸다.

남원 출신인 양해준 의원과 임실 출신인 이정우 의원이 무주공산인 순창표를 얼마나 더 차지할 수 있느냐가 메달의 색깔을 결정지을 전망이다.

"후보자 4명이 모두 재력이 약해 선거 분위기가 혼탁해질 염려는 없다"는 현지 주민들의 반응 속에 7년 전부터 빠짐없이 달력을 돌려 온 손주항 후보는 "이번엔 달력 값이라도 해줘야 인사가 아니겠느냐"는 동정론으로 임실 – 순창 지역을 휩쓸었다.

현역의원인 이정우 의원에 대한 실망감과 임실군 신평면에 거주하고 있지만 순창 태생이라는 뜬 소문이 퍼지면서 무주공산인 순창에서 집권여당 현역의원이라는 이점을 안은 이정우 후보가 27%인 9,429표 득표에 머문 데 비해 무소속 손주항 후보가 59%인 20,492표를 쓸어 담았다.

"아무리 멍청한 것 같지만 백성을 속일 수 없고 아무리 약한 백성일지라도 이길 수 없다는 맹자의 말처럼 수신에 합격한 사람을 뽑아야 한다"고 강조한 이정우 후보의 안방인 임실에서도 손주항 후보가 62%인 25,509표를 득표하여 전국에서도 최대의 이변을 만들어냈다.

신민당 양해준 후보와 통일당 안균섭 후보가 선명논쟁을 벌인 남원에서는 양해준 후보가 56%인 38,506표를 득표하여 우위를 확보한 가운데 안균섭 후보는 13%인 9,209표를 득표하는데 그쳤지만 공화당원들의 적극적인 활동으로 이정우 후보가 21%인 14,247표를 잠식하여 안 후보를 최하위로 밀어냈다.

텃밭인 임실 - 순창에서 손주항 후보에게 어처구니없이 참패한 이정우 후보가 7천여 표 차로 남원의 양해준 의원에게 2위 자리를 넘겨주고 낙선하는 집권여당 현역의원이 됐다.

8대 총선 때 남원에서는 신민당 양해준 후보가 공화당 유광현 현역의원을 6,122표차로 꺾은 이변을 연출했고, 임실 - 순창에서는 공화당 이정우 후보가 신민당 양만화 후보를 무려 27,944표 차로 제압했다.

□ 득표상황

후보자	정당	연령	주요 경력	득표(%)
손주항	무소속	39	전북도의원	51,592 (36.5)
양해준	신민당	51	8대의원(남원)	42,811 (30.3)
이정우	공화당	62	8대의원(임실)	35,538 (25.1)
안균섭	통일당	49	4대의원(남원)	11,451 (8.1)

<정읍 - 김제> 정읍 유권자들은 김제 출신 두 후보에게 22,404표를, 김제 유권자들은 정읍 출신 네 후보에게 16,656표를 투표하여

김제 출신 김탁하, 장경순 두 후보가 당선

농림부 장관, 공화당 사무총장, 국회부의장을 지낸 장경순 3선 의원이 박두선 7대 의원, 김형수 체신부 차관, 정영환 국회 전문위원 등을 꺾고 독주체제를 갖추고 있는 가운데 신민당은 김기옥, 이광호, 임광순, 박명서, 이의관 후보들의 기대를 저버리고 전북도의원 출신으로 정읍 환표사건 적발에 공이 세운 은종숙 후보를 공천했다.

정읍의 현역인 유갑종 의원이 통일당 공천을 받고 김제의 윤제술, 정화암의 지지기반 지원에 기대를 걸고 있다.

고려목재 대표인 김탁하, 연초생산조합 상무로서 씨족기반을 업고 5대 총선에도 출전했던 송정덕, 행정고시 출신으로 전북도 과장을 지낸 정영환 후보들이 무소속으로 출전했다.

정읍과 김제의 유권자가 엇비슷한 가운데 장경순, 김탁하 후보는 김제 출신이고 은종숙, 유갑종, 송정덕, 정영환 후보들은 정읍 출신으로 정읍의 표 분산이 우려됐다.

김제 출신인 장경순 후보는 "김제가 서울 중구 정도의 정치수준을 갖고 있는데 정읍은 이름 난 양반 고을로서 배타성이 강해 굉장한 지역차가 있다"는 지역감정 발언으로 논란을 일으켰다.

장경순 후보가 "나는 지난 임기 동안 우리고장 김제를 가마니생산에 있어 전국에서 으뜸가는 곳으로 만들었다"고 자랑하자, 은종숙 후보는 "가마니 짜서 어느 세월에 소득 1천 달러를 올리겠는가"라고 반격했다.

동학란의 진원지인 고부면장 출신인 신민당 은종숙 후보는 전북도의원 출신이지만 현역의원인 유갑종 후보에게는 지명도에서 뒤지고 행정고시 출신으로 군수와 전북도 과장을 거쳐 국회 전문위원으로 활동하고 있는 무소속 정영환 후보에게 전문성으로 뒤져 제1야당 후보로서의 이점을 살리지 못했다.

8대 총선 때에는 신민당 공천으로 공화당 박두선 현역의원을 꺾고 당선된 유갑종 후보는 신민당을 떠나 통일당의 선명성을 강조했다.

통일당 유갑종 후보는 "대통령은 한국 전체의 대통령인데 공화당을 뽑아야 지역발전이 된다는 것은 박정희 대통령을 모독하는 것"이라고 공화당의 지역개발론을 반박하고 야당표 결집에 심혈을 쏟았다.

8대 총선 때 정읍에서는 신민당 유갑종 후보가 공화당 박두선 현역의원을 13,836표 차로 제압했고, 김제에서는 공화당 장경순 후보가 신민당 김기옥 후보를 14,838표 차로 제압하고 3선의원이 됐다.

지금까지 공화당 공천에서 장경순 의원에게 번번히 패배하여 '들락날락 김탁하'라는 별명이 붙은 김탁하 후보는 "토건업자도 아닌데 왜 도로건설만을 들먹거리느냐" 면서 "앞으로는 국회에서 날치기 사회가 필요 없을 테니 거물 안 보내도 된다"고 장경순 후보의 공격에 집중했다.

무소속 송정덕 후보는 "오늘날 이 사태는 여야 할 것 없이 국회의원 지낸 사람들이 책임져야 한다"고 장경순, 유갑종 현역의원들의 공격에 매달렸다.

유권자가 1만 3천명이 많은 정읍은 현역의원인 유갑종, 제1야당 후보인 은종숙, 공화당 공천에서 탈락했지만 그 동안 출전을 위해 공을 들여온 정영환, 국영기업체 부장으로 여산 송씨 문중표를 겨냥한 송정덕 후보들이 각축전을 전개했다.

정읍에서는 32%인 29,181표를 득표한 유갑종 후보가 1위를 차지했지만 친여 성향인 정영환 후보가 25%가 넘는 22,844표를 득표했고, 집권여당인 공화당의 조직을 가동하여 장경순 후보가 17%가 넘는 15,537표를 잠식했다.

신민당 은종숙 후보가 8,725표, 송정덕 후보가 7,025표를 득표하여 표를 분산시켰고 김제출신 무소속 김탁하 후보도 김씨 문중표를 파고들어 6천여 표를 쓸어갔다.

그러나 유권자가 적은 김제 유권자들은 공화당 장경순 후보는 김제에서 굳이 밀어주지 않아도 무조건 당선될 수 있다는 확신을 갖고 장경순 후보에게는 28%인 22,559표를 투표한 데 비해 무소속 김탁하 후보에게는 48%인 37,452표를 몰아줬다.

고려목재 대표로서 대한 핸드볼협회장인 무소속 김탁하 후보는 풍부한 재력을 활용하여 국회부의장인 장경순 후보를 꺾고 당당히 금메달을 목에 걸었다.

통일당 유갑종 후보는 김제에서 10% 수준인 8,216표 득표에 그쳐 장경순 후보에게 699표차 아쉽게 낙선했다.

유권자가 많은 정읍 유권자들은 25%인 22,404표를 김제 출신 두 후보에게 투표했지만, 김제 유권자들은 21%인 16,656표를 정읍 출신 네 후보에게 투표하여 정읍 출신 후보들을 따돌리고 김제 출신 두 후보들이 당선될 수 있었다.

그리하여 정읍과 김제의 군 대항전은 김제의 완승, 정읍의 완패로 마감됐다.

□ 득표상황

후보자	정당	연령	주요 경력	득표(%)
김탁하	무소속	40	고려목재대표	44,319 (26.6)
장경순	공화당	50	국회부의장	38,096 (22.8)
유갑종	통일당	40	8대의원(정읍)	37,397 (22.4)
정영환	무소속	45	국회 전문위원	25,337 (15.2)
은종숙	신민당	44	전북도의원	12,497 (7.5)
송정덕	무소속	38	연초생산조합상무	9,197 (5.5)

<고창 – 부안> 신민당 공천을 받고도 출생지인 부안과 정치적 고향인 고창에서 철저하게 외면을 받아 최하위로 밀려난 김상흠

공화당 정책연구실장으로 6, 7, 8대 의원을 지낸 부안의 이병옥 의원이 고창의 이호종 후보를 비롯하여 이존일, 성정기, 박용기, 노동채, 임균석 후보들을 가볍게 제압하고 공화당 공천을 받았고, 고

창에 기반을 가지고 있으나 부안태생으로 5, 6대 의원을 지낸 인촌 김성수 선생의 아들인 김상흠 후보가 진의종 현역의원을 제치고 신민당 공천을 받았다.

지난 총선 때 부안에서 낙선한 이희천 후보가 통일당 공천으로 출전을 만지작거리다 포기했다.

이병옥 의원과 국민학교 동기 동창으로 전북도 경비과장과 고창 경찰서장을 지낸 김정기, 상공부 차관 출신으로 3, 4, 5대 총선 때 출마했으나 낙선하고 이번 총선에서는 현역의원임에도 낙천한 진의종 의원이 무소속으로 출전하여 팽팽한 4파전을 전개했다.

8대 총선 때 고창에서는 신민당 진의종 후보가 공화당 신용남 현역의원을 17,753표 차로 꺾었고, 부안에서는 공화당 이병옥 후보가 신민당 이희천 후보를 11,094표 차로 꺾고 3선 의원이 됐다.

공화당 공천에서 낙천한 이호종 지구당 위원장이 이병옥 의원 선거 사무장을 맡아 군별 대항에 의한 공화당 고창 당원들의 동요를 사전에 차단하고 유권자들에게 여당후보도 하나 뽑아 지역개발에 덕을 보자는 홍보로 고창지역의 선거분위기를 주도해 나갔다.

신민당 김상흠 후보는 5, 6대 의원으로 선친인 인촌 김성수 선생의 후광을 업고 있으며 김 후보와 공천경쟁을 벌였던 진의종 후보는 "당선되면 다시 신민당에 입당하겠다"고 공언했다.

신민당 김상흠 후보는 "증조부 때부터 살아온 고창은 선친(인촌 김성수)에게 민족 얼을 심어주었다" 면서 이번에 자기를 고창사람으로 만들어 달라고 부탁했다.

상공부차관과 한전부사장을 지내고 8대 총선 때 신용남 공화당 현역의원을 꺾고 당선을 일궈냈던 무소속 진의종 후보는 8대 국회에서 다하지 못했던 일들을 다시 하게 해 달라고 호소했다.

진의종 후보는 "무릎 꿇고 충성을 맹세했더라면 나도 신민당 공천을 받을 수 있었지만 정치인의 양심상 무릎을 꿇을 수 없었다"고 낙천을 변명했다.

27년간 경찰에 몸 담아 왔지만 돈을 모르고 살아왔다고 자부한 무소속 김정기 후보는 농민들의 부실채무 정리와 경찰관의 처우개선에 심혈을 기울이겠다고 다짐했다.

김상흠 후보가 출생지는 부안이지만 5대와 6대 총선 때에는 고창에서 당선되어 고창(진의종, 김상흠)과 부안(이병옥, 김정기)의 군별대항전에서 가장 유리할 것으로 예상됐다.

공화당 이병옥 후보는 고향인 부안에서 44%인 24,611표를 득표하고, 고창에서도 이호종 전 지구당위원장의 전폭적인 지원으로 25%인 16,073표를 득표하여 1위를 확보했다.

무소속 진의종 후보는 부안에서는 7%에도 미치지 못한 3,684표 득표에 머물렀지만 유일한 고창 출신임을 내세워 고창에서 38%인 24,851표를 쓸어 담아 국회에 재입성할 수 있었다.

김상흠 후보는 출생지인 부안에서 17%가 넘는 9,444표를 득표했지만 부친 김성수 선생의 연고지이며 두 번이나 당선을 일군 정치적 고향인 고창에서 22%인 14,220표 득표에 머물러 경찰서장 출신인 무소속 김정기 후보에게도 밀려나 4위 득표라는 수모를 맛보았다.

□ 득표상황

후보자	정당	연령	주요 경력	득표(%)
이병옥	공화당	45	8대의원(3선)	39,684 (34.0)
진의종	무소속	51	8대의원(고창)	28,545 (24.5)
김정기	무소속	49	경찰서장	24,655 (21.2)
김상흠	신민당	53	국회의원(2선)	23,664 (20.3)

전라남도

<광 주> 야당의 거목으로 백전노장의 관록을 자랑한 정성태 6선 의원이 의외의 패배를 곱씹으며 정계의 뒤안길로 사라지다

갑구의 6선 의원으로 국회부의장을 지낸 신민당 정성태 의원과 을구의 전남도의원 출신으로 김남중 전남일보 사장을 꺾고 국회에 등원한 통일당 김녹영 의원이 "진산을 후퇴시키는 것은 나다" "선명한 기치를 들라"고 선명성 논쟁을 벌여 광주의 선거전을 뜨겁게 달구고 있다.

전남매일신문 사장, 전남도 사무국장 출신으로 공화당 전국구 의원인 박철 의원이 전남일보 사장인 김남중, 병무청장을 지낸 전부일 후보들을 제치고 공화당 공천장을 받아 들자, 자유당 시절 국회의원을 지낸 이필호, 전남도의원을 지낸 이정근, 광주시의원을 지낸 지정도 후보들의 출마설이 나돌았으나 모두 꿈을 접었고 이기홍 변호사와 6, 7대 의원을 지낸 정래정 후보만이 무소속으로 출전했다.

20여 년간 야당생활로 일관한 지조를 지켜 오다가 8대 국회 때 당선됐으나 1년 3개월 만에 국회가 해산되어 무직자가 된 김녹영 후보는 "20여년 야당 원외 생활 끝에 8대 국회에 들어갔으나 국회가 해산되는 바람에 의사당 대문만 또드락 거리다 쫓겨나고 말았다" 면서 동정표를 끌어 모으고 있다.

김녹영 후보는 "그동안 내가 보고 겪은 정치적 박해를 입을 갖고도 말 못하는 이 설움을 하늘과 땅은 알고 있을 것"이라고 하면서 옳은 야당, 야당다운 야당이라는 선명야당의 가치를 들고나와 특유의 화술로 유권자들과 밀착하는데 안간힘을 쏟고 있다.

전남 유일의 6선 의원으로 국회부의장, 원내총무 등을 지낸 중진으로 광주의 터줏대감을 자처하는 정성태 후보는 3선개헌을 반대하기 위해 태극기를 들고 광주에서 서울까지 도보행진을 벌이기도 했다.

신민당이 전통적인 야당이며 "진산을 후퇴시킨 것은 나다"고 강조하면서 야당당수 서열에 서 있는 자신을 계속 지지해 줄 것을 호소한 정성태 후보는 "나는 신민당의 당수 서열에 끼는 사람인데 앞으로 3년 안에 당수가 안 되면 정당생활을 그만두겠다. 당수감을 국회의원으로 뽑아주지 않으면 되겠는가"라고 호소하고 있다.

정성태 후보는 "영국이면 10년 동안에도 못다할 입법을 비상국무회의에서 홍수처럼 양산하고 있다"고 역설하면서 선명논쟁에서 빼앗긴 우위를 되찾고자 노력했다.

전남매일신문 사장과 도당 사무국장을 거쳐 8대 전국구 의원을 지낸 공화당 박철 후보는 견제세력을 위해 야당에 1표, 지역 개발을 위해 여당에 1표씩의 부부표 나누기 작전을 득표 묘방으로 채택하여 효과를 거두고 있으나 광주출신이 아닌 점이 부각되고 있다.

박철 후보는 "전국 5대 도시 중에 낙후성이 가장 두드러진 광주의 발전을 위해 10월 유신을 힘차게 추진하겠다"고 역설했다.

광주지검 검사 출신인 변호사로 신민당 갑구 위원장으로 활동하다가 통일당 발기인으로 참가했으나 양당에서 공천을 받지 못한 무소속 이기홍 후보는 전남대 동창회, 해남향우회를 기반으로 젊은 기수를 내세우며 젊은 세대들의 표에 기대를 걸고 있다.

이기홍 후보는 "국회의원으로 뽑아준다면 배신과 불신 없는 양심적인 정치인으로서 광주 발전에 노력하겠다" 면서 기성 정치인 대 신진 정치인 구도로 선거전을 끌고 가고 있다.

지난 6대와 7대 총선 당시 공화당 공천으로 을구에서 두 번이나 당선했던 기반과 두 번이나 광주시장을 지낸 기반을 가지고 출발한 정래정 후보는 "두 차례의 국회의원 생활과 두 차례의 광주시장 생활의 경험을 발판 삼아 광주시 발전에 정력을 쏟겠다"고 10형제의 지원을 받아 총력전을 펼치고 있다.

양일동 통일당 대표의 래광(來光)을 계기로 통일당 붐 조성에 성공한 김녹영 후보가 성공적인 합동연설회와 인기를 연결키 위해 번

화가에 나타나 '얼굴 내기 작전'이 먹혀 들어 부동의 1위를 차지할 수 있었다.

야당만 키워주는 선거가 아니라 여당도 키워 주는 '형평 유신'을 역설하며 '여야 합승'을 캐치프레이즈로 내건 박철 후보가 1972년 6월부터 가꾸어 온 갑구 조직과 을구의 공화당 조직 다지기에 성공하여 은메달을 거머쥐었다.

야당의 거목으로 백전노장의 관록을 내세운 정성태 후보는 이기홍 신민당 부위원장의 무소속 출전으로 인한 조직표 잠식과 김녹영 후보와의 선명성 논쟁에서 패배하여 12.5%의 득표율로 정계은퇴를 강요받을 수밖에 없었다.

두 번의 광주시장과 국회의원을 기반으로 10형제가 기간요원이 되어 총출동했지만 정래정 후보는 10%의 득표율도 올리지 못했고, '무심한 선배들'을 절규하며 선명 중의 선명을 강조한 이기홍 후보는 관록과 선명을 트레이드 마크로 활용한 두 선배의원들에 가려 빛을 발휘하지 못했다.

8대 총선 때 갑구에서는 신민당 정성태 후보가 공화당 최정기 후보를 12,919표 차로 제압하고 6선의원에 등극했고, 을구에서는 신민당 김녹영 후보가 공화당 김남중 후보를 21,776표 차로 제압했다.

□ 득표상황

후보자	정당	연령	주요 경력	득표(%)

김녹영	통일당	48	8대의원(광주 을)	62,072 (44.7)
박 철	공화당	44	8대의원(전국구)	38,922 (28.0)
정성태	신민당	57	8대의원(6선)	17,357 (12.5)
정래정	무소속	49	국회의원(2선)	13,379 (8.9)
이기홍	무소속	39	변호사	7,249 (5.2)

<목포 – 무안 – 신안> 해병대사령관 출신으로 연거푸 낙선하고 공화당 조직으로 재기에 성공했으나 부정선거로 제명된 강기천

목포에서 신민당 공천으로 당선된 김경인 의원이 통일당 공천으로 출전하고 국회 전문위원 출신으로 신민당 공천으로 무안에서 당선된 임종기 의원이 신민당으로 출전하여 선명논쟁을 벌이고 있다.

여기에 해병대 사령관 출신으로 7대에는 김대중, 8대에는 김경인 의원에게 패배한 공화당 강기천 후보가 튼튼한 공화당 조직을 기반으로 영산강 유역 종합개발 추진과 목포항을 국제항의 규모라는 지역개발 공약을 굳게 약속하면서 국가를 위해 일할 수 있는 기회를 달라고 호소하고 있다.

이 지역구는 신안 출신 정판국 현역의원, 배길도와 나판수 전 의원, 이호풍 석탄공사 이사, 김두철, 이복주, 황의선, 장두석, 박찬문 후보들이 공화당 공천을 기대했으나 "통일신앙의 순교자가 되겠다"는 강기천 후보에게 재기의 기회를 부여했다.

목포 출신이 아닌 강기천 후보는 "혹자는 내가 목포를 버릴 것이라고 말했지만 나는 목포를 지켜 지역사회 발전에 기여해 왔고 여생을 지역사회 개발과 후진양성을 위해 일하겠다"고 약속했다.

목포상고 출신으로 전남도 문교사회국장을 지내 지명도가 높은 임종기 후보는 "당선되면 2중곡가제를 실시하여 중농정책을 실현시키겠다"고 공약했다.

"신민당은 정통야당이다"를 강조한 임 후보는 "당의 내분은 다른 당에도 있다" "미워도 다시 한 번 신민당을 밀어 달라"면서 무안 중심으로 표밭을 관리하면서 "나는 목포 북교 국민학교와 목포 상고를 졸업하고 목포대에서 6년간 교편을 잡는 등 30년 간 목포에서 살았다"며 목포의 연고권을 강조했다.

신안 출신이지만 목포에서 신민당 공천으로 당선된 김경인 후보는 "유진산의 당은 국민들의 신뢰를 얻지 못하고 국민들의 기대를 저버렸기 때문에 선명야당이 아니다"면서 "여당의 견제를 위해 선명야당 후보인 나를 국회에 보내 달라" "야당 20년에 청춘을 바쳤고 재산까지 다 바친 나를 지지해 달라"고 호소했다.

사회사업을 하다 4대 국회의원 선거 때 자유당 공천으로 무안 갑구에서 당선된 나판수 후보는 5대 총선에도 출마했으나 낙선하고 이번 총선에서 공화당 공천에서 낙천하자 무소속으로 출전했다.

"무소속이란 애처로운 이름으로 나왔다. 무소속 출마제도를 만들어 준 박 대통령에게 심심히 감사한다"는 나판수 후보는 "나는 당선되면 시가인 공화당에 입당하겠다"고 공언하며 동분서주했으나 무안표를 반분하여 임종기 의원의 발목을 잡았을 뿐이다.

참신하고 참된 야당은 하나밖에 없으며 내가 똑똑해서가 아니라 목포사람의 명예를 위해 나를 뽑아 달라고 호소한 김경인 후보가 목포를 기반으로 신안지역을 석권하여 은메달을 차지할 수 있었다.

"유신과업 완수를 위해 말없이 일하는 나를 보내 달라"고 호소한 강기천 후보는 공화당의 조직을 활용하여 목포는 물론 신안, 무안에서도 압도적인 승리를 거뒀다.

그러나 목포시 죽교동과 신안군 압해면에서 불법 선거가 자행되어 당선된 강기천 후보는 공화당에서 제명을 당했으나 의원직을 유지할 수 있었다.

8대 총선 때 목포에서는 신민당 김녹영 후보가 해병대사령관 출신인 공화당 강기천 후보를 따돌렸고, 무안에서는 신민당 임종기 후보가 공화당 김두철 후보를 4,867차로 꺾었고, 신안에서는 공화당 정판국 후보가 신민당 주도윤 후보를 1,689표차로 어렵게 따돌렸다.

□ 득표상황

후보자	정당	연령	주요 경력	득표(%)
강기천	공화당	45	해병대사령관	93,213 (55.6)
김경인	통일당	49	8대의원(목포)	29,279 (17.5)
임종기	신민당	46	8대의원(무안)	23,560 (14.1)
나판수	무소속	49	4대의원(무안)	21,576 (12.8)

<여수 – 광양 – 여천> 3명의 현역의원을 제치고 집권여당의 공천을 받았지만 정치신인에게 1위를 빼앗긴 공화당 김상영

광양 – 구례가 해체되어 여수, 여천에 광양이 편입된 이 지역구는 여수의 김상영, 여천의 김중태, 광양의 박준호, 전국구의 이도선 현역 의원들의 쟁패전에 김재호 여수시장, 김관봉 한양대 교수까지 혼전을 벌였으나 공화당 공천장은 김상영 의원에게 떨어졌다.

김상영 의원은 낙천한 김중태 의원을 선거사무장으로 옹립하여 조직 확대에 박차를 가하고 있다.

고등고시에 합격하고 전주경찰서장을 지낸 박병효 후보가 지난 총선 때 낙선한 이은태 전 의원, 여수시장을 지낸 이선행 후보들을 비롯하여 김경의, 이홍배, 신순범 후보들을 제치고 신민당 공천을 받아 들고 여수고 동문조직을 활용하고 있다.

신민당 공천에서 밀려났지만 지역구에 벌인 구호활동 등의 적공과 구변(口辯)을 무기로 지역구를 누비고 있는 무소속 신순범 후보는 "국회의원은 학식과 인품도 좋아야 하지만 말도 잘해야 된다"면서 "이 세가지 조건을 다 갖춘 나를 밀어 달라"고 호소했다.

30년동안 병원을 운영하고 있는 개업의로서 공화당 지구당창당위원장 출신인 유경식 후보는 "국회를 정화하고 남북통일의 밑거름이 될 수 있는 무소속을 국회에 보내 달라"고 호소했다.

정치의 정(政)자도 모르는 쫓겨난 경찰이지만 부정에 타협하지 않았기 때문이라고 주장한 박병효 후보는 고시 출신으로 참신성을 내세워 젊고 참신한 나를 국회에 보내 달라고 호소했다.

광양군 진월면이 탯자리라는 연고성을 내세우고 국민학교 때부터 연고를 맺은 곳이 여수라는 점을 내세운 박병효 후보는 광양과 야당세가 비교적 높은 여수에서 선두를 달리는 것이 밑거름이 되어 금메달을 차지할 수 있었다.

"박 대통령의 뜻을 받들어 솔선수범해서 유신선거를 치르겠다"는 김상영 의원은 8대 의원만 4명이 경합했던 공천과정을 들추면서 자신은 선택된 사람이라고 주장하면서 '1백만 공업도시 여수조성'을 캐치프레이즈로 내세우고 공천에서 탈락한 김중태 의원을 여수지구 사무장, 이도선 의원을 광양지구 사무장으로 추대하여 조직정비에 나섰다.

"여당은 반칙국회, 야당은 극한 반대만을 하고 있기 때문에 무소속을 국회에 보내야 한다"고 주장한 신순범 후보는 여천에서는 30%를 휩쓸었으나 여수와 광양에서 부진하여 낙선할 수밖에 없었다.

김상영 의원은 여수, 광양, 여천에서 고르게 2위를 한 것이 여천에서 1만 7천여 표를 득표한 신순범 후보를 제치고 당선을 일궈낼 수 있었다.

8대 총선 때 여수에서는 공화당 김상영 후보가 신민당 이은태 후보를 929표 차로 어렵게 꺾었고, 여천에서는 공화당 김중태 후보가 신민당 이선행 후보를 18,256표 차로 제압했고, 광양 – 구례에서는 공화당 박준호 후보가 국민당 이현재 후보를 4,010표 차로 어렵게 제압했고 신민당 김경의 후보는 9,966표를 득표했다.

□ 득표상황

후보자	정당	연령	주요 경력	득표(%)
박병효	신민당	37	전주경찰서장	43,151 (33.3)
김상영	공화당	58	8대의원(여수)	39,573 (30.6)
신순범	무소속	38	웅변인협회이사	29,273 (22.6)
유경식	무소속	62	의사	17,455 (13.5)

<순천 – 구례 – 승주> 연고가 미약한 전남 신안 출신을 공천하여 무명의 무소속 후보에게 금뱃지를 넘겨준 신민당

순천 – 승주에 구례가 편입된 이 지역구는 신민당 조연하 의원의 구속으로 무주공산이 됐다.

박삼철 중앙정보부 전남지부장, 김우경 6, 7대의원, 성동준 전 문교부차관, 신용우 전 전남지사, 강계중 대판 거류민단장, 강길만 대판순천상사 전무, 조규순 도정업자 등이 각축을 벌였지만 박삼철 후보가 공천을 받아냈다.

신민당은 박용구 조직부장이, 통일당은 전남도의원을 지낸 조종한 후보가 공천장을 들고 뛰어들었다.

공화당 공천에서 낙천한 강길만, 광양 – 구례에서 7대 총선에서 공화당 공천으로 당선된 이현재, 선민상사 대표인 조상록 후보들이 무소속으로 도전했다.

"나의 입후보는 10월 유신의 민족적 과제를 수행하기 위한 것이며 시대적 요청에 기인한 것"이라는 공화당 박삼철 후보는 "나도 여러분과 같은 농민출신으로 유신과업과 농민소득 증대에 힘쓰겠다"고 다짐했다.

"새 술은 새 부대에 담아야 제 맛이 나듯이 새 시대가 요구하는 새로운 인물을 뽑아야 된다"며 새 얼굴임을 강조한 박삼철 후보는 승주군 11개 면의 전화와 전화교환대 시설의 공을 자랑하고 장학회를 설립하여 1천만원 모금운동을 전개하며 면마다 신종 돼지 3마리씩을 분양했다.

구속된 조연하 의원을 승계한 신민당 박용구 후보는 중앙당 조직부장을 거쳐 신안지구당 위원장으로 활동하다가 원정 출마했다.

부인이 순천에서 약국을 경영하여 타고을 출신임을 극복하고자 노력한 박용구 후보는 기본 신민당 조직표 흡수에 안간힘을 쏟으면서 유세전을 주무기로 득표활동을 전개하고 있다.

"국회의 견제세력을 만들기 위해 선명야당을 뽑아 달라"는 전남도의원 출신인 통일당 조종한 후보는 3천 4백 가구, 1만 2천여 표의 옥천 조씨 문중표를 기대하고 있다. 옥천 조씨는 제헌 때부터 8대 의원 선거 때까지 빠짐없이 출전하여 8전 3승을 거두었다.

무소속 이현재 후보는 공화당 공천으로 8대 총선 때에는 광양 – 구례 선거구에서 7대 의원에 당선됐으나 낙천되자 국민당으로 출전하여 고배를 마신 전력을 지니고 있다.

구례에서 집권여당인 공화당 후보를 제압한 저력과 광양에서 순천으로 이주한 2백여 세대의 광양 출향민 등의 지원을 기대한 이현재 후보는 그 동안 다져 논 사조직과 두 번의 선거전 경험을 바탕으로 활발한 움직임을 보여주고 있다.

"해외에서 민족 운동에 앞장서 왔다. 당선되면 한국적 민주주의를 토착화시키는데 앞장서겠다"는 무소속 강길만 후보는 "나를 국회로 보내주면 우선 국회에서 받은 월 75만원의 세비를 한 푼도 쓰지 않고 농협 빚에 쪼들리는 농민들에게 모두 바치겠다"고 공약했다.

전국 최연소 후보인 무소속 조상록 후보는 "국회는 왕성한 젊은이들이 들어가 국사를 정열 있게 다루어야 한다"고 주장했다.

광양출신이지만 구례에서 42%인 1만 1천여 표를 득표한 이현재 후보가 강길만 후보에게 순천에서 3천여 표, 승주에서 6천여 표 뒤져 전체적으로 2천여표 차로 3위로 밀려났다.

"불신풍토와 싸늘하며 음산한 분위기를 일신 시켜 밝고 명랑한 사회조성에 앞장서겠다"는 이현재 후보가 재일 거류민단 간부로 재력가로 진주 강씨 문중표의 맹목적인 지원을 받은 강길만 후보에게 높은 지명도를 살리지 못하고 간발의 차로 금뱃지를 놓치고 말았다.

신민당은 신안 출신인 박용구 후보 대신 의정 경험이 있는 무소속 이현재 후보나 전남도의원 출신으로 옥천 조씨 기반을 가진 통일당 조종한 후보를 내세웠더라면 야당세가 강한 순천이라는 특성을 감안하면 승리할 수 있었다.

1만 2천여 표인 옥천 조씨들은 조종한, 조상록 후보들에게 분산되어 5, 6위로 밀려났다.

8대 총선 때 순천 – 승주에서는 신민당 조연하 후보가 공화당 김우경 현역의원을 6,721표차로 꺾고 재선의원이 됐고, 광양 – 구례에서는 공화당 박준호 후보가 공화당에서 낙천하고 국민당으로 출전한 이현재 현역의원을 4,010표 차로 제압했다.

□ 득표상황

후보자	정당	연령	주요 경력	득표(%)
박삼철	공화당	44	중정전남지부장	46,584 (40.1)
강길만	무소속	44	광일상사전무	23,728 (20.4)
이현재	무소속	42	7대의원(광양)	21,553 (18.6)
박용구	신민당	43	당 조직부장	12,539 (10.8)
조종한	통일당	46	전남도의원	8,349 (7.2)
조상록	무소속	26	선민상사대표	3,428 (2.9)

<나주 – 광산> 유일한 광산 출신이지만 공화당, 신민당, 통일당원들의 표 분산으로 3위로 밀려난 재선의원 무소속 박종태

공화당 전남도 사무국장 출신으로 6대 총선 때부터 공천경쟁에서 밀렸다가 8대 총선 때에는 전국구 32번으로 등원직전에 국회가 해산되어 등원의 꿈을 접었던 임인채 후보가 오중열 광산 현역 국회의원, 이호범 나주 7대 의원, 박만영 전 전남 도경국장, 임부택

예비역 육군중장, 이광재 태권도 협회장등을 꺾고 공화당 공천을 받고 회진 임씨 2천 4백 가구의 전폭적인 지지에 기대를 걸고서 낙천자들의 조직 흡수에 승부수를 걸고 있다

신민당 부녀국장 출신으로 8대 전국구 의원에 발탁된 김윤덕 의원은 "우리 고을에서 용변(用便) 한 번 본 연고도 없는 사람이 나왔다"고 시가(媤家)가 있는 선거구를 찾아 출마하여 타 지역 출신으로 냉대를 받았다.

통일당에서는 그 동안 야당으로 꾸준히 활약해 오던 김장곤 후보가 출전했고, 광산에서 재선의원으로 성장했으나 이번 공화당 공천에서 제외된 박종태 후보가 무소속으로 도전했다.

경상도에서 박순천 여사를 국회에 보내 거물정치인으로 만들었듯이 광산 – 나주 에서도 자신을 키워 달라고 호소한 김윤덕 후보는 고전할 것이라는 예상 속에서 합동연설회의 좋은 반응과 여성표, 지난 8대 총선 때 일으켰던 야당 붐 조성을 기대하고 있다.

김윤덕 후보는 "옛날에는 암탉이 울면 집안이 망한다고 했으나 지금은 여자, 남자가 같이 울어야 집안이 잘 된다"면서 "시부모 뒷바라지로 피눈물 나는 서러운 생활을 하고 있다. 시댁인 나주 – 광산에서 쫓아내겠는가"라고 호소했다.

통일당 김장곤 후보는 신민당 어민부장을 지낸 당료 출신으로 선명야당의 가치를 내걸고 나석호 의원의 기반에 기대를 걸고 있다.

"언론의 자유와 민족통일을 위한 젊은 기수가 되겠다"는 김장곤 후보는 "집안 싸움만 하고 있는 신민당에 그대로 머물 수 없어 선명야당, 야당 중에 야당을 만들게 되었다" "얄궂은 운명의 장난인

가 아니면 타고난 숙명인지 20년 야당에 야당 중에 야당이 웬 말이냐"며 통일당 후보임을 설명했다.

통일당 김장곤 후보는 "소가 너무 비대해 져서 주인도 몰라보고 찌른다" "요즘 황소가 너무 비대해서 주인을 못살게 굴고 있으니 올바른 민주주의를 위해 야당을 뽑아 달라"고 호소했다.

6, 7대 의원으로 3선개헌에 반대하다 공화당을 탈당했던 풍운의 전력을 가진 박종태 후보는 가부간에 소신 있는 정치인이라는 이미지를 부각시키며 유일한 광산 출신임을 강점으로 내세우고 있다.

무소속 박종태 후보는 "공화당이 단합대회 당일 1일 교육을 한다는 명분을 앞세워 당원도 아닌 사람에게 수만 장의 당원증을 소급 발급하고 있다"고 비난하면서 "농민이 잘 살아야 전국민이 윤택해지므로 농업정책의 개혁에 앞장서겠다"고 다짐했다.

박종태 후보는 "내 혼자서 월남 파병을 반대했으나 그 결과는 후세의 역사가 증명할 것"이라면서 "혼자서라도 반대할 수 있는 힘을 가진 사람이 있어야 하지 않겠느냐"고 지지를 호소했다.

"다섯 번이나 공천에서 떨어지고 지난번에는 전국구로 국회 복도에서만 빙빙 돌았을 뿐 들어가보지도 못했다, 나는 이름까지 仁자를 忍 자로 바꾸고 때가 오기를 기다렸다"고 읍소한 임인채 후보는 "나를 밀어줘야 지역개발이 빨리 된다"고 주장했다.

공화당 임 후보는 잘 살 수는 있는 경제성장, 평화적인 남북통일, 활발한 지역사회개발을 캐치프레이즈로 내걸고 공천경합에서 탈락한 오중렬 의원을 선거사무장으로 옹립하여 광산지역 공략에 나섰다.

"나주사람이지만 당선되면 모든 일은 광산부터 먼저 하겠다"고 약속한 임인채 후보가 오중렬 의원의 덕택으로 광산에서 1만 3천여 표를 득표하여 1위를 확보할 수 있었다.

유일한 광산출신인 박종태 후보가 광산에서는 33%를 득표하여 1위를 했지만 정당원들의 활동으로 표가 분산되어 나주를 기반으로 한 후보들에 밀려 3위를 했을 뿐이다.

"국민의 기본권을 보장하는데 앞장서겠다"는 김윤덕 후보가 예상을 뒤엎고 광산의 박자용 전 위원장의 도움으로 광산에서 22%인 9천여 표를 득표하여 여의도 입성에 성공했다.

8대 총선 때 나주에서는 신민당 나석호 후보가 전남 도경국장 출신인 공화당 박만영 후보를 따돌렸고, 광산에서는 공화당 오중렬 후보가 신민당 박자용 후보를 4,816표 차로 제압했다.

□ 득표상황

후보자	정당	연령	주요 경력	득표(%)
임인채	공화당	44	전남도당사무국장	39,926 (34.5)
김윤덕	신민당	38	8대의원(전국구)	35,655 (30.8)
박종태	무소속	53	국회의원(2선)	20,839 (18.0)
김장곤	통일당	34	지구당위원장	19,414 (16.7)

<담양 – 곡성 – 화순> 군별 대항전에서 고향에서 74%를 득표한 공화당 문형태, 37%를 득표한 신민당 고재청 후보가 동반 당선

화순 6만 6천, 담양 5만 7천, 곡성 4만 7천의 유권자로 팽팽한 군별대항전을 펼치고 있는 이 지역구는 화순의 공화당 문형태, 담양의 신민당 고재청, 곡성의 통일당 심상준 후보들이 고장의 명예를 걸고 한판승부를 펼치고 있다.

문형태 의원은 담양의 고재필 의원과 곡성의 정래혁 전 국방부장관을 따돌리고 공천을 받았고 고재청 후보는 양회수 전 의원과 오랫동안 야당투사로 활약해 온 조희철, 이재걸 후보들을 꺾고 공천을 받았다.

양화영 전 참의원 의원, 박종호 행정개혁위원, 정병갑 전남도 의원의 출전이 회자됐으나 모두 꿈을 접어 세 군의 대표주자들의 싸움으로 좁혀졌다.

8대 총선 때 화순 – 곡성에서는 공화당 문형태 후보가 신민당 이재걸 후보를 무려 50,949표 차로 제압했고, 담양 – 장성에서는 공화당 고재필 후보가 신민당 김상복 후보를 6,285표 차로 꺾고 재선의원이 됐다.

3당 3후보가 출신 군을 기지로 정립상태를 이룬 선거전에서 공화당 문형태 후보는 합동참모회의의장, 예비역 육군대장을 지냈으며 8대 의원으로 당선된 광범위한 기반을 갖고 있다.

4성장군이라는 관록과 덕망 있는 정치인이라는 명성을 내세워 그

동안 갈고 닦아 놨던 공화당 조직을 활용하여 표밭을 깊숙히 파고 들 수 있는 문 후보는 지난날 군대에서 많은 적을 물리쳤던 애국 의 일념으로 일하겠다고 역설했다.

문 후보는 8대 의원 선거의 공약불이행에 불신을 받고 있으나 "4년 예정을 1년 3개월 만에 어떻게 해냈겠느냐"는 얘기로 해명을 하면서도 새로 전화(電話)사업, 도로포장 등 지역개발 공약을 내세우기도 했다.

자유당 시절 민주당 창당준비위원, 5·16 이후엔 재계에 들어가 생사 수출조합 임원으로 재직하다가 정계에 재등장한 신민당 고재청 후보는 대법관 고재호, 변호사 고재량 등 6형제를 동원하여 총력전을 펼치고 있다.

공천과정에서 치열하게 경합했던 조희철 씨 등의 야당계열 표밭 점검에 안간힘을 쏟고 있는 고재청 후보는 3천 5백가구의 제주 고씨 문중과 화순 – 곡성에 산재한 고·부·양씨의 씨족을 찾아 나서고 있다.

동아일보 광주지사장, 신민당 원내총무 보좌역을 지낸 통일당 심상준 후보는 전남 도경국장을 지낸 부친 심형택 씨의 기반을 업고 젊은 층에는 새로운 기수라는 이름을 내세워 표 모으기에 뛰어들고 있다.

"이 지방 출신 선량을 내세우자"는 전략 아래 곡성 표밭을 누비며 8대 총선 때 신민당 후보였던 이재걸 씨를 중심으로 득표채널을 재정비하며 청송 심씨를 기간으로 조직의 저변 확대에도 노력을 경주했다.

공화당 문형태 후보가 고향인 화순에서 양회영 전 참의원 등의 도움으로 74%인 4만 1천여 표를 쓸어 담아 대승을 거두었다.

어느 지역보다 지방색이 뚜렷이 나타나리라는 예상을 뒤엎고 전 지역을 문형태 후보가 석권한 가운데 고재청 후보가 담양에서 37%인 1만 6천여 표를, 심상준 후보가 곡성에서 36%인 1만 3천여 표를 득표하여 2위 쟁탈전을 벌였다.

고재청 후보가 담양에서 심상준 후보에게 9천여 표 앞선 것이 곡성에서 7천여 표 뒤진 것을 극복하고 승리할 수 있었다.

□ 득표상황

후보자	정당	연령	주요 경력	득표(%)
문형태	공화당	51	8대의원(화순)	79,067 (59.1)
고재청	신민당	44	당 중앙위원	30,751 (23.0)
심상준	통일당	40	동아일보지사장	23,948 (17.9)

<고흥 - 보성> "고흥과 보성에서 각기 한 사람씩 뽑아 버리자"는 지역정서를 타고 동반 당선된 공화당 신형식과 신민당 이중재

고흥의 공화당 신형식 의원과 보성의 신민당 이중재 의원이 대세를 잡고 공존하며 동반당선 상황에서 금메달을 다투고 있다.

6, 8대 의원으로 공화당 대변인으로 확고한 기반을 잡은 신 의원과 6, 7, 8대 의원으로 전남도당 위원장으로 활동한 이 의원은 이렇다 할 라이벌이 없었던 정치적 행운아들이었다.

양강의 구도에 대해 국민회 경남도위원장을 지낸 전창권 후보가 통일당으로, 고려시멘트 대표인 박진, 경남관광 중역인 안종천 후보들이 무소속으로 출전하여 힘겨운 추격전을 전개하고 있다.

황성수 전 의원, 김금석 재일거류민단장, 양달승 전 의원, 채희상 교련부회장, 박병홍 조선대 교수 등이 공화당 공천 문턱을 넘어서고자 했으나 신형식 의원의 보루가 높기만 했고, 이중재 의원은 지영춘 전 의원의 출마설에 신경을 곤두세웠을 뿐이었다.

공화당 신형식 후보는 '여당의 대변인'이라는 네임벨류로 유권자들에게 널리 알려져 상당한 친근감을 느끼게 하면서 10년 가까이 다져놓은 고흥 지역의 기반을 디딤돌로 보성의 공화당 조직을 흡수하기 위한 활발한 움직임을 보여주고 있다.

깡치 있는 야당의 중견간부라는 닉네임이 붙은 신민당 이중재 후보는 세 차례의 격전의 고비를 그런대로 넘긴 선거전의 명수라는 점에서 비교적 유권자들에게 잘 알려진 얼굴로 표밭을 갈고 있다.

통일당 전창권 후보는 3대, 5대와 6대 의원 선거 때 보성에서 입후보했던 경력을 토대로 옛 동지 규합에 안간힘을 쏟고 있다.

"무소속의 선거운동은 솥뚜껑으로 자라 잡는식이다"는 무소속 안종천 후보는 초년병 답지 않게 조용하게 표 모으기에 온갖 힘을 쏟고 있다.

"고흥, 보성에 인물은 항상 있어 왔다" "어차피 고흥, 보성이 한데 뭉친다는 뜻에서 고흥과 보성서 각기 한 사람씩 뽑아 버리자"는 지역정서에 파묻혀 박정희 대통령을 중심으로 조국의 번영과 민족의 숙원인 통일구현을 위해 공화당을 지지해 달라는 신형식 후보가 고흥에서 66%의 득표율을 올려 1위를 확보했다.

"달 뜨자 별 뜬다는 말과 같이 과거 야당은 파벌싸움으로 날 샐 줄 몰랐다"고 과거 야당과 결별을 강조한 신민당 이중재 후보가 보성에서 42%인 2만 5천표를 쓸어 담아 동반 당선됐고 도토리 키재기 식 경쟁을 벌인 후발주자 세 후보는 10% 득표율도 올리지 못했다.

8대 총선 때 고흥에서는 공화당 신형식 후보가 신민당 서민호 후보를 4,340표 차로 따돌리고 재선 의원이 됐고, 보성에서는 신민당 이중재 후보가 공화당 양달승 후보를 제치고 3선의원이 됐다.

□ 득표상황

후보자	정당	연령	주요 경력	득표(%)
신형식	공화당	46	8대의원(2선)	69,903 (47.8)
이중재	신민당	48	8대의원(3선)	45,986 (31.4)
안종천	무소속	48	경남관광중역	13,637 (9.3)
전창권	통일당	56	정당인	8,950 (6.1)
박 진	무소속	39	고려시멘트 대표	7,907 (5.4)

<장흥 – 강진 – 영암 – 완도> 무주공산인 영암에서 34%인 1만 6천여 표를 득표하여 9%인 4천여 표를 득표한 공화당 정간용 의원을 꺾고 국회 등원에 성공한 신민당 황호동

장흥, 완도와 영암 – 강진의 세 지역구가 통합되어 4개 군으로 형성된 이 지역구는 장흥의 길전식, 완도의 정간용, 영암 – 강진의 윤재명 의원들의 공천 혈투는 불가피했다.

여기에 회사사장인 황인섭, 단국대 교수인 신방현 후보들까지 공천 경합에 나선 공화당은 사무총장인 길전식 의원과 정간용 의원의 복수공천으로 마무리됐다.

신민당은 강진 출신인 황호동과 완도 출신인 이선동, 장흥 출신인 오석보 후보들이 혈투를 전개하여 황호동 후보가 승리했다.

고영완, 유수현 전직의원들과 지익표 변호사, 문경수 학원장들의 출마설이 나돌았으나 등록 직전에 모두 꿈을 접어 장흥의 길전식, 완도의 정간용, 강진의 황호동 후보 간의 군별대항전이 펼쳐졌다.

8대 총선 때 장흥에서는 공화당 길전식 후보가 신민당 고영완 후보를 12,387표 차로 꺾고 3선의원이 됐고, 영암 – 강진에서는 공화당 윤재명 후보가 신민당 유수현 후보를 18,063표 차로 제압하고 재선 의원이 됐으며, 완도에서는 공화당 정간용 후보가 신민당 용남진 후보를 7,017표 차로 꺾고 재선의원이 됐다.

정간용 후보는 "공화당의 공천 길은 바늘귀만 한데 어렵게 공천을 받았으니 전폭적으로 지지해 달라"고 호소하면서 자신이 공천을 받게 된 것은 청렴 결백했기 때문이라고 강조했다.

길전식 후보는 완도합동연설회에서 완도에 온 것은 자기를 지지해 달라고 온 것이 아니라 정간용 후보에게 표를 모아 달라고 온 것이라고 호소했고, 정 후보는 "이번 선거는 등불이 꺼지느냐, 켜지느냐 판가름나는 중대한 시점"이라고 역설했다.

'해태(김)의원'이라는 별칭을 지니고 있는 정간용 후보는 3선 개헌 때는 삭발로 화제를 모았으며 장흥에서 고교교감을 지낸 경력을 가지고 있지만 월경금지 때문에 득표에 제약을 받고 있다.

집권당의 독주를 견제할 수 있도록 지지를 호소한 황호동 후보는 올림픽 한국대표 역도 선수로 국위를 선양한 자기로서 자유와 인권을 되찾기 위해 출마했다면서 부부가 1명은 공화당 후보를, 1명은 자기를 찍어주라고 호소했다.

"이번 선거는 말없고 안면 없고 돈 못 쓰고 시간이 없고 선거 운동이 없는 5무 선거이다"라는 길전식 후보는 공화당 사무총장이라는 네임 벨류와 장흥에서 야당 후보가 없다는 점과 공천 경합에서 탈락된 영암 – 강진의 윤재명 의원의 적극적인 지원으로 초반부터 승세를 굳혔다.

"공화당에서 장흥과 완도에 서로 월경하지 않는다"라는 상호 불가침 조약으로 지역성향을 띨 수밖에 없는 상황에서 통일당 공천으로 출전을 만지작거렸던 이선동 후보의 출전포기로 완도의 정간용, 신민당의 황호동 후보 중 어느 후보에게 유리하게 작용될 지가 2위 싸움의 관권이 되고 있다.

무주공산인 영암의 유권자 6만여 명의 선택이 이번 승자와 패자의 판가름을 쥐게 되어 있다.

정간용 후보는 월경금지의 원칙을 준수하면 연육(蓮陸) 선거구에서 불리하게 되자 "나는 여야도 아닌 완도당"이라며 준무소속 후보로 선거전에 임하며 영암의 8백여 세대의 하동 정씨 문중 표밭갈이에 집중했다.

장흥과 영암에서 압승을 거둔 길전식 후보가 1위를, 강진에서 52%를 쓸어 담고 신민당원들의 활발한 활동으로 장흥, 영암, 완도에서 2위를 한 황호동 후보가 당선될 수 있었다.

완도에서 78%를 쓸어 담은 정간용 후보는 장흥, 강진, 영암에서 부진하여 2천여표 차로 무릎을 꿇었다. 황호동 후보는 강진에서 52%인 2만여 표를 쓸어 담고 무주공산인 영암에서 1만 6천여 표를 득표하여 4천여 표 득표에 그친 정간용 후보를 꺾을 수 있었다.

☐ 득표상황

후보자	정당	연령	주요 경력	득표(%)
길전식	공화당	48	8대의원(장흥)	89,035 (43.8)
황호동	신민당	38	당 중앙당무위원	58,218 (28.7)
정간용	공화당	51	8대의원(완도)	55,967 (27.5)

<해남 – 진도> 20년간 의료사업에 종사한 인연으로 진도 군민들의 열렬한 지지로 신민당 공천후보를 누르고 여의도에 입성한 박

귀수

9만 7천여 명의 유권자를 가진 해남과 4만 7천여 명의 유권자를 보유한 진도가 통합된 이 지역구는 해남의 임충식 의원이 진도의 손재형 의원을 꺾고 공화당의 공천장을 받아 냈다.

합참의장과 국방부 장관을 지낸 후 8대 의원에 당선된 임충식 의원은 6, 7대 의원을 지낸 이남준, 예비역 육군소장으로 호남비료사장을 지낸 박현수, 농협 진도조합장을 지낸 김윤규, 국제관광공사 사무장 출신인 신경완, 해운학원 이사장인 김병삼 후보들을 어렵게 제치고 복수공천을 해도 모두 당선될 수 있다는 예상 속에서 단수공천의 행운을 잡았다.

신민당은 5대 의원을 지냈고 8대 총선에서 낙선한 홍광표, 변호사로 활동 중인 윤철하, 진도 지구당위원장인 조시환 후보들을 놓고 저울질하다가 진도에서는 적어도 진도 출신 국회의원 한 사람은 있어야 하지 않느냐는 여론을 감안하여 유진산을 꾸준히 지켜 온 진도 출신인 조시환 후보를 공천했다.

8대 총선 때 해남에서는 공화당 임충식 후보가 신민당 홍광표 후보를 21,546표 차로 제압했고, 진도에서는 공화당 손재형 후보가 신민당 조시환 후보를 13,954표 차로 꺾고 재선의원이 됐다.

이번 총선에선 유일한 해남 출신인 임충식 후보는 해남에서 71%가 넘는 6만여 표를 득표하여 부동의 1위를 확보했다.

공화당 공천에서 낙천한 박귀수 후보와 진도공론사 회장인 조대환 후보가 통일당 공천으로 출전하여 진도군민들의 선택을 기다렸다.

해남의 야당조직에 기대를 걸고 있는 조시환 후보는 진도 군민 여러분의 말 못할 사연을 앞장서 대변해 줄 자신을 지지해 줄 것을 역설하면서 야당 가운데 정통야당인 신민당의 공천을 받은 자기야말로 여당의 독주를 막는데 최적임자라고 강조했다.

조대환 후보는 젊은 힘을 오직 고향 발전에 쏟기 위해 입후보한 것이지 내 개인의 영달을 위해 입후보한 것이 아니라고 역설했지만, 야당 성향표와 창녕 조씨 문중표의 분산으로 조시환 후보의 뒷덜미를 낚아 챘을 뿐이다.

"20여년간 이 고장에서 의료업에 종사해 왔는데 이번 총선에서 국회에 보내 주면 여러분의 마음 아픈 데를 치료해 주겠다"는 박귀수 후보는 진도에서 20여년간 의료 봉사를 통해 인술을 베푼 음덕이 표로 되돌아와 진도에서 51%인 1만 6천여 표를 득표하여 24%인 7천여 표에 머문 조시환 후보를 따돌리고 꿈에도 그려보지 못한 여의도 입성의 행운을 잡았다.

무소속 박귀수 후보가 진도에서 51%가 넘는 1만 6천여 표를 쓸어 담아 신민당원들의 전폭적인 지지에 힘입어 해남에서 선전한 신민당 조시환 후보를 2천여 표로 따돌릴 수 있었다.

□ 득표상황

후보자	정당	연령	주요 경력	득표(%)
임충식	공화당	50	8대의원(해남)	64,466 (56.5)

박귀수	무소속	46	진도의원원장	22,242 (19.5)
조시환	신민당	43	지구당위원장	19,917 (17.4)
조대환	통일당	38	진도공론사회장	7,534 (6.6)

<영광 – 함평 – 장성> 함평표를 양분하고 영광과 장성에서 공화당원과 신민당원들이 맹활약하여 동반 당선된 윤인식과 이진연

함평과 영광이 통합되고 장성 – 담양 선거구가 해체되어 장성이 병합된 이 지역구는 함평, 영광, 장성의 군별대항전이 전개될 수밖에 없었다.

장성 – 담양의 고재필 의원은 담양 출신으로 공천경쟁에서 제외됐고, 영광의 박종진, 함평의 윤인식 의원의 각축장으로 돌변한 공화당 공천은 정병택, 박말갑, 정현수 후보들을 따돌리고 윤인식 의원이 공천장을 받아들고 함평을 기반으로 영광, 장성의 공화당 조직표를 점검하고 있다.

신민당은 지난 8대 총선 때 윤인식 의원에게 1천여 표차로 낙선한 이진연, 4선의원의 관록을 지닌 조영규의 장남인 조기상, 32세 때 2대 의원에 당선됐고 6대 국회에서도 공화당 공천으로 당선됐던 정헌조 후보들을 놓고 저울질하다가 이진연 후보를 낙점하자 정헌조 후보가 영광군민들의 지지를 기대하며 무소속으로 도전했다.

신민당 장성 – 담양 지구당위원장으로 활약한 김상복 후보가 장성군의 몰표를 기대하며 통일당 공천으로 출전했다.

이리하여 유권자 6만 8천여 명인 영광에서는 무소속 정헌조, 유권자 5만 7천여 명인 함평에서는 공화당 윤인식, 신민당 이진연, 유권자 5만 7천여 명인 장성에서는 통일당 김상복 후보가 출전하여 외형상 정헌조 후보가 가장 유리한 상황이다.

8대 총선 때 영광에서는 공화당 박종진 후보가 신민당 정병완 후보를 20,316표 차로 꺾었고, 함평에서는 공화당 윤인식 후보가 신민당 이진연 후보를 1,173표차로 제압하고 재선의원이 됐고, 담양 – 장성에서는 담양 출신인 공화당 고재필 후보가 장성 출신인 신민당 김상복 후보를 꺾었다.

"합동연설회가 있을 때마다 야당이 쟁점도 없이 서로 헐뜯고만 있는 것은 언짢아서 못 보겠다"는 공화당 윤인식 후보는 국민총화를 통한 평화통일을 강조하고 "당선되면 노인들의 복지 향상을 위해 노력하겠다"고 약속했다.

신민당 이진연 후보는 "10월 유신을 적극 지지한다"면서 야당지원을 호소했고, "서울에서 화투치다 사꾸라 스무끗 나오면 진산이 나왔다고 한다"는 통일당 김상복 후보는 "정치유신으로 부조리를 뿌리 뽑아 새로운 정치풍토를 조성할 것"을 다짐했으며, 무소속 정헌조 후보는 "당선되면 국토통일 실현에 적극 노력하는 한편 선거구민의 이익대변에 앞장서겠다"고 약속했다.

공화당 중앙위원회 부의장으로 7, 8대 의원을 지낸 윤인식 후보는 재선의원으로 닦아 논 함평의 조직을 재점검하고 공화당의 영광, 장성 조직책을 활용한 조직 점검으로 함평에서 41%인 18,866표를 득표했고, 영광에서는 28%인 14,162표를, 장성에서도 31%인 12,464표를 득표하여 부동의 1위를 차지할 수 있었다.

지난 총선에서 낙선했지만 꾸준하게 야당을 지켜 온 조직관리의 명수로 알려진 이진연 후보는 고향인 함평에서 37%인 17,070표를 득표했지만 신민당원을 기간으로 야당 붐 조성에 어느 정도 성공하여 영광에서 17%인 8,668표를, 장성에서 16%인 6,649표를 득표하여 무소속 정헌조 후보를 1,124표 차로 따돌릴 수 있었다.

무소속 후보로 단합대회 한 번 갖지도 못하고 선거전에 돌입했지만 이번이 나의 마지막 정치생명을 판가름할 기회로 생각하고 있는 정헌조 후보는 현 시점에서는 여야도 없으며 정치적인 쟁점도 없기 때문에 균형적인 경제발전과 지역개발에 역점을 두겠다고 지지를 호소했다.

재선의원인 정 후보는 고향인 영광에서는 43%인 21,841표를 득표했지만, 함평에서 13%인 6,119표를, 장성에서는 8%인 3,303표 득표에 머물러 무소속의 한계를 실감하며 3위로 분루를 삼켜야만 했다.

고교교장으로 덕망을 쌓아 온 통일당 김상복 후보는 고향인 장성에서 42%인 16,787표를 득표하여 1위를 차지했지만, 영광에서는 9%인 4,632표를, 함평에서는 6%인 2,731표를 득표하여 최하위에 머물렀다.

그리하여 영광에서는 정헌조 후보가 43%인 2만 1천표로 1위를, 장성에서는 김상복 후보가 42%인 1만 6천여 표로 1위를 차지했으나 함평에서 두 후보가 79%를 확보하고 영광과 장성의 공화당원과 민주당원들의 활약에 힘입는 윤인식, 이진연 후보들이 동반 당선됐다.

□ 득표상황

후보자	정당	연령	주요 경력	득표(%)
윤인식	공화당	50	8대의원(2선)	45,492 (34.1)
이진연	신민당	40	지구당위원장	32,387 (24.3)
정헌조	무소속	53	국회의원(2선)	31,263 (23.5)
김상복	통일당	42	고교교장	24,150 (18.1)

제주도

<제주 - 북제주 - 남제주> 7대 의원 시절의 조직과 양씨 문중표를 결집시켜 남제주에서 진양 강씨 문중표를 두고 혈투를 전개한 무소속 강보성, 무소속 강대헌 후보들을 제압한 무소속 양정규

대통령 경호실 기획처장 출신인 공화당 홍병철 후보가 신민당 김욱 후보를 큰 표차로 꺾은 제주시 - 북제주와 현오봉 3선의원이 신민당 강대헌 후보에게 대승을 거둔 남제주가 통합된 이 지역구는 남제주의 현오봉 4선 의원은 물론 양정규 7대의원, 이승택 전 제주도지사 등을 제압하고 홍병철 후보가 공화당의 공천을 받아 냈다.

신민당도 지난 8대 총선 때 낙선한 강대헌 변호사, 남제주고 교장으로 신민당 제주도지부 위원장을 지낸 강보성, 동화수산 대표인 이일호, 재경제주학우회장 출신으로 우신공업 대표인 강봉찬 후보들을 제치고 동아방송, 동아일보 기자 출신인 김택환 후보가 공천장을 거머쥐자 이일호 후보는 통일당으로, 강보성과 강봉찬 후보들은 무소속으로 출전했다.

7대 의원이었으나 8대 총선 때 홍병철 후보에게 공천을 빼앗기고 이번 총선에서도 공화당 공천에서 배제된 양정규 후보와 중문면 공의(公醫)로 활약한 한대숙 후보도 무소속으로 등록하여 8명의 후보들이 난립하여 치열한 경쟁을 벌였다.

8대 총선 때 제주 – 북제주에서는 공화당 홍병철 후보가 신민당 김 욱 후보를 무려 34,834표 차로 제압했고, 남제주에서는 공화당 현오봉 후보가 신민당 강대헌 후보를 1,513표 간발의 차로 꺾고 4선의원이 됐다.

공화당 홍병철 후보와 신민당 김택환 후보들은 공화당 한 사람, 신민당 한 사람씩 당선시켜 달라고 사이 좋게 협동 작전을 펼쳤다.

홍병철 후보는 "8대 국회의원 때 다 못한 일을 마무리할 수 있게 다시 뽑아 달라"고 호소했고, 김택환 후보는 "공화당에서 한 사람만을 공천한 것은 신민당에서 한 사람을 뽑으라는 암시이니 나를 뽑아야 될 게 아니냐"고 강조했다.

그러나 김택환 후보는 30대의 젊은 패기와 선친의 발판이라는 강점을 지니고 있으나 제주를 오래 떠나있었다는 점과 신민당의 조직을 재정비해야 한다는 취약점을 안고 있다.

때묻지 않은 정치신인이라는 이미지 부각에 중점을 둔 김택환 후보는 "야당을 찍었다고 탄압받지 않으니 언론계에서 불의와 싸워

온 나를 지지해 달라"고 호소했다.

"우리나라에는 탄압받은 야당과 탄압받지 않은 야당이 있다"고 선명성을 강조한 통일당 이일호 후보는 해병대 출신으로 조직된 전우회를 기반으로 표밭을 일구고 다녔다.

10여 년간 야당생활을 하면서 다져 놓은 남제주 일대에 신경을 쓰면서 제주대 동문과 강씨 문중표에 기대를 걸고 있는 강보성 후보는 "국회의원이 차관급만도 못하니 공약을 해서는 뭘 하겠느냐"고 공약을 제시하지 않았으나, 양정규 후보는 "7대 국회의원 출마 때 물, 도로, 전기 등 3대 혁명을 공약하여 그런대로 성과를 거두었다"고 자부하면서 "이번에 다시 뽑아주면 이 3대 혁명을 계속 밀고 나가 기어이 달성시키겠다"고 주장했다.

한라산을 경계로 남북으로 나누어진 제주도는 공화당 홍병철, 신민당 김택환, 무소속 양정규 후보들이 산북(山北)에서 주무대로 활동했고, 진주 강씨 문중인 무소속 강대헌 후보와 무소속 강보성 후보들은 산남(山南)에서 각축전을 전개했다.

홍병철 후보는 산북에서 43%인 37,298표를 득표하고 산남에서도 공화당 조직을 동원하여 23%인 12,028표를 득표하여 부동의 1위를 확보했다.

무소속 양정규 후보는 제주 – 북제주에서 20%가 넘는 17,767표를 득표하고 남제주에서 제주 양씨 문중표를 집중 공략하여 12%인 6,222표를 득표하여 남제주에서 난형난제의 혼전을 벌인 강보성, 강대헌 후보들은 간발의 차로 꺾고 은메달을 차지했다.

무소속 강보성 후보는 남제주에서는 14,947표를 득표하여 28%로

1위를 차지했지만 산북(山北)에서 7% 수준인 6,165표 득표에 머물러 3위에 머물렀고, 남제주에서 13,191표를 득표하여 2위를 차지한 강대헌 후보도 산북에서 6,226표 득표에 그쳐 지난 총선에 이어 연패했다.

신민당 공천을 받고 젊은 패기를 앞세워 동반당선을 꿈꾸었던 김택환 후보는 10% 득표율에도 실패하여 5위로 밀려났다.

□ 득표상황

후보자	정당	연령	주요 경력	득표(%)
홍병철	공화당	43	8대의원(제주)	49,326 (35.9)
양정규	무소속	40	7대의원(북제주)	23,989 (17.4)
강보성	무소속	42	남제주고교교장	21,112 (15.3)
강대헌	무소속	38	서울고법판사	19,417 (14.1)
김택환	신민당	36	동아일보기자	12,499 (9.1)
이일호	통일당	41	동화수산대표	5,794 (4.2)
강봉찬	무소속	34	우신공업사사장	2,883 (2.1)
한대숙	무소속	43	의사	2,570 (1.9)

<참고자료>

○ 역대 국회의원 선거총람 (중앙선거관리위원회. 2016년 11월)

○ 13대 총선이야기 ⚖ (선암각 2018년 1월)

○ 해방 후 정치사 100장면 (가람기획, 1994년 7월)

○ 주요일간지 (1968. 1. 1 ~ 1973. 3. 2)

- 동아일보

- 조선일보

- 한국일보

- 경향신문

○ 주요지방 일간지 (1973. 2. 1 ~ 3. 2)

- 대전일보

- 영남일보

- 매일신문

- 경남일보

- 국제신보

- 전북일보

- 전남일보